Mono de madera

2004

EDITORIAL ATLANTIDA
BUENOS AIRES • MEXICO

SUPERVISIÓN EDITORIAL
Silvia Portorrico

COORDINACIÓN EDITORIAL Y CORRECCIÓN
Marisa Corgatelli

SUPERVISIÓN DE DISEÑO
Natalia Marano

PRODUCCIÓN INDUSTRIAL
Sergio Valdecantos

TAPA
DISEÑO **Vicky Aguirre**
MAQUILLAJE **Mashenka Jacovella**
PEINADOR **Gabriel Oyanharte**
FOTOS **Vicky Aguirre**
PRODUCCIÓN **Hoby De Fino**

INTERIOR Y PÓSTER
DISEÑO **Patricia Lamberti**
ILUSTRACIONES **Renata Schussheim**

PREIMPRESIÓN
Masterpress S.A.

COLABORACIONES
Carlos Barrios
Juan Namuncurá
Ana Tarántola
Martín Jacovella
Susana Frank

AGRADECIMIENTOS
Cecilia Herrera
El Gaucho del amor
Santiago Siutti
Hoby De Fino

DIRECCIÓN DE INTERNET
www.ludovicasquirru.com.ar

CORREO ELECTRÓNICO
lsquirru@ludovicasquirru.com.ar

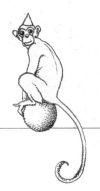

Dedicatoria

A la monada cósmico telúrico genética.

A Buda, que llegó al Nirvana siendo mono en su última vida.

A los amigos monos de fuego del primer katún: Ulises Sabato, Luz O'Farrell, Hugo Urtubey, Patty Von Hermann.

Al sabio Mario Mactas.

A Olga Orozco y Gustavo García Saravi.

Al VIP Javier Lúquez.

A la descendencia de simios de la Mara: Baby, Miguelito, Juan Pablo Caminos, Felipe.

A Mirina Curutchet, que construyó mi rancho zen.

A la sagrada familia: María Eugenia, Martín, Lorenzo, Clarita, por el ADN artístico y original.

A Triguerinho, que sintoniza mi inspiración.

Y al mono, signo al que agradezco pertenecer para transitar por la vida experimentando cada instante con conciencia y plenitud, transformando como un alquimista el barro en oro, el dolor en alegría, la vida en aprendizaje.

Mis años monos

1956
RECIÉN NACIDA
Llegada al planeta de los simios
con mi papá Eduardo Squirru.

1968
ESCUELA DE VIDA

1980
RUMBO A LA FAMA

1992
LA CHAMANA POP

2004
"FLY ME TO THE MOON"
Volando hacia la luna

Índice

Predicciones para el año 2004

Prólogo

Alineación
y balanceo
cósmico telúrico

El otoño se instaló rey del tiempo capturando estrofas interpretadas por el zoológico cósmico que me acompaña desde el instante en que fui engendrada.

Si cada persona que nace es consciente de la misión que trae porque la eligió cuando fue concebida, en esa nebulosa que precede a la vida, nuestro destino sería lo que para la mayoría de los humanos sólo le ocurre "a los elegidos".

Después de un katún (20 años) de tejer la trama del imprevisible sino con hilos de una textura similar a la que usa IXCHEL, la diosa de la Luna y del telar para los mayas, siento que llegó la hora de desovillar el tejido y animarme a contarles de qué están hechos esos hilos que nos sirvieron de abrigo, adorno, escudo, consuelo, cielo en la Tierra, refugio al destete prematuro de nacer sin saber por qué ni para qué.

Ingredientes hay tantos como variedad de especies en la ruta que transitó Marco Polo hacia China, abriendo nuevas oportunidades para compenetrarse con una tradición inmersa en el estudio del cielo en gran escala, desde el macrocosmos hacia el microcosmos, reflejando lo que ocurre en el universo dentro de cada ser humano.

Cada día que empieza es una oportunidad para renacer o remontarnos al origen, pues ocurre que nada es seguro, todo se diluye como pompas de jabón y, al no tener referencias ni estructuras, nuestra vida tiene más profundidad y belleza.

ESTAMOS A LA INTEMPERIE. Las ideas que teníamos de la vida y la muerte caen como hojas de enredadera sobre la tierra.

La realidad se coronó reina y hay que ser súbdito, amante, cortesana, amo o esclavo de lo que somos en el día a día y de lo que vamos transformando como alquimistas.

Vivir es un experimento con fórmula propia, imposible de transferir cuando la vida se impone y no nos deja seguir si no aprobamos las materias de cada grado.

Me metí en un lindo baile. Estoy aprendiendo cada paso y asumiendo mi inconsciencia.

Quería un campo con animales para sentirme granjera. Y de pronto estuve dentro, rodeada de vacas, toros, terneros, ovejas, gallinas, caballos y perros. Recorriendo kilómetros de tierra virgen, caminos deshechos por el tiempo, montañas y valles dentro del espacio inabarcable que tiene esa geografía erosionada por el viento, esculpida por el Sol, la Luna y las estrellas.

Cada ser vivo me reclama, me sacude las entrañas, me pide que esté presente. Al mismo tiempo siento que me evaporo, me extingo, me esfumo y pierdo consistencia. Estoy frágil, retirada del escenario que pisé con tanta gracia en otra era.

Soy la transición del presente hacia lo desconocido. Hacia un nuevo ser que se expande hacia el infinito.

También presiento que no estoy sola en este cambio. Una ola, fumigación del éter, antorcha esperando ser encendida, un volcán anestesiado, una sirena afónica, un laberinto con todas las preguntas en fila india.

Soy un embrión, un eco milenario, una antena buscando cenal, un radar detenido. Mis células mueren y se renuevan; por eso desconozco el futuro, apenas lo presiento.

El sendero está nublado, me gustaría ser niña nuevamente, salir a caminar; ahora escucho desde la cama el romance de los pájaros, imaginándolos.

Hace cinco días que estoy sumergida en la niebla, los espinillos se suavizan tomando formas gestuales, y el cielo y la tierra son la misma persona olvidados al fin en una cita de amor sin testigos.

Prendo luces, ilumino a la tortuga LO SHU que custodia el norte, donde moran los espíritus de los antepasados y trato de olvidarme un rato de mí para convertirme en niebla.

Ayer conocí a un hombre de ochenta años que se dedica a encontrar agua con un alambre. Don Tito es el experto radiestesista de la zona, a quien acude la gente del lugar y del país en busca de su talento o don, como él prefiere llamarlo.

Hace cuarenta años, por curiosidad, le preguntó a otro hombre si podía intentar sentir las vibraciones del lugar para detectar el manantial de la vida y así siguió potabilizando el valle de Traslasierra y aconsejando a personas escépticas, crédulas, neófitas y esotéricas.

Tuve la suerte de ser testigo del descubrimiento de agua en un paraje de belleza panorámica que está a 1100 metros y que tiene tres napas de agua que corren en direcciones diferentes hasta encontrarse en el punto G del terreno. Desde allí Don Tito, hablando con sus nahuales y pisando la tierra como un elefante anunció que había SHUI (agua) a 50 metros de profundidad y, que para conseguir buena cantidad, el pozo o perforación debería estar a 80 o 90 metros.

También anunció en una de sus búsquedas que había un indio muerto allí nomás, porque el alambre detecta con la misma facilidad agua y cadáveres debajo de la tierra. Ocurre que cuando hay muertos, el alambre se estanca y no desciende hasta el XIBALBAY (inframundo maya).

Viajando y viviendo siempre busqué la simplicidad en cada acto de la vida. Aprendí a capturar el instante donde el misterio se manifiesta incorporando sus partículas al ADN.

"SOS UNA FLOR DE SUBURBIO", me decía un novio cuando asomaban mis veinte mayos, y es un piropo que siempre atesoro. Pues lo que nace sin que lo empujen y se cría a la intemperie sabe a buen destino.

Me crié en el campo y he retornado al origen en estos tiempos. Viviendo en plena sierra despojada de los medios que facilitan o atrasan la conexión tántrica (total) con la existencia. He borrado las pisadas del asfalto, me evaporé de la ciudad como Aladino.

Estamos en guerra. Cerca o lejos, A CADA UNO LE TOCA EN SUEÑOS O VIGILIA. Despiertos, sonámbulos, autistas o en el campo de batalla. En pareja o en el intento de estarlo. Suenan las alarmas a lo lejos. Alguien está muriendo con el manto de nuestra indiferencia. Las profecías se están manifestando sin piedad en cada rincón del Universo.

¿Es la misma luna la que se ve en Oriente y Occidente?

En estos tiempos, ¿en qué creen los humanos?

¿De qué sirvió anticipar predicciones y profecías si la fatalidad estaba escrita?

Lo inexorable siempre ocurre, aunque tratemos de desviar la mirada. El planeta Tierra recibió más castigos que bendiciones desde su origen y en este fin de ciclo nos tomará examen para saber si merecimos la estadía.

¿Fuimos o somos depredadores?.

¿Habrá que repetir materias que creíamos aprobadas y recursarlas?

Nos quedamos a la intemperie. No hay fórmulas ni amuletos que puedan salvarnos. Tenemos que ser ave fénix.

Algo se muere cada día, en cada hora y en cada minuto. La raza humana está en metamorfosis. Hay que continuar el viaje sin equipaje. A tientas, con fe y el corazón cansado. No anticiparnos. El plan es perfecto y estamos involucrados. Tenemos que romper cordones umbilicales de todo tipo: es el gran parto de cada ser vivo. Vaciarnos del pasado, de *tics*, mandatos, costumbres y horarios.

Inventarnos cada día, dejar de lado prejuicios, ídolos, muletas, dependencias de todo tipo. Tenemos que ser interdependientes, buscar el *feed-back*, el intercambio de CHI (energía), no sentirnos estafados afectivamente ni dejar pasar de largo las señales que nos envía LA MONADA DE ERKS de la que habla Triguerinho.

Somos un alma todo el Universo, respiramos y exhalamos juntos lo mismo. Ser conscientes de este don, regalo y efímero instante en que nacer, vivir y morir es el gran viaje al que estamos destinados para mirar con profundidad la espiral del tiempo y del inabarcable Universo, participando de la gran fiesta.

El año del mono es para quienes se animen a ser otros, encarar lo imposible, columpiarse por nuevas lianas y saltar al vacío sin red.

Es para corazones con buen ritmo cardíaco, amantes de la aventura y la búsqueda de nuevos recursos cósmico telúricos. El destino está en nuestras manos, imaginación, inquietudes y fe.

En la Tierra, por culpa humana hay pocos recursos naturales; es misión, responsabilidad, amor a la vida, cuidarlos, preservarlos, acrecentarlos y dosificarlos. Contribuir a equilibrar las fuerzas ascendentes con las descendentes y meditar.

Ser compasivos, piadosos, generosos y solidarios. Intuir y cumplir las corazonadas sin intelectualizar los resultados. Enamorarnos y entregarnos si sentimos que llegó la persona kármica. Dedicarle más tiempo al ocio creativo, a hacer el amor, contar estrellas y guardarlas en un balde. A cantar, aunque desafinemos, bailar aunque tropecemos y ser un sueño de Osho, Lao Tse, Buda, Lennon, Spinetta.

SEGUIR EN LA CONTINUIDAD SIN ESCAPARNOS DE NUESTRO DESTINO.

oksha destrozó mi cámara de fotos. Me dolió pues fue un descuido olvidarla anoche en la galería y tentar a un cachorro "rompe-todo".

Traté de inhalar CHI, entender el sentido de esa acción y reconectarme con esta época en la que todo lo que queremos saber se vela, oculta, esconde, y como ciegos debemos encontrar la salida con nuestros instrumentos de autoayuda.

Tener visión o intuición es algo que parece inalcanzable y que se adjudica a gente especial. La vida no nos da tregua para recuperarnos de los chubascos que nos azotan desde todos los ángulos.

ESTAMOS EN EL UMBRAL DEL CAMBIO. Desperezándonos de un sueño ligado a la historia de la humanidad y su legado, donde ser parte del proceso demandó costos altísimos en nuestro despertar como eslabones fundamentales de la evolución del planeta.

Guiados por diversas fuerzas de inspiración estamos buscando solos y en conjunto una respuesta que nos alivie este pesar, dolor, angustia de no encontrar un rumbo que nos conecte a la creación, origen, orden supremo, para encauzar este camino lleno de interferencias, residuos tóxicos creados en cada acción (karma) y que nos detienen, atan, atrasan en la responsabilidad que tenemos como co-creadores.

Ser ecológico con uno es el principio para alcanzar este destello de luz que presentimos para entablar un diálogo con el otro, que está en su tempestad avizorando la aurora.

Dejemos de lado ese ser que fuimos creando a pesar de nosotros, con el que poco tenemos que ver en el presente y que asusta cuando lo dejamos libre, abierto a lo desconocido, al fluir del TAO.

Vomitemos lo que nos guardamos por no herir... ¿a quién?.

Mandatos, educación, patrones culturales, culpa, hagamos un paquete con un moño fuccia y tirémoslo al mar. Nademos hasta la orilla, una isla, una cáscara de nuez, seamos náufragos, gaviotas, algas marinas, corales, sales, y aprendamos el idioma de los delfines para transmitir mensajes telepáticos.

Integremos lo absurdo, patético, mágico, sutil, inconfesable, a nuestra vida cotidiana sin perder de vista lo esencial, el abono con el que nutrimos cada acción, relación y deseo.

Celebremos como en épocas antiguas la salida del Sol y su movimiento durante el día, hasta su puesta, cuando deja el crepúsculo encendido de estrellas.

Conectemos un cable a tierra y otro al cielo, equilibrando el *yin* y el *yang*, el espíritu y la materia, la vida y la muerte.

En esta época donde "el tiempo es arte", como dicen los mayas, conquistemos nuestra tela en blanco para plasmar nuevas texturas, colores del arco iris, partituras inéditas, viajes al corazón, citas con E.T., ceremonias espirituales, reencuentros con

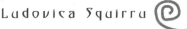
gente con la que quedaron cicatrices abiertas y no dejemos pasar la oportunidad de balancear nuestro debe y nuestro haber.

El año del mono es una invitación a participar de los secretos más profundos a amigos, anónimos, amores, y a quienes compartan un pedazo de destino.

Es la liana que nos conectará con nuestra verdadera naturaleza, la que está pidiendo permiso para salir de los escombros, del aislamiento, de las cavernas, de la globalización, de la indiferencia, de la apatía, somnolencia y separatividad cósmica.

Es un viento sur fuerte que sopla y se lleva lo que tenías puesto, dejándote desnudo en el umbral de una nueva vida. Es renunciar al paraíso de plástico y buscar el original. La eterna búsqueda de la identidad como raza humana y cósmica, atravesando las fronteras del bien y del mal.

La lección más fuerte será la renuncia a esa vida que ya no es de color rosa y el aterrizaje a la nueva vida, donde quienes practiquen el desapego como ley serán los más afortunados y servirán de apoyo a los que estén en la transición planetaria.

Quien logre, durante el reinado simio, estar alerta y relajado, meditando y haciendo lo que trae como misión, estará con grandes posibilidades de saborear los frutos más exquisitos de la jungla.

Es un año en el que se presentarán oportunidades únicas para salir del molde, la rutina, animarse en nuevos territorios, dejar la piel vieja y transmutar.

El amor nos ayudará a atravesar esta crisis. Volcaremos nuestro corazón en ayudar a quienes se acerquen a nuestra puerta brindándoles protección, trabajo, conocimiento y buen humor.

Estaremos con ganas de participar y compartir encuentros donde se intercambien ideas, proyectos y viajes espirituales.

Tendremos sed de aventuras, misterio y cambio de vida. Las relaciones afectivas se fortalecerán y pasarán pruebas de fuego.

El hombre reencontrará su parte femenina y la mujer su parte masculina, descubriendo nuevos horizontes para compartir.

En el cielo habrá mensajes que nos indicarán el camino en la Tierra.

La enseñanza del tiempo es aprender a vivir en la Tierra con lo que aún queda de recursos naturales, y tomar conciencia de lo limitado.

La biósfera planetaria, en deterioro debido a los excesos y depredaciones, nos mandará avisos para evitar catástrofes mayores.

Volveremos a cursar materias y el pago de la deuda kármica será *cash*, sin escapatoria.

Estaremos más abiertos y receptivos al cambio: ágiles, despiertos, recién bautizados.

Impregnados de fragancias naturales, de belleza y de fe, PUES EL MILAGRO CONSISTIRÁ EN DESPERTAR.

L. S. D.

Introducción al I-Ching

El I-CHING o *Libro de los cambios* ha sido venerado en China desde la antigüedad. Pero no es un libro escrito como una novela o un ensayo, sino que es fruto de un largo proceso de trabajo y agregados. La forma final que ahora conocemos no tiene muchos siglos de finalizada.

Dice la tradición china que en el año 3320 aC se le revelaron a Fu Xi los ocho trigramas (base de los 64 hexagramas que se forman al combinarlos). Ellos estaban dibujados en el caparazón de una tortuga gigante que encontró en unas tierras inundadas.

Los trigramas permanecen como tales por siglos, ya que casi dos mil años después encontramos notas sobre los hexagramas hechas por el rey Wen; se agregan posteriormente los conceptos de línea mutante y los comentarios.

El libro comienza a tomar forma cuando Confucio (uno de los sabios más venerados en el Oriente) concibe las Diez Alas, comentarios sobre los documentos que formaban el I-CHING. (Estos cambios y agregados no eran óbice para que el I-CHING fuera venerado y utilizado como método de adivinación o para prognosis y cura por los médicos chinos).

No hay base racional para entender su uso como método adivinatorio, popularizado en toda China. El I-CHING trasciende la razón.

La antigua sabiduría china dice que no hay coincidencias, que todo lo que sucede en el Universo forma parte de un mismo patrón, y que dos hechos ocurridos simultáneamente guardan alguna conexión. A ese concepto basado en la sincronización lo llaman *"ying"*. El vocablo *"ying"* significa "resonancia" (la idea de que hasta la más mínima acción o movimiento provoca un efecto en el resto del Universo).

El I-CHING puede estudiarse desde un punto de vista teórico o simplemente como una teoría filosófica. Pero la lectura continua y su uso son los que nos dan un conocimiento más pleno de él y, como en un círculo virtuoso, se transforma en imprescindible para quienes lo utilizan. Altera la vida de aquellos que lo conocen y pasa a ser parte de su existencia.

El nombre es una explicación por sí misma. El ideograma chino que lo define está formado por imágenes del Sol y la Luna. El vocablo chino "ching" significa clásico y refiere a su sabiduría reconocida desde el principio; el vocablo "I" significa cambio: sus autores han reconocido el hecho de que el mundo está en constante evolución y movimiento: nacimiento, madurez, decrepitud, muerte. El libro plantea que este orden o secuencia forma un flujo de energía que se repite según un ritmo que muchas veces no es fácil de observar. Podemos reconocer estas etapas en la vida de un ser vivo o una planta, pero muchas veces nos es difícil reconocerlas a simple vista. El I-CHING nos ayuda a identificar los patrones de cambio en aquellas situaciones en que no se reconocen a simple vista. Conocer estos patrones es de fundamental importancia para entender el pasado, aceptar el presente y prepararse para el futuro.

Estos patrones de "qi", como le llaman los chinos, no son inmutables tampoco. Los mismos patrones que nos indican cambio están, ellos también, sometidos a las reglas de continuo movimiento y transformación. Tenemos entonces que lo que parecía lineal (conocido un hecho o circunstancia, podíamos buscar el patrón de cambio correspondiente) se transforma en algo más complejo, una red de múltiples conexiones.

Los patrones de "qi" se mueven también de acuerdo con patrones o diseños consistentes dentro del Universo, que no pueden reducirse a descripciones lineales: por eso el uso de imágenes y símbolos, como vemos a lo largo de todo el I-CHING.

El tiempo y el espacio se definen como una cadena de causas y efectos, una red de patrones entretejidos orgánicamente.

La visión que tiene el I-CHING del mundo en incesante cambio se explica perfectamente a través de la filosofía del *yin* y el *yang*. Es la dinámica relación de estas dos fuerzas la que genera todos los cambios.

Decía Zu Xi (uno de los principales estudiosos del I-CHING) que el mundo de los hechos o fenómenos es creado por Tai Ji o el Gran Primario. El mundo de los hechos surge espontáneamente del Wu Ji (lo inicial, la nada). Tai Ji es omnipotente, omnipresente y omnisciente, y anterior al tiempo y al espacio: es el creador del Universo o mundo de los hechos, y lo hace a través de las interacciones del *yin* y el *yang*.

Yin y *yang* son las fuerzas primordiales de la naturaleza.

Son polos opuestos en una dicotomía y forman parte de todo lo que existe. Así como entre los seres humanos hay femenino y masculino (femenino-*yin*, masculino-*yang*), así también existen el Norte y el Sur (Norte-*yang*, Sur-*yin*) y el cuerpo está formado de sangre y energía (sangre-*yin*, energía-*yang*).

Esta filosofía nos muestra que, aunque opuestas, debe entenderse que son también complementarias y alternantes: la idea del continuo movimiento hace trascender cada fuerza y transformarse en su opuesto (alternancia); de su alternancia deviene el incesante flujo de cambio que las hace complementarias.

El verano y el invierno pueden verse como opuestos, pero también se complementan, como el día y la noche: es un ciclo constante de regeneración y degeneración. Cuando el *yin* degenera se está regenerando *yang*, y cuando el *yang* se degenera se regenera *yin*. (Degenerar refiere a las etapas de decrepitud y muerte, mientras que regenerar a nacimiento y plenitud).

El I-CHING es la expresión máxima de esta filosofía: a través de él se puede conocer el TAO del Cielo y la Tierra, y su orden, con los mismos patrones de cambio de *yin* y *yang* que utilizamos para entender hechos de la vida cotidiana.

(Para el pensamiento tradicional chino el Universo o TAO está en un ciclo continuo de alternancia de *yin* y *yang*). Como todo está formado por *yin* y *yang*, cualquier patrón de cambio va a ser una combinación compleja de ellos. El I-CHING representa al *yin* con una línea quebrada y al *yang* con una línea entera.

Nota: si queremos utilizar el I-CHING con fines adivinatorios podemos usar tres monedas o fichas idénticas; es necesario que en una de las caras tenga alguna marca o dibujo, y debemos referirnos a ella según la tradición: si es un símbolo que puede identificarse como masculino, va a ser el lado *yang*; si no, le adjudicamos el valor *yin*. Una ficha o moneda que cae con la cara *yang* expuesta vale 3; si cae con la cara *yin*, vale 2. La combinación de "3" y "2" nos da números del 6 al 9 en cada tirada, y se definen así las líneas de los hexagramas.

La primera tirada es la línea inferior, y van hacia arriba las subsiguientes.

La correspondencia de los valores con las líneas es la siguiente:

6- línea quebrada mutante
7- línea entera fija
8- línea quebrada fija
9- línea entera mutante

Por medio de seis tiradas se construye el hexagrama.

Las líneas también se consideran débiles o duras; pero no hay que interpretar los nombres según conceptos occidentales: en la teoría del incesante cambio no hay conceptualmente cosas buenas y malas, sino que hay que referirse al momento en que nos encontramos, por eso la conexión tiempo-espacio.

Los ocho trigramas o Ba Gua

La línea entera y la línea quebrada dan idea de dicotomía y de la complementariedad del *yin* y el *yang*, pero no pueden explicar la infinidad de combinaciones de ellos. Aparecen entonces combinaciones de las líneas, tratando de simbolizar la infinita variedad de casos que se presentan.

La primera aproximación fue el Si Xiang, las cuatro parejas posibles de combinaciones; pero desde el principio se prefirió el uso de trigramas (imagen formada por la combinación de tres líneas), que son los que aparecen descriptos por Fu Xi hace más de tres mil años. Estos ocho trigramas o Ba Gua constituyen las base del sistema del I-CHING.

SI XIANG

BA GUA

El Ba Gua es percibido como resonante, porque tiene la misma proporción de *yin* y de *yang*. Cada uno de los ocho trigramas por separado se asocia a un elemento del mundo de los hechos y recibe un nombre propio o específico, con símbolos y determinaciones.

1- CH´IEN. LO CREATIVO, EL CIELO.

Tres líneas sólidas. Lo Creativo, el Cielo. Es lo más *yang* que se encuentra en la naturaleza y se simboliza con un dragón. Significa creatividad, originalidad, acción, liderazgo, abundancia, el padre, el noroeste, el frío.

Corresponde a la fase metal.

2- TUI. LO SERENO, EL LAGO.

Dos líneas *yang* abajo y una línea *yin* arriba. El lago, una ciénaga (como concepto de abundancia de vida animal y vegetal). Simboliza la alegría, el entusiasmo, la realización, serenidad, lujo, las estrellas, la hija menor, el Oeste.

Corresponde a la fase metal.

3- LI. LO ADHERENTE, EL FUEGO.

Este trigrama está compuesto de una línea quebrada o *yin* entre dos líneas enteras, y simboliza lo Adherente, el fuego. Podría verse como la representación de un ojo, de ahí que simbolice el brillo, la luz, lo incansable, el calor, el Sol, la segunda hija, el Sur.

Corresponde a la fase fuego.

4- CHEN. LO SUSCITATIVO, EL TRUENO.

Este trigrama tiene una sola línea *yang*, en la base, y dos quebradas encima. Representa lo Suscitativo, el trueno. Implica rapidez, interacción, agudeza, certeza, estímulo, el hijo mayor, el Este.

Corresponde a la fase madera.

5- SUN. LO SUAVE, EL VIENTO.

Este gua se forma con una línea *yin* o quebrada en la base y dos líneas *yang* encima. Simboliza lo Suave, el viento. Significa influencia constante, armonía, movimiento lento y continuo, penetración, progreso, la hija mayor, el Oeste.

Corresponde a la fase madera.

6- K´AN. LO ABISMAL, EL AGUA.

Este trigrama es el opuesto a Li. Una línea *yang* o entera entre dos líneas quebradas o *yin*. Simboliza lo abismal. Sugiere

dificultades, obstáculos, crisis, pobreza, adversidad, riesgos, paciencia, el segundo hijo, el Norte.
Corresponde a la fase agua.

7- KEN. EL AQUIETAMIENTO, LA MONTAÑA.

Una línea yang sobre dos yin (una entera sobre dos quebradas) es la composición de este trigrama. Simboliza inmovilidad, espera, precaución, ahorro, rechazo, quietud, el tercer hijo, el noreste.
Corresponde a la fase tierra.

8. K'UN. LO RECEPTIVO, LA TIERRA.

Este trigrama se forma con tres líneas quebradas o yin, que lo hace el más yin dentro del Ba Gua. Tradicionalmente es representado con la docilidad y fortaleza de una vaca. Simboliza lo receptivo de la tierra. Implica sensibilidad, laboriosidad, paz, virtud, receptividad, devoción, secretos, fragilidad, la madre, el sudoeste.
Corresponde a la fase tierra.

Los hexagramas

El Ba Gua fue usado con propósitos de adivinación o pronóstico durante mucho tiempo, pero la necesidad de adecuar el sistema a la diversidad de experiencias y fenómenos llevó a que se expandiera hacia el sistema de hexagramas, que es el que conocemos y utilizamos.

Se combinan trigramas en grupos de a dos, formando 64 hexagramas o Gua de seis líneas. Este conjunto de 64 hexagramas forma una estructura de 64 elementos individuales, cada uno con una descripción preestablecida y un símbolo correspondiente.

Las líneas mutantes

Alrededor del siglo XII dC se introduce el concepto de línea mutante. La idea de la línea mutante surge de la misma materia de que están hecho el yin y el yang: degeneración de uno = regeneración del otro. El concepto es que cuando una línea yin alcanza su techo empieza a transformarse en yang, y una yang que alcanza su techo se transforma en yin (por eso en el lanzamiento de fichas utilizamos como mutantes 6 y 9: se forman con tres lados iguales, que es lo más yin o yang que podemos obtener).

Quedan preestablecidos, entonces, 384 esquemas, y como todas las líneas en sí mismas pueden ser mutantes, el número real se agranda mucho más allá. Por practicidad, para su uso cotidiano, se entendió que con el concepto línea mutante agregado a los 64 hexagramas se tenía suficiente para describir cualquier fenómeno o situación, y era útil para cualquier propósito. (De ahí que la forma del I-CHING que conocemos haya permanecido sin cambios desde la aparición del concepto de línea mutante).

Las líneas del hexagrama se cuentan desde abajo (1ª línea).

Todo hexagrama es la unión de dos trigramas, a los que podemos identificar como inferior (1ª a 3ª línea) y superior (4ª a 6ª línea). Se conocen también como trigrama interior (el inferior) y trigrama exterior (el superior).

HEXAGRAMA NUCLEAR U OCULTO

En cada hexagrama podemos encontrar otro hexagrama, llamado nuclear u oculto, ya que está en el núcleo del hexagrama aparente. Su identificación es importante para el uso del i-ching como herramienta para la medicina tradicional, pero menos relevante para fines adivinatorios. Se forma por dos trigramas, desechando las líneas 1ª y 6ª:

El trigrama inferior lo forman las líneas 2ª a 4ª.
El trigrama superior lo forman las líneas 3ª a 5ª.

Este hexagrama es casi siempre un hexagrama distinto o nuevo, con su contenido, símbolos y resonancia. Todos los hexagramas nucleares tienden hacia el *yin* o el *yang*; es decir, si continuamos extrayendo hexagramas nucleares terminaremos en uno completamente *yin* o completamente *yang*: la base de todo lo que existe y que siempre vuelve a aparecer (principio y final se unen o continúan: ciclos, movimiento constante).

LÍNEAS MUTANTES

Según la filosofía descripta en el i-ching, cualquier línea puede ser una línea mutante, es decir una línea que está en el límite de volverse su opuesta.

HEXAGRAMAS COMPLEMENTARIOS

Cuando cambiamos la línea mutante de un hexagrama por su opuesta, obtenemos el hexagrama complementario. El hexagrama complementario normalmente se toma como la evolución, o hacia donde se mueve la situación actual del que pregunta.

El Ki 9 estrellas

Hace varios años que introduje el KI en mis libros, considerando que es la médula de la Astrología oriental. Es frecuente que la gente me diga que no entiende nada de esto pues se confunde con los doce animales y las energías. Espero que en este año del mono desaparezcan las dudas.

La combinación de las doce ramas terrenales (los doce animales) y las diez progresiones celestiales (las energías: metal, agua, madera, fuego y tierra), que se dividen en mayores y menores (5x2=10) crean 120 diferentes posibilidades de condiciones atmosféricas; además, estas 120 condiciones distintas pueden combinarse en una multitud de combinaciones anuales, mensuales, diarias y horarias. Del análisis de estos numerosos tipos de situaciones y sus diversas interrelaciones comenzó el estudio de la astrología macrobiótica.

No obstante, para uso práctico, descubrieron un tercer sistema más comprensible, que representa una síntesis de aquellos dos; entre el orden celestial y el terrenal existe un orden humano, de manera que se clasificaron los fenómenos bajo los términos de cielo, tierra y hombre. O, por decirlo de otra manera, la influencia celeste más la influencia terrestre produce la atmósfera; la célula de esperma y la célula ovárica producen el embrión; madre y padre crean hijos; las 10 progresiones celestiales de energía activa más las 12 ramas terrenales de energía pasiva producen 9 cargas de energía o destino. En el Oriente antiguo, este tercer método fue llamado ESTUDIO DEL KI 9 ESTRELLAS.

Mirando la tabla de las páginas 26, 27, 28 y 29 el lector encontrará, junto al año de su nacimiento y animal, su KI. Ahora, sabiendo qué KI nos corresponde, podremos conocer sus características.

1. AGUA BLANCA. Es de color blanco; la persona que lo tenga debe usar, preferentemente, este color, ya sea en la ropa o en la pintura de su casa, o llevar una piedra como el diamante montada en oro blanco. Las enfermedades que lo atacan con peligro son las del riñón y el estómago, y los resfriados. La persona que haya nacido en el año en que este astro dominaba debe tener limpio el lado norte de su casa o negocio y no guardar en esa parte documentos delicados o cosas que puedan comprometerla. Tampoco debe tener muchas flores en su casa. No les conviene hacer negocios de minas, agricultura o jardinería; en cambio sí puede hacerlo en el ámbito de la mecánica o la química, o tener un restaurante, una mueblería, por ejemplo.

2. TIERRA NEGRA. Le corresponde el color negro; igual que el astro anterior, debe ser el color básico para las personas que lo tengan. Los hombres deben ser cuidadosos con su piel y las mujeres con la matriz, pues es la parte débil de su organismo. La orientación que siempre tiene que estar limpia en todo sentido es la sudoeste; ni pizca de basura o cosas viejas que no se usen, y mucho menos documentos de dudosa honorabilidad; nada de eso debe estar en ese lugar de la casa o del sitio donde trabaje. Los negocios que no le

convienen son los relacionados con maderas y líquidos. Los que sí debe emprender son los asociados con metales, hierros, minas y también agricultura.

3. ÁRBOL VERDE BRILLANTE. Las personas nacidas en este KI deben usar el color azul. Sin querer ser supersticiosos, se recomienda que usen un anillo o una alhaja con una piedra de ese color, por ejemplo zafiro o aguamarina. Los trabajos que les convienen están relacionados con el comercio y la madera; los que no les convienen tienen que ver con la minería y las hortalizas. Las enfermedades de más riesgo son las que afectan a las vías respiratorias y a la cabeza. El lado oriental del lugar donde esta persona viva o trabaje debe mantenerse limpio, asearse a diario y no hacer allí negocios sucios.

4. ÁRBOL VERDE OSCURO. Para estas personas el color verde es clave, y la esmeralda la piedra indicada. El sudeste es la parte que deben mantener siempre en orden y asear primero cada día. Las enfermedades que se presentan frecuentemente son las nerviosas, tos o afecciones del apéndice. Les conviene los trabajos en la Marina, con muebles, en farmacia, cafeterías y cantinas. No les convienen los metales.

5. TIERRA AMARILLA. Su color es amarillo. El topacio montado en oro es la combinación perfecta para estas personas. Las enfermedades preponderantes son el reumatismo y las del vientre. Les conviene trabajar en la agricultura, pero nunca en una mueblería o lechería. El centro de su casa, trabajo o lugar frecuente de reunión, diversión o sitios donde asista habitualmente, debe ser muy limpio, no cargado de muebles u objetos donde se acumule el polvo; tampoco deben apilar libros ni usar ese lugar como bodega.

6. METAL BLANCO. Su color característico es el blanco; el diamante, la clave. El lugar preferido por la gente de este KI es el noroeste, así que deben mantenerlo reluciendo de limpio cuidando tener sólo cosas bellas y papeles con datos, noticias o versos agradables y optimistas. Las enfermedades a las que son propensas estas personas son la bronquitis y las renales. Este astro hará fortuna en un negocio donde intervengan los metales, así como los vegetales

7. METAL ROJO. El rubí es la piedra elegida para este astro, ya que su color es el rojo. Las afecciones nerviosas y la jaqueca son las enfermedades típicas de este KI; pueden padecer también colitis y hepatitis. Les convienen trabajos relacionados con la ingeniería y la medicina, pero no con los productos agrícolas. El lado poniente es el que debe ser ejemplo de pulcritud tanto en la oficina como en el hogar.

8. TIERRA BLANCA. Su color de buena suerte es el blanco, y las piedras, el diamante y las perlas. El noroeste es el lugar que se debe distinguir de los demás por su higiene y por el buen gusto en la decoración. Los órganos delicados de salud son los ojos, los oídos y el estómago.

Le conviene trabajar con material de electricidad, periodismo y papelería, pero no donde intervengan los líquidos.

9. FUEGO PÚRPURA. Su color es el morado. Una piedra color obispo es la indicada en este caso. El lado sur de su domicilio es el que debe estar limpio al máximo. Las enfermedades que atacan a los influenciados por este astro son dolores de cabeza, afecciones a los ojos, el oído, la nariz, y pesadez en el cerebro. Éste es un astro de posiciones contrastantes, porque puede tener inclinaciones místicas, o en un momento de cólera, llegar al crimen. Las ocupaciones que les convienen son: madera, agricultura, trabajo intelectual; nada relacionado con el agua.

Al conocer las características y posiciones de nuestro KI debemos fijarnos qué lugar ocupa en el cuadro mágico.

Los nueve KI se desplazan año a año, como alquilando un casillero, y es importante conocer en qué lugar están para determinar qué nos pasará durante ese año.

S

MADERA	FUEGO	TIERRA
BUENA SUERTE Y VIAJES DE PLACER	ALEGRÍA Y FORTUNA FELICIDAD	PROBLEMAS MALA SUERTE AMOR CON DISGUSTOS
MADERA	TIERRA	METAL
SALUD ALEGRÍA HONORES	CAMBIO DE EMPLEO O DOMICILIO FALTA DE DINERO ACCIDENTES, ROBOS	DINERO BUENA SUERTE EN TODO AMOR
TIERRA	AGUA	METAL
DESGRACIAS ENFERMEDADES MUERTE	MELANCOLÍA TRANQUILIDAD SERENIDAD	FORTUNA BUENOS NEGOCIOS MEJORA LA SITUACIÓN

E   O

N

4	9	2
3	5	7
8	1	6

LO SHU **ORIGINAL**

4	9	2
3	5	7
8	1	6

LO SHU **PARA EL 2004**

Correspondencia según fecha de

AÑO	10 KAN		12 SHI		KI 9 ESTRELLAS
1864	Árbol mayor	9	Rata	1	Agua blanca
1865	Árbol menor	6	Vaca (buey-búfalo)	9	Fuego púrpura
1866	Fuego mayor	3	Tigre	8	Tierra blanca
1867	Fuego menor	9	Conejo (liebre-gato)	7	Metal rojo
1868	Tierra mayor	6	Dragón	6	Metal blanco
1869	Tierra menor	3	Serpiente	5	Tierra amarilla
1870	Metal mayor	9	Caballo	4	Árbol verde oscuro
1871	Metal menor	6	Oveja (cabra)	3	Árbol verde brillante
1872	Agua mayor	3	Mono	2	Tierra negra
1873	Agua menor	9	Gallo	1	Agua blanca
1874	Árbol mayor	6	Perro	9	Fuego púrpura
1875	Árbol menor	3	Jabalí (cerdo-chancho)	8	Tierra blanca
1876	Fuego mayor	9	Rata	7	Metal rojo
1877	Fuego menor	6	Vaca (buey-búfalo)	6	Metal blanco
1878	Tierra mayor	3	Tigre	5	Tierra amarilla
1879	Tierra menor	9	Conejo (liebre-gato)	4	Árbol oscuro
1880	Metal mayor	6	Dragón	3	Árbol verde brillante
1881	Metal menor	3	Serpiente	2	Tierra negra
1882	Agua mayor	9	Caballo	1	Agua Blanca
1883	Agua menor	6	Oveja (cabra)	9	Fuego púrpura
1884	Árbol mayor	3	Mono	8	Tierra blanca
1885	Árbol menor	9	Gallo	7	Metal rojo
1886	Fuego mayor	6	Perro	6	Metal blanco
1887	Fuego menor	3	Jabalí (cerdo-chancho)	5	Tierra amarilla
1888	Tierra mayor	9	Rata	4	Árbol verde oscuro
1889	Tierra menor	6	Vaca (buey-búfalo)	3	Árbol verde brillante
1890	Metal mayor	3	Tigre	2	Tierra negra
1891	Metal menor	9	Conejo (liebre-gato)	1	Agua blanca
1892	Agua mayor	6	Dragón	9	Fuego púrpura
1893	Agua menor	3	Serpiente	8	Tierra blanca
1894	Árbol mayor	9	Caballo	7	Metal rojo
1895	Árbol menor	6	Oveja (cabra)	6	Metal blanco
1896	Fuego mayor	3	Mono	5	Tierra amarilla
1897	Fuego menor	9	Gallo	4	Árbol verde oscuro
1898	Tierra mayor	6	Perro	3	Árbol verde brillante
1899	Tierra menor	3	Jabalí (cerdo-chancho)	2	Tierra negra
1900	Metal mayor	9	Rata	1	Agua blanca
1901	Metal menor	6	Vaca (buey-búfalo)	9	Fuego púrpura

nacimiento y KI nueve estrellas

AÑO	10 KAN		12 SHI		KI 9 ESTRELLAS
1902	Agua mayor	3	Tigre	8	Tierra blanca
1903	Agua menor	9	Conejo (liebre-gato)	7	Metal rojo
1904	Árbol mayor	6	Dragón	6	Metal blanco
1905	Árbol menor	3	Serpiente	5	Tierra amarilla
1906	Fuego mayor	9	Caballo	4	Árbol verde oscuro
1907	Fuego menor	6	Oveja (cabra)	3	Árbol verde brillante
1908	Tierra mayor	3	Mono	2	Tierra negra
1909	Tierra menor	9	Gallo	1	Agua blanca
1910	Metal mayor	6	Perro	9	Fuego púrpura
1911	Metal menor	3	Jabalí (cerdo-chancho)	8	Tierra blanca
1912	Agua mayor	9	Rata	7	Metal rojo
1913	Agua menor	6	Vaca (buey-búfalo)	6	Metal blanco
1914	Árbol mayor	3	Tigre	5	Tierra amarilla
1915	Árbol menor	9	Conejo (liebre-gato)	4	Árbol verde oscuro
1916	Fuego mayor	6	Dragón	3	Árbol verde brillante
1917	Fuego menor	3	Serpiente	2	Tierra negra
1918	Tierra mayor	9	Caballo	1	Agua blanca
1919	Tierra menor	6	Oveja (cabra)	9	Fuego púrpura
1920	Metal mayor	3	Mono	8	Tierra blanca
1921	Metal menor	9	Gallo	7	Metal rojo
1922	Agua mayor	6	Perro	6	Metal blanco
1923	Agua menor	3	Jabalí (cerdo-chancho)	5	Tierra amarilla
1924	Árbol mayor	9	Rata	4	Árbol verde oscuro
1925	Árbol menor	6	Vaca (buey-búfalo)	3	Árbol verde brillante
1926	Fuego mayor	3	Tigre	2	Tierra negra
1927	Fuego menor	9	Conejo (liebre-gato)	1	Agua blanca
1928	Tierra mayor	6	Dragón	9	Fuego púrpura
1929	Tierra menor	3	Serpiente	8	Tierra blanca
1930	Metal mayor	9	Caballo	7	Metal blanco
1931	Metal menor	6	Oveja (cabra)	6	Metal blanco
1932	Agua mayor	3	Mono	5	Tierra amarilla
1933	Agua menor	9	Gallo	4	Árbol verde oscuro
1934	Árbol mayor	6	Perro	3	Árbol verde brillante
1935	Árbol menor	3	Jabalí (cerdo-chancho)	2	Tierra negra
1936	Fuego mayor	9	Rata	1	Agua blanca
1937	Fuego menor	6	Vaca (buey-búfalo)	9	Fuego púrpura
1938	Tierra mayor	3	Tigre	8	Tierra blanca
1939	Tierra menor	9	Conejo (liebre-gato)	7	Metal rojo

Correspondencia según fecha d

AÑO	10 KAN		12 SHI		KI 9 ESTRELLAS
1940	Metal mayor	6	Dragón	6	Metal blanco
1941	Metal menor	3	Serpiente	5	Tierra amarilla
1942	Agua mayor	9	Caballo	4	Árbol verde oscuro
1943	Agua menor	6	Oveja (cabra)	3	Árbol verde brillante
1944	Árbol mayor	3	Mono	2	Tierra negra
1945	Árbol menor	9	Gallo	1	Agua blanca
1946	Fuego mayor	6	Perro	9	Fuego púrpura
1947	Fuego menor	3	Jabalí (cerdo-chancho)	8	Tierra blanca
1948	Tierra mayor	9	Rata	7	Metal rojo
1949	Tierra menor	6	Vaca (buey-búfalo)	6	Metal blanco
1950	Metal mayor	3	Tigre	5	Tierra amarilla
1951	Metal menor	9	Conejo (liebre-gato)	4	Árbol verde oscuro
1952	Agua mayor	6	Dragón	3	Árbol verde brillante
1953	Agua menor	3	Serpiente	2	Tierra negra
1954	Árbol mayor	9	Caballo	1	Agua blanca
1955	Árbol menor	6	Oveja (cabra)	9	Fuego púrpura
1956	Fuego mayor	3	Mono	8	Tierra blanca
1957	Fuego menor	9	Gallo	7	Metal rojo
1958	Tierra mayor	6	Perro	6	Metal blanco
1959	Tierra menor	3	Jabalí (cerdo-chancho)	5	Tierra amarilla
1960	Metal mayor	9	Rata	4	Árbol verde oscuro
1961	Metal menor	6	Vaca (buey-búfalo)	3	Árbol verde brillante
1962	Agua mayor	3	Tigre	2	Tierra negra
1963	Agua menor	9	Conejo (liebre-gato)	1	Agua blanca
1964	Árbol mayor	6	Dragón	8	Fuego púrpura
1965	Árbol menor	3	Serpiente	8	Tierra blanca
1966	Fuego mayor	9	Caballo	7	Metal rojo
1967	Fuego menor	6	Oveja (cabra)	6	Metal blanco
1968	Tierra mayor	3	Mono	5	Tierra amarilla
1969	Tierra menor	9	Gallo	4	Árbol verde oscuro
1970	Metal mayor	6	Perro	3	Árbol verde brillante
1971	Metal menor	3	Jabalí (cerdo-chancho)	2	Tierra negra
1972	Agua mayor	9	Rata	1	Agua blanca
1973	Agua menor	6	Vaca (buey-búfalo)	9	Fuego púrpura
1974	Árbol mayor	3	Tigre	8	Tierra blanca
1975	Árbol menor	9	Conejo (liebre-gato)	7	Metal rojo
1976	Fuego mayor	6	Dragón	6	Metal blanco
1977	Fuego menor	3	Serpiente	5	Tierra amarilla

nacimiento y ki nueve estrellas

AÑO	10 KAN		12 SHI		KI 9 ESTRELLAS
1978	Tierra mayor	9	Caballo	4	Árbol verde oscuro
1979	Tierra menor	6	Oveja (cabra)	3	Árbol verde brillante
1980	Metal mayor	3	Mono	2	Tierra negra
1981	Metal menor	9	Gallo	1	Agua blanca
1982	Agua mayor	6	Perro	9	Fuego púrpura
1983	Agua menor	3	Jabalí (cerdo-chancho)	8	Tierra blanca
1984	Árbol mayor	9	Rata	7	Metal rojo
1985	Árbol menor	6	Vaca (buey-búfalo)	6	Metal blanco
1986	Fuego mayor	3	Tigre	5	Tierra amarilla
1987	Fuego menor	9	Conejo (liebre-gato)	4	Árbol verde oscuro
1988	Tierra mayor	6	Dragón	3	Árbol verde brillante
1989	Tierra menor	3	Serpiente	2	Tierra negra
1990	Metal mayor	9	Caballo	1	Agua blanca
1991	Metal menor	6	Oveja (cabra)	9	Fuego púrpura
1992	Agua mayor	3	Mono	8	Tierra blanca
1993	Agua menor	9	Gallo	7	Metal rojo
1994	Árbol mayor	6	Perro	6	Metal blanco
1995	Árbol menor	3	Jabalí (cerdo-chancho)	5	Tierra amarilla
1996	Fuego mayor	9	Rata	4	Árbol verde oscuro
1997	Fuego mayor	6	Vaca (buey-búfalo)	3	Árbol verde brillante
1998	Tierra mayor	3	Tigre	2	Tierra negra
1999	Tierra menor	9	Conejo (liebre-gato)	1	Agua blanca
2000	Metal mayor	6	Dragón	9	Fuego púrpura
2001	Metal menor	3	Serpiente	8	Tierra blanca
2002	Agua mayor	9	Caballo	7	Metal rojo
2003	Agua menor	6	Oveja (cabra)	6	Metal blanco
2004	Árbol mayor	3	Mono	5	Tierra amarilla

Los años lunares exactos desde

SIGNO					
Rata	31/01/1900	a	18/02/1901	metal	+
Búfalo	19/02/1901	a	07/02/1902	metal	-
Tigre	08/02/1902	a	28/01/1903	agua	+
Conejo	29/01/1903	a	15/02/1904	agua	-
Dragón	16/02/1904	a	03/02/1905	madera	+
Serpiente	04/02/1905	a	24/01/1906	madera	-
Caballo	25/01/1906	a	12/02/1907	fuego	+
Cabra	13/02/1907	a	01/02/1908	fuego	-
Mono	02/02/1908	a	21/01/1909	tierra	+
Gallo	22/01/1909	a	09/02/1910	tierra	-
Perro	10/02/1910	a	29/01/1911	metal	+
Chancho	30/01/1911	a	17/02/1912	metal	-
Rata	18/02/1912	a	05/02/1913	agua	+
Búfalo	06/02/1913	a	25/01/1914	agua	-
Tigre	26/01/1914	a	13/02/1915	madera	+
Conejo	14/02/1915	a	02/02/1916	madera	-
Dragón	03/02/1916	a	22/01/1917	fuego	+
Serpiente	23/01/1917	a	10/02/1918	fuego	-
Caballo	11/02/1918	a	31/01/1919	tierra	+
Cabra	01/02/1919	a	19/02/1920	tierra	-
Mono	20/02/1920	a	07/02/1921	metal	+
Gallo	08/02/1921	a	27/01/1922	metal	-
Perro	28/01/1922	a	15/02/1923	agua	+
Chancho	16/02/1923	a	04/02/1924	agua	-
Rata	05/02/1924	a	24/01/1925	madera	+
Búfalo	25/01/1925	a	12/02/1926	madera	-
Tigre	13/02/1926	a	01/02/1927	fuego	+
Conejo	02/02/1927	a	22/01/1928	fuego	-
Dragón	23/01/1928	a	09/02/1929	tierra	+
Serpiente	10/02/1929	a	29/01/1930	tierra	-
Caballo	30/01/1930	a	16/02/1931	metal	+
Cabra	17/02/1931	a	05/02/1932	metal	-
Mono	06/02/1932	a	25/01/1933	agua	+
Gallo	26/01/1933	a	13/02/1934	agua	-
Perro	14/02/1934	a	03/02/1935	madera	+
Chancho	04/02/1935	a	23/01/1936	madera	-

1900 a 2008

SIGNO					
Rata	24/01/1936	a	10/02/1937	fuego	+
Búfalo	11/02/1937	a	30/01/1938	fuego	-
Tigre	31/01/1938	a	18/02/1939	tierra	+
Conejo	19/02/1939	a	07/02/1940	tierra	-
Dragón	08/02/1940	a	26/01/1941	metal	+
Serpiente	27/01/1941	a	14/02/1942	metal	-
Caballo	15/02/1942	a	04/02/1943	agua	+
Cabra	05/02/1943	a	24/01/1944	agua	-
Mono	25/01/1944	a	12/02/1945	madera	+
Gallo	13/02/1945	a	01/02/1946	madera	-
Perro	02/02/1946	a	21/01/1947	fuego	+
Chancho	22/01/1947	a	09/02/1948	fuego	-
Rata	10/02/1948	a	28/01/1949	tierra	+
Búfalo	29/01/1949	a	16/02/1950	tierra	-
Tigre	17/02/1950	a	05/02/1951	metal	+
Conejo	06/02/1951	a	26/01/1952	metal	-
Dragón	27/01/1952	a	13/02/1953	agua	+
Serpiente	14/02/1953	a	02/02/1954	agua	-
Caballo	03/02/1954	a	23/01/1955	madera	+
Cabra	24/01/1955	a	11/02/1956	madera	-
Mono	12/02/1956	a	30/01/1957	fuego	+
Gallo	31/01/1957	a	17/02/1958	fuego	-
Perro	18/02/1958	a	07/02/1959	tierra	+
Chancho	08/02/1959	a	27/01/1960	tierra	-
Rata	28/01/1960	a	14/02/1961	metal	+
Búfalo	15/02/1961	a	04/02/1962	metal	-
Tigre	05/02/1962	a	24/01/1963	agua	+
Conejo	25/01/1963	a	12/02/1964	agua	-
Dragón	13/02/1964	a	01/02/1965	madera	+
Serpiente	02/02/1965	a	20/01/1966	madera	-
Caballo	21/01/1966	a	08/02/1967	fuego	+
Cabra	09/02/1967	a	29/01/1968	fuego	-
Mono	30/01/1968	a	16/02/1969	tierra	+
Gallo	17/02/1969	a	05/02/1970	tierra	-
Perro	06/02/1970	a	26/01/1971	metal	+
Chancho	27/01/1971	a	14/01/1972	metal	-

Los años lunares exactos desde 1900 a 2008

SIGNO					
Rata	15/01/1972	a	02/02/1973	agua	+
Búfalo	03/02/1973	a	22/01/1974	agua	-
Tigre	23/01/1974	a	10/02/1975	madera	+
Conejo	11/02/1975	a	30/01/1976	madera	-
Dragón	31/01/1976	a	17/02/1977	fuego	+
Serpiente	18/02/1977	a	06/02/1978	fuego	-
Caballo	07/02/1978	a	27/01/1979	tierra	+
Cabra	28/01/1979	a	15/02/1980	tierra	-
Mono	16/02/1980	a	04/02/1981	metal	+
Gallo	05/02/1981	a	24/01/1982	metal	-
Perro	25/01/1982	a	12/02/1983	agua	+
Chancho	13/02/1983	a	01/02/1984	agua	-
Rata	02/02/1984		19/02/1985	madera	+
Búfalo	20/02/1985	a	08/02/1986	madera	-
Tigre	09/02/1986	a	28/01/1987	fuego	+
Conejo	29/01/1987	a	16/02/1988	fuego	-
Dragón	17/02/1988	a	05/02/1989	tierra	+
Serpiente	06/02/1989	a	26/01/1990	tierra	-
Caballo	27/01/1990	a	14/02/1991	metal	+
Cabra	15/02/1991	a	03/02/1992	metal	-
Mono	04/02/1992	a	22/01/1993	agua	+
Gallo	23/01/1993	a	09/02/1994	agua	-
Perro	10/02/1994	a	30/01/1995	madera	+
Chancho	31/01/1995	a	18/02/1996	madera	-
Rata	19/02/1996	a	06/02/1997	fuego	+
Búfalo	07/02/1997	a	27/01/1998	fuego	-
Tigre	28/01/1998	a	15/02/1999	tierra	+
Conejo	16/02/1999	a	04/02/2000	tierra	-
Dragón	05/02/2000	a	23/01/2001	metal	+
Serpiente	24/01/2001	a	11/02/2002	metal	-
Caballo	12/02/2002	a	31/01/2003	agua	+
Cabra	01/02/2003	a	21/01/2004	agua	-
Mono	22/01/2004	a	08/02/2005	madera	+
Gallo	09/02/2005	a	28/01/2006	madera	-
Perro	29/01/2006	a	17/02/2007	fuego	+
Chancho	18/02/2007	a	06/02/2008	fuego	-

Feng-Shui

EPITAFIO PARA MI AFECTUOSO PADRE

La floreciente flor del patio
(Poema-melodía de Man Ting Fang) En idioma castellano.

¡Oh! El Valle del Ciervo no tenía nubes
La montaña de Pan-Gu totalmente cubierta de hierba descompuesta
Cientos de áreas de campos de arroz convertidos en ruinas amarillentas
Invasores extranjeros unidos a bandidos locales procedieron duramente
destruyendo y robando
Mi inmenso territorio repleto de humo y miseria.

En los eventos pasados del Pino Verde al revés
En reminiscencia
Lleno de aquellas marcas que lloran los vivos tiempos de vacas y caballos
Más allá de mi pueblo de Tan-Yang
Mi benévolo padre caminando vagamente por las nubes del cielo
Sus desoladas lágrimas cayendo sobre esta afligida aldea

Sentimientos heridos
Observan el cielo universal
Me pide que críe y proteja a mis pequeños hermano y hermana
Que atienda con sumo cuidado a mi cariñosa madre
Que alivie a aquellos de honorable fama, riqueza benéfica y posición
*   oficial*
Que asegure que las precedentes instrucciones ancestrales no puedan ser
*   violadas*

Vagando alrededor y dedicándome a mi carrera hacia el océano aún hasta
*   el rincón del universo*
En el país del río plateado
Donde éste nació y vivió

Contemplé el continente budista de China donde estás tú
Mi querido padre
La calma y próspera tierra de las hadas
No abandones a tu hijo y a su alma china.

Escrito y traducido por Nung Hang-Kai
Verano de 2002 en Argentina

EPITAFIO PARA MI AFECTUOSO PADRE

La floreciente flor del patio
(Poema-melodía de Man Ting Fang) En idioma chino.

傷情　仰天陸

嗷哺弟妹　侍奉娘親　淡薄名利祿

祖訓未違

漂泊遠津天涯　銀河國　港地生根

望神州　平明盛世　毋忘中國魂

墓誌銘

癸未桼秋于南美洲阿根廷首都襄壎佳

滿庭芳　中國魂　一首

庇谷無雲　盤古衰草

百里回洞拓荒　賦寇強虜

寒郭漫烽煙

清松倒懸往事　曾回首　牛馬淚痕

埋揚外　慈父雲遊　塵淚灑荒封

Escrito por Nung Hang-Kai

Verano de 2002 en Argentina

La filosofía del feng-shui para la tumba

Durante miles de años los chinos se han dedicado, conforme a la filosofía del FENG-SHUI tradicional, a realizar funerales terrenales por permanencia o selección, desenterrando el esqueleto a partir de tres a cinco años de la fecha del entierro, en el tiempo y día adecuados para la locación apropiàda de FENG-SHUI.

Mientras tanto, se necesita un monumento con o sin epitafio para las condolencias de los ancestros, para que las últimas generaciones entiendan la historia de la antigüedad y que expresen el respeto y lo filial de la misma manera, y que pidan bendición. Escribí este epitafio para que se encuentre el respeto.

Escrito por Nung Hang-Kai
8 de agosto de 2003

Astrologia
Poética

Me dejo llevar

Por la ruta invisible del presentimiento

El complot de los dioses

Que me guían en este viaje incierto

Donde la memoria lucha sin cuartel

con lo nuevo

Sabiendo que soy fugitiva sin pedido de rescate

En épocas de saqueo.

Transito hilos sin apoyo

Y no duermo como antes.

Sobrevuelo en la vigilia

Relámpagos afónicos.

Apenas tengo un fósforo

Para iluminar lo desconocido.

En los maizales secos

Sopla un aire atípico

Desgranando la rueda del destino.

No tengo contratos terrenales

Que me atrasen el samsara.

Exploro de noche el cielo

Cuando Venus me reclama

Retorno a las Pléyades

Acaricio a los siete cabritos

Y me deslizo por la Vía Láctea.

Hago escala en la Cruz del Sur

Sintiendo compasión por la Pachamama

Visito a las Tres Marías

Que me cuentan las novedades galácticas.

Hago las paces con Marte

Bailo el ula ula con Saturno

Hago el amor con Urano

Tomo un mojito en la Luna

Y sigo la ruta hacia Mercurio

Entablando un diálogo sin apuro

Antes de retornar le pido a Júpiter su

bendición profética.

Al pisar tierra

Fumigo las semillas cósmicas

En almácigos de experiencia.

L. S. D.

Algo viene a lo lejos
Como un tambor africano
Estoy en el asfalto
Sintiendo el cimbronazo.
Ya no extraño
Porque maté el pasado.
Floto como un torero
Entre la Tierra y el cielo
Antes del silencio destronado.

L. S. D.

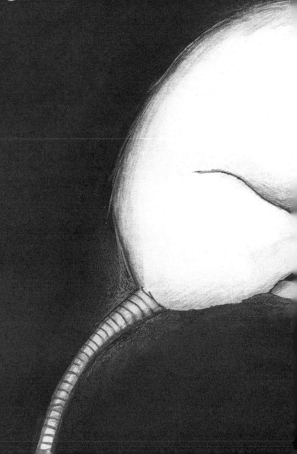

Rata

Rata

Ficha técnica

NOMBRE CHINO DE LA RATA
SHIU

NÚMERO DE ORDEN
PRIMERO

HORAS REGIDAS POR LA RATA
11 PM A 1 AM

DIRECCIÓN DE SU SIGNO
DIRECTAMENTE HACIA EL NORTE

ESTACIÓN Y MES PRINCIPAL
INVIERNO-DICIEMBRE

CORRESPONDE AL SIGNO OCCIDENTAL
SAGITARIO

ENERGÍA FIJA
AGUA

TRONCO
POSITIVO

Eres Rata si naciste

31/01/1900 – 18/02/1901
RATA DE METAL

18/02/1912 – 05/02/1913
RATA DE AGUA

05/02/1924 – 24/01/1925
RATA DE MADERA

24/01/1936 – 10/02/1937
RATA DE FUEGO

10/02/1948 – 28/01/1949
RATA DE TIERRA

28/01/1960 – 14/02/1961
RATA DE METAL

15/02/1972 – 02/02/1973
RATA DE AGUA

02/02/1984 – 19/02/1985
RATA DE MADERA

19/02/1996 – 06/02/1997
RATA DE FUEGO

Ser rata
"Paranoia crítica"

Día limbo. Llegué a un museo vacío. Afuera un gran cartel anunciando una muestra. Encarnado el pintor posando sin muchas ganas.
Buenos Aires invitaba al hechizo con luz de Capilla Sixtina.
Cedí espacio al espacio para no arrinconarlo en su paranoia crítica. Intriga de ambas partes, desierto de trementina.

Certera, huidiza, captadora de mensajes esenciales, eterna peregrina, psicodélica, moderna, curiosa, disimulada. El escenario desnudo para disecarla desde las alcantarillas. Viaje especial. Encontrarte acelera el corazón, lo irriga, sacude, pone en órbita, activa los ventrículos, decodifica el ADN.

La rata es capaz de convivir con nosotros sin que lo sepamos, escondida entre los pliegues de los zócalos, de las alacenas, de las cortinas de terciopelo, entre las sábanas, observando con lupa cada detalle, movimiento y acción, para utilizarlos en el momento oportuno como un avión B52 que no deja opción para huir de su certera puntería.

La roedora desarrolla su intuición, que se afina como un violín ante el peligro de ser atrapada o acorralada, moviéndose con la velocidad del rayo.

Es experta en sobrevivir a las grandes catástrofes ecológicas, humanas y afectivas pues desde el nacimiento presiente que tendrá un destino azaroso.

Su talento para escabullirse, evaporarse y llegar primera cuando hay alguna actividad que la apasiona es admirable, tiene un radar infalible que la acompaña en las situaciones límite.

La rata se transforma ante cada situación; es el gran actor o actriz del zoo chino, oscilará entre ser reina, ministra, plebeya, cortesana, agricultora, médica, artista de televisión, deportista, artesana... su capacidad de adaptación es milagrosa y muy convincente.

Es probable que la mayoría de los gangters o delicuentes de la historia pertenezcan a este signo.

La rata vivirá a pleno sin escatimar nada. Insaciable, voraz, desmesurada, exagerada, ciclotímica, tragicómica, desplegará su abanico de recursos para atraer las mejores ofertas con el menor esfuerzo.

La rata no da puntada sin hilo, es eficaz y práctica en sus jugadas. Elucubra su estrategia para tender trampas y disfruta cuando logra llevar el trofeo a la madriguera.

No conoce la moderación ni la dosificación en los vicios y placeres; agotará todos los recursos propios y ajenos hasta sentirse saciada.

Rondará tejados, altillos, bóvedas y cúpulas en busca de alimento y emociones que hagan palpitar su corazón.

La rata tiene un radar extrasensorial, capta mensajes telepáticos, recibe señales del infinito y los concreta en la tierra con facilidad.

La rata, cuando apunta hacia un objetivo, logra atraparte en su laberinto con su fascinante imaginación, *charme*, calidez, voluptuosidad, agudeza de

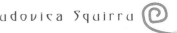

espíritu, magia, sentido del humor y cinismo, atravesando corazas de acero, murallas de condicionamientos y tabúes.

Criatura capaz de arriesgar su fortuna, patrimonio, matrimonio por una apuesta o un flechazo, aun sin ser correspondida.

Jugadora empedernida, nadie puede detenerla cuando decide saltar al vacío con su vocación de kamikaze.

Neurótica, inquieta, ansiosa, pleitista, desafiante, tirana: sus deseo son órdenes, salvo que respete y esté entregada al llamado de amor indio que sacude los hilos invisibles de su alma misteriosa.

La noche es la posibilidad exquisita para saciar sus vicios ocultos. No pide permiso, sale sin pasaporte y actúa como un satélite y un cable subterráneo, no deja un recoveco que no tenga su influencia.

Sabe que su despliegue de seducción es como el de E.E.U.U. en Irak, NO WAY OUT. Nadie zafará del hechizo de enloquecer de amor en milésimas de segundos. Su estrategia es desarmar el sistema nervioso entre besos y caricias de un experto del *kamasutra*, contagiar lo absurdo, lo prohibido, lo ancestral. Anticipa lo que está pasando a sus espaldas y lo transmite telepáticamente.

Es la mejor computadora diseñada por una absurda ecuación que jamás se repite. Es fecunda, ansiosa, certera, inteligentísma, original en su manera de expresarse; no pasa desapercibida aunque su vocación autodestructiva la mantenga en el filo de la muerte.

Es la reina de los pecados capitales, no se priva de ninguno y hace alarde de sus debilidades para que la adoptemos.

Es dependiente hasta crear lazos como telarañas entre los que elige para compartir su madriguera. Jamás descansa cuando despide su aliento tibio como el flautista de Hamelín hasta lograr que la quieran.

Es rápida como el tren bala para sacar tajada de situaciones límite. Especuladora, anticipa propuestas con sólo tener contacto visual con su interlocutor y consigue el *cash* para amortizar los vicios, como el FMI.

Intelectual hasta la médula, lectora de *best-sellers*, libros clásicos, científicos, de ciencia ficción o pornográficos, su *baticueva* será una biblioteca como la de Alejandría.

Amante de la buena mesa, catadora de exquisitos vinos, licores, brebajes para el espíritu. Inalcanzable anfitriona de noches de gala y orgías.

Obsesiva, huidiza, inalcanzable a la hora de entregarse, CONFIAR NUNCA ES SU *LEIT MOTIV*.

Dichosos los que alguna vez fueron amados por una rata.

Es una experiencia lunar, solar y de las Pléyades.

Nada se puede comparar a la atención *full time*; desde lo cotidiano impregnado de estética, sensualidad, buen gusto y comodidad, hasta lo inasible, lo tácito.

Sólo la rata logra crear una adicción con su talento sobrenatural: la poesía que ratas como Shakespeare alcanzaron rumbo al Nirvana, o actores como Marlon Brando o jugadores de fútbol como Maradona despertaron en la gente.

Les gusta convivir con la pareja, aunque no se firmen papeles despliegan un clima hogareño muy estimulante.

Hacen el amor con ganas, imaginación y generosidad. Derrochan su fortuna para agasajar a quien atraviesa el portal de su *blindex* personalidad.

La rata es una gran solitaria aunque esté en medio de una fiesta en su honor. Elegante, sofisticada, refinada aunque sus orígenes sean humildes, se destacará por su exótica personalidad.

Desafiante, incisiva, punzante: sacará el néctar de cada flor que elija para disecar y coleccionar. Arbitraria, subjetiva para enfrentar situaciones que la dejen *outside*, es capaz de manipular hasta convertirse en Maquiavelo.

Romántica en contadas ocasiones, marcará a fuego las escenas de amor turco, en el ADN.

ESCAPE AL FUTURO Y AL CENTRO DE LA TIERRA, DONDE ESTARÁN ESCONDIDAS ANTES DEL JUICIO FINAL.

La Rata y su energía

RATA DE MADERA (1924-1984)

Atractiva y artística. Movediza e impaciente como sus hermanas, aunque más cautelosa, posee la misma habilidad para encantar e hipnotizar gente. Esto, sumado a que no le gusta estar sola, le trae algún problema, porque se rodea de personas de cualquier tipo ¡y puede terminar enredada en inimaginables líos!...

Es honesta, energética, y trabajadora: se preocupa por su vejez y trata de guardar para el futuro. Es una esteta innata, dotada de talento natural para las bellas artes. Debería atender un poco más de quiénes se rodea para disfrutar de una vida muy agradable.

RATA DE FUEGO (1936-1996)

Inquieta y astuta. Una rata a la que le encanta moverse, ¡sobre todo por el mundo!... Se pierde por los viajes de todo tipo (turismo carretero, cabotaje o alto vuelo). Es encantadora, sensual e independiente, por eso va dejando un tendal de corazones rotos a su paso. Pero si el desengaño amoroso lo sufre en carne propia las cosas cambian: es muy emocional y tiende a bajonearse rápido. Si logra controlarse y asimilar conocimiento de sus experiencias, en su vida adulta puede disfrutar con amigos y amantes de los logros de su inteligencia. Es previsora.

RATA DE TIERRA (1948-2008)

Sociable y enfocada. Esta ratita tiene claros sus objetivos y trabaja por ellos toda su vida. Le encanta la vida social y, si es ella quien debe recibir, es una gran anfitriona. Puede ser tildada de *snob* porque le preocupan las apariencias, pero su buen corazón y su sensibilidad hacen que esto se pase por alto.

Es trabajadora y precavida (como todas sus congéneres), y florece en la edad adulta. Le encanta rodearse de sus seres queridos y compartir su felicidad. Pero puede ser implacable si alguien se cruza entre ella y sus objetivos.

RATA DE METAL (1900-1960)

Romántica y ambiciosa. Estas dos características le generan todo tipo de problemas, y la transforman en la menos "tratable" de las ratas: es temperamental y apasionada, celosa y posesiva. Le gusta tener bajo control a la gente que quiere y lo hace muy bien. Pero también le preocupa el reconocimiento y el dinero y, como no puede desdoblarse, puede terminar envuelta en peleas con los demás por la frustración que ella misma se genera.

Tiene que aprender a controlarse y a vivir con más inteligencia (algo que no le falta), controlando sus impulsos.

RATA DE AGUA (1912-1972)

Emocional e insegura. Es capaz de desvivirse por su familia y compartir con ella todo lo que su talento le provea; es justa y generosa cuando se trata de la gente que quiere, pero le preocupa poco el resto de la humanidad.

Como es insegura, vive obsesionada por el porvenir, pero se olvida de cosechar para ese futuro. Es una gran motivadora, y así es capaz de manipular a los demás en su propio beneficio. Si aprendiera a confiar un poco más en sus talentos naturales y a desprenderse sin esperar nada a cambio ganaría amigos y estabilidad para la vejez.

La Rata y su ascendente

RATA ASCENDENTE RATA: 11 P.M. a 1 A.M.

Una cazadora eficaz: donde pone el ojo, pone la bala. Apasionada y seductora, cree que el fin justifica los medios. Un as para los negocios.

RATA ASCENDENTE BÚFALO: 1 A.M. a 3 A.M.

Creativa y tenaz, ésta es una ratita hogareña. Vanidosa, refinada y culta, cuida de su familia y se rodea de las mejores cosas.

RATA ASCENDENTE TIGRE: 3 A.M. a 5 A.M.

Una rata aventurera: sus amores la arrastran por el mundo, también su necesidad de tener un espacio propio. Orgullosa.

RATA ASCENDENTE CONEJO: 5 A.M. a 7 A.M.

Dotada de mucha astucia, es irresistible cuando elige su presa. Le gustan el lujo y el poder y se pasa la vida luchando con lo que dicen su corazón y su cabeza.

RATA ASCENDENTE DRAGÓN: 7 A.M. a 9 A.M.
Generosa y con mucho para dar. Le encanta el aplauso y es una verdadera *prima donna*. Testaruda, es mejor darle la derecha porque odia perder.

RATA ASCENDENTE SERPIENTE: 9 A.M a 11 A.M.
Una rata muy sagaz, que no deja pasar oportunidades. Ambiciosa, dueña de un encanto irresistible y mucha capacidad de trabajo.

RATA ASCENDENTE CABALLO: 11 A.M. a 1 P.M.
Una rata emocional y apasionada: ella misma no puede controlar su vida y trata inútilmente de autoimponerse límites.

RATA ASCENDENTE CABRA: 1 P.M a 3 P.M.
Rata con veleidades de "pachá". Como es capaz y trabajadora, se consigue lo mejor con el sudor de su frente. Se pierde por la gente bien relacionada.

RATA ASCENDENTE MONO: 3 P.M. a 5 P.M.
La ambición de la rata multiplicada: capaz de cualquier estafa por conseguir lo que quiere. NO tiene escrúpulos para llegar a su meta.

RATA ASCENDENTE GALLO: 5 P.M. a 7 P.M.
Una rata con lucha interna: el deber y lo que ella quiere. Tiene nobleza de sentimientos, pero soberbia para mostrarla.

RATA ASCENDENTE PERRO: 7 P.M. a 9 P.M.
Hipercrítica y aguda. Difícil sacarle algo que no sea un buen consejo, o que no se pague con intereses. Muy fiel a sus afectos.

RATA ASCENDENTE CHANCHO: 9 P.M. a 11 P.M.
Rata inolvidable: sensual y fiel. Amiga de sus amigos, jugada por lo que quiere. Los que la encuentran no la dejan ir.

Personajes famosos
del signo Rata

RATA DE MADERA (1864-1924-1984)
Marlon Brando, Eva Gabor, Charles Aznavour, Johan Strauss (padre), Doris Day, William Shakespeare, Henry Mancini, Carolina Oltra, Narciso Ibáñez Menta, Hugo Guerrero Marthineitz, Marcello Mastroianni, Lauren Bacall, Henri Toulouse- Lautrec.

RATA DE FUEGO (1876-1936-1996)

Norma Aleandro, Pablo Casals, Úrsula Andress, Mata Hari, Wolfang Amadeus Mozart, padre Luis Farinello, Bill Wyman, Diana Ingro, Richard Bach, Charlotte Brontë, Kris Kristofferson, Anthony Hopkins, Glenda Jackson, Rodolfo Bebán.

RATA DE TIERRA (1888-1948-2008)

Brian Eno, Karlos Arguiñano, Olivia Newton-John, Leon Tolstoi, Rubén Blades, Donna Karam, Gerard Depardieu, Thierry Mugler, Príncipe Carlos de Inglaterra, James Taylor, Robert Plant, Chacho Álvarez, Vitico.

RATA DE METAL (1900-1960-2020)

Bono, Ayrton Senna, Luis Buñuel, Spencer Tracy, Diego Maradona, Antonio Banderas, Daryl Hannah, Alejandro Sokol, Sean Penn, José Luis Rodríguez Zapatero, Nastassia Kinsky, Jorge Lanata, Esther Goris, Gabriel Corrado, Lucrecia Borgia, Tomás Ardí, Ginette Reynal, John-John Kennedy, Tchaikovsky.

RATA DE AGUA (1912-1972-2032)

Antonio Gaudí, Roy Rogers, Valeria Mazza, Figo, Segundo Cernadas, Magdalena Aicega, Diego Ramos, Eve Arden, Valentina Bassi, Pablo Rago, Facundo Arana, Gene Kelly, Cameron Díaz, Loretta Young, Pity Álvarez, Antonio Rossini, George Washington, Lawrence Durrell.

Bono

Testimonio

YO SOY UNA RATA

Gabriel Oyhanarte
ESTILISTA, MAQUILLADOR, BARMAN

Considerando todo lo característico de una rata, pueden causar una maravillosa impresión las tantas e inimaginables cualidades que posee este roedor que a primera vista refleja una imagen desagradable; pero esto quedará en el olvido: bastará encontrarla para descubrir su simpatía, que al cabo de un tiempo te terminará enamorando.

Como rata que soy, se me hace divertido contarles algunas características de mi signo.

Llevo un espíritu incansable y laburador, necesito sentirme en contacto con la vida todo el tiempo, como llenándome también de emociones que hacen mi sobrevivencia.

Siempre dispuesto, no freno mi andar, sólo pararé cuando alguien lo necesite en el camino.

Causará sorpresa mi aparición y, en total devoción de cómo soy, seré yo quien marque mi generosidad sin aceptar nada a cambio. Esto también genera contradicción, llevándome conmigo espantadas reacciones de rechazo de ciertas personas que desconfían de sí mismas, más que la rata misma, al no poder sintonizar la frecuencia segura que llevo en mí; esto describirá un enfrentamiento con personas con envidia y egoísmo, que harán el intento de apalearme.

Siendo una persona que analiza con cierto sentido común y algo más (lo primero es lo primero, de acuerdo con lo que necesite para construir la estabilidad personal) el trabajo ocupó en mí un lugar muy valioso y respetado en primer orden, siguiendo con los gustos y placeres, encontrando fácilmente el amor en un lugar poco demandante, y soy yo quien comando mis impulsos y deseos. Encontrar la perfección fue mi constancia en este sentimiento tan profundo que nadie ve con mis ojos y no siente como yo lo hago; por ese motivo lo dejaba pasar.

Soy apasionado y romántico, esto me lleva a buscar el mismo carácter.

De hecho, finalmente después de mucho esperar he encontrado una ratita que, sin imaginar que esto podría ser puro efecto de la casualidad, me convenció de que era lo que buscaba. Una mujer que comparte todas las necesidades a la par de las mías, me refleja; más: me transmite esa inalcanzable y plomiza rutina que no deseamos encontrar. Las salidas para un lado y para el otro son mi perfecta adicción, sobre todo después de un largo día de trabajo, disfruto de los paseos nocturnos, el buen comer y la bebida (ni hablar de los quesos), aguanto el humo, pero si puedo lo evito, me siento cómodo en ambientes calmos. Como verán, ser una rata tiene todas sus ventajas ...por eso disfruto de serlo.

Rata
Tabla de compatibilidad

Rata	
AZAR	🐀🐀🐀🐀
AMISTAD	🐀🐀🐀
AMOR	🐀🐀
TRABAJO	🐀🐀🐀🐀🐀

Búfalo	
AZAR	🐀🐀🐀🐀
AMISTAD	🐀🐀🐀🐀🐀
AMOR	🐀🐀🐀🐀
TRABAJO	🐀🐀

Tigre	
AZAR	🐀🐀
AMISTAD	🐀🐀🐀🐀
AMOR	🐀🐀🐀
TRABAJO	🐀

Conejo	
AZAR	🐀🐀🐀🐀
AMISTAD	🐀🐀🐀
AMOR	🐀🐀🐀🐀🐀
TRABAJO	🐀🐀🐀

Dragón	
AZAR	🐀🐀🐀🐀
AMISTAD	🐀🐀🐀🐀
AMOR	🐀🐀🐀
TRABAJO	🐀🐀🐀🐀🐀

Serpiente	
AZAR	🐀🐀🐀
AMISTAD	🐀🐀🐀🐀
AMOR	🐀🐀🐀🐀🐀
TRABAJO	🐀🐀🐀

Caballo	
AZAR	🐀
AMISTAD	🐀🐀🐀🐀
AMOR	🐀🐀
TRABAJO	🐀

Cabra	
AZAR	🐀🐀🐀
AMISTAD	🐀🐀🐀
AMOR	🐀🐀
TRABAJO	🐀🐀🐀🐀

Mono	
AZAR	🐀🐀🐀🐀🐀
AMISTAD	🐀🐀🐀
AMOR	🐀🐀🐀🐀🐀
TRABAJO	🐀🐀🐀

Gallo	
AZAR	🐀
AMISTAD	🐀🐀
AMOR	🐀🐀🐀
TRABAJO	🐀🐀🐀

Perro	
AZAR	🐀🐀🐀🐀
AMISTAD	🐀🐀🐀
AMOR	🐀🐀🐀🐀
TRABAJO	🐀🐀🐀🐀🐀

Chancho	
AZAR	🐀🐀🐀🐀
AMISTAD	🐀🐀🐀🐀🐀
AMOR	🐀🐀🐀🐀
TRABAJO	🐀🐀🐀🐀🐀

Buscá refugio en la O.N.U. •
Columpiate en esta liana ••
Qué monada •••
Buen plátano ••••
La bendición de Chita •••••

Bagdad.
Estabas en la ruta de mis sueños
    Algún día para visitarte,
    Sentirme musa, poeta
    Amante, espía oveja.
Quería caminarte
    Contemplarte sin testigos
    Tener una cita contigo
Entre mercados, burdeles,
    Mezquitas y patios infinitos.
Te reservaba para darme
un baño de Eros
    En este mundo absurdo
Donde algunos locos
Dedican su vida al ocio,
    al tiempo sin reloj
Al misterio de lo divino.
    No llegué.
    Sólo imaginarte.

            L. S. D.

Búfalo

Búfalo

Ficha técnica

NOMBRE CHINO DEL BÚFALO
NIU

NÚMERO DE ORDEN
SEGUNDO

HORAS REGIDAS POR EL BÚFALO
1 AM A 3 AM

DIRECCIÓN DE SU SIGNO
NOR-NORDESTE

ESTACIÓN Y MES PRINCIPAL
INVIERNO - ENERO

CORRESPONDE AL SIGNO OCCIDENTAL
CAPRICORNIO

ENERGÍA FIJA
AGUA

TRONCO
NEGATIVO

Eres Búfalo si naciste

19/2/1901 – 07/02/1902
BÚFALO DE METAL

06/2/1913 – 25/01/1914
BÚFALO DE AGUA

25/01/1925 – 12/02/1926
BÚFALO DE MADERA

11/02/1937 - 30/01/1938
BÚFALO DE FUEGO

29/01/1949 - 16/02/1950
BÚFALO DE TIERRA

15/02/1961 - 04/02/1962
BÚFALO DE METAL

03/02/1973 - 22/01/1974
BÚFALO DE AGUA

20/02/1985 - 08/02/1986
BÚFALO DE MADERA

07/02/1997- 27/01/1998
BÚFALO DE FUEGO

Ser búfalo
"Los puentes de Madison"

Mediodía tibio de julio en Las Rabonas. Paz en el ambiente.

Naturaleza calma. Entidades invisibles me acompañan.

Miro al Aguaribay crecer cerca de LO-SHU, la tortuga legendaria que vio Fu-shi salir del río Lo para iniciarnos en la astrología china.

Pienso en Lao-Tse que recorrió China en un búfalo, observando los ciclos de la naturaleza bautizando el TAO. Como Don Quijote y Rocinante, que eran uno recorriendo leguas de aventuras y lunas, el búfalo que transportó a Lao-Tse fue anónimo o de perfil más bajo, pues no se conoce su nombre.

Transportar a un sabio de un pueblo a una aldea o a un reino para ser escuchado en la vida, es un trabajo chino. Dar apoyo, estímulo, cariño, protección y seguridad al prójimo en forma incondicional es el arte del segundo animal que llegó a la convocatoria de Buda seducido por la rata, que le hizo el bocho durante la travesía, saltó desde su noble lomo al llegar y ocupó el primer puesto.

El búfalo sabe que la gente lo necesita y abusa de su infinita capacidad para resolver los problemas, desde los más básicos hasta los más difíciles y sofisticados.

No hay horario ni feriado para él: el trabajo es el *leit motiv* de su vida, pues como es muy consciente y responsable ante su familia, canaliza su libido expresando su vocación *full time* y, aquel que no la tiene, trabajando en múltiples oficios, hasta que alguien le recuerda que la vida no es sólo trabajo sino un poco de diversión, frivolidad, romanticismo, adrenalina, y *rock and roll*.

Para él, vivir es una experiencia más de deber que de placer, y sería bueno captar que su naturaleza recia, estoica y ascética son parte de su ADN. Líder, gran organizador, un poco déspota, tiene el don innato del mando. Su presencia es ideal para inspirar respeto, confianza y credibilidad.

Su energía es siempre expansiva, penetrante y sólida. La gente le teme pues no sabe que debajo de esa armadura hay un ser humano pidiendo a gritos ternura, cariño y calor de hogar.

A mí me causan gracia; el mal humor y los ataques de furia que los caracterizan me parecen muy seductores y teatrales. Necesitan expresar sus estados emocionales para liberar CHI (energía) y retomar el rumbo cotidiano.

El búfalo representa el día a día. La cruda verdad de lo que pasa y nos cuesta asumir, el que construye la realidad sobre bases firmes.

En una obra sería los cimientos; poco importa cómo se decore la casa; él dará la consistencia necesaria para vivir dentro al resguardo de las inclemencias humanas y climáticas. Silencioso o muy ruidoso, estará pendiente de cumplir su labor a la perfección y no soportará críticas.

Hace y deshace a su antojo, convencido de tener razón siempre.

Es fundamental para el búfalo sentirse querido, admirado y respetado.

Dará su vida por el elegido o compañero de camino y, si es un buey clásico con aspiraciones matrimoniales y de formar una familia, sólo vivirá pendiente de ella, sin que le importe dejar de lado sus gustos, necesidades y sueños imposibles.

Es el gran amigo, protector, fiel soldado que estará despierto o en vigilia para que no nos falte lo esencial.

Dispara rayos de luz al movilizarse y desplegar la artillería de sus recursos humanos. Crea dependencia emocional, es claro y porfiado, sabe convencernos si estamos con las defensas bajas o un poco desprogramados.

Dominante, asfixiante, demandante, intolerante, controlador; aunque estemos en otras dimensiones buscará saber y archivar información para sentirse seguro e informado.

Rebelde sin pausa, le gusta enfrentar molinos de viento y murallas chinas para lograr sus objetivos.

Solitario en esencia, sociable en lo periférico; se nutre con una fauna diversa, le encanta observar y apreciar costumbres y hábitos diferentes aunque no los comparta y los critique a *viva voce*.

Sectario, puede ser muy detestado por sus principios atávicos y militares. Le cuesta aceptar la gama del arco iris, sólo conoce el blanco y el negro de su propia paleta, aunque sean pintores célebres como Van Gogh o Renata Schussheim.

Curioso, obsesivo, apasionado, intenso; un día con ellos es para compensar con *cien años de soledad*.

El buey es serio en su manera de enfocar la vida. Desde niño será precoz, maduro, y se ganará el sustento en forma original.

Su mayor realización será formar una familia y tener descendencia para perpetuar su sangre. Es estable emocionalmente, algunos búfalos son ciclotímicos y a veces depresivos. Les cuesta cortar con el pasado, con algún amor que los hizo crecer, vibrar, olvidarse de trabajar con adicción y ser el mejor del grado o de la empresa.

Cuando se enamora es mejor darse la vacuna pues si no, sus cornadas pueden ser mortales. No concibe que al otro no le pase lo mismo y exige horas extras de sexo, atención y filosofía. Para él, el amor es una posesión y hay que asegurarlo con cadenas y candados. Le cuesta aceptar la libertad, la igualdad y la fraternidad.

TIENE PRINCIPIOS Y ES FIEL A SUS IDEAS.

牛

Búfalo

El Búfalo y su energía

BÚFALO DE MADERA (1925-1985)

Trabajador y testarudo. Este búfalo voluntarioso y sociable es prácticamente incansable. Se aferra a sus ideas y puede ser muy cabeza dura; sólo la oportunidad de ganar lo hace cambiar.

Es optimista y muy agradable en el trato con los demás. Reacciona muy bien frente a los estímulos y a los nuevos desafíos y, por ser capaz de ver más allá de sus narices, asimila cosas nuevas cuando es por su propio bien. Si logra controlar su carácter, resulta una persona muy estimada por quienes lo rodean.

BÚFALO DE FUEGO (1937-1997)

Dinámico y ambicioso. Inquieto por dentro y por fuera, protector de su familia y sus amigos. Le encanta el poder pero no abusa de él: es respetado por sus subordinados, a quienes trata como iguales, aunque con firmeza.

Tiene una cuota alta de autodestrucción; por ser incapaz de expresar sus emociones resulta el candidato ideal para una terapia tradicional o alternativa. Puede reaccionar con mucha violencia si se siente traicionado, lo que ocurre con bastante frecuencia. Un búfalo en quien confían los que lo rodean.

BÚFALO DE TIERRA (1949-2009)

Curioso y confiable. Sobreprotector de su familia, este búfalo es capaz de los mayores sacrificios por la gente que quiere. Ni aun en los peores momentos abandona a sus amigos, y a veces tampoco a sus enemigos: secretamente tiene horror al rechazo, así que no le importa salir lastimado si puede ganarse el afecto de alguien. Si piensa que va a ser abandonado puede ponerse agresivo y retraerse, pero es su manera de protegerse. Es un amigo para siempre y un amante experto.

BÚFALO DE METAL (1901-1961)

Responsable y orgulloso. El búfalo de metal es hipertrabajador y sabe que puede llevar adelante y con éxito todo lo que le den para hacer. Una vez que se fijó una meta no para a pensar ni se detiene por las bajas.

Utiliza su seducción para conseguir sus propósitos; es ambicioso y muy buen estratega, así que seguramente llegará adonde se proponga. Es inquieto, generoso con sus amigos y dueño de una gran vida interior. Sólo necesita controlar su carácter para asegurarse un porvenir brillante.

BÚFALO DE AGUA (1913-1973)

Razonable y realista. Es, entre sus hermanos búfalos, el que está más contento con la vida. Disfruta de lo que tiene, es capaz de adaptarse a las circunstancias, sabe interpretar a los demás y no se guía por las apariencias. Paciente a la hora de tomar decisiones, acepta las sugerencias de otros, por eso resulta ideal para el trabajo en equipo. Demuestra su afecto y busca una pareja para establecerse y seguir creciendo juntos.

El Búfalo y su ascendente

BÚFALO ASCENDENTE RATA: 11 P.M. a 1 A.M.

Un búfalo hiperconservador. Cuidadoso con lo que tiene, se pone en primer lugar en la lista de intereses. No se prodiga en bienes ni afecto.

BÚFALO ASCENDENTE BÚFALO: 1 A.M. a 3 A.M.

No tiene humor para aguantar jefes. Le gusta dar órdenes. Aprecia que los demás sean divertidos, pero él no lo es mucho.

BÚFALO ASCENDENTE TIGRE: 3 A.M. a 5 A.M.

Una mezcla explosiva: sólido y audaz. Difícil de resistir, y dueño de la energía necesaria para conseguir lo que quiere. Muy apasionado.

BÚFALO ASCENDENTE CONEJO: 5 A.M. a 7 A.M.

Casero, amante de la vida familiar. Tiene gustos caros y resulta más "ligero" para tratar. Es testarudo y tiene argumentos para todo.

BÚFALO ASCENDENTE DRAGÓN: 7 A.M. a 9 A.M.

¡Un búfalo con un carácter muy inflamable!... Va por el mundo atrás de sus ideas, tropezando y sin aprender. Creativo, necesita aprender a escuchar.

BÚFALO ASCENDENTE SERPIENTE: 9 A.M. a 11 A.M.

Tiene mundo propio. No necesita al resto del planeta y "solo, bien se lame". Su enorme seguridad resulta irresistible para los demás.

BÚFALO ASCENDENTE CABALLO: 11 A.M. a 1 P.M.

Apasionado. Es capaz de sacrificarse por amor o por sus ideales. Es hábil para hacer negocios. Mucha energía puesta a disposición de fines nobles.

BÚFALO ASCENDENTE CABRA: 1 P.M. a 3 P.M.

Es ingenioso y divertido. Sibarita, lleno de ideas para conseguir lo que quiere. No se toma muy en serio a sí mismo.

BÚFALO ASCENDENTE MONO: 3 P.M. a 5 P.M.

¡Un búfalo con ganas de moverse! Es un aventurero en todos los

Búfalo

campos de la vida, y disfruta con todo lo que le pasa. Romántico, pero sin perder las miras.

BÚFALO ASCENDENTE GALLO: 5 P.M. a 7 P.M.

No es nada jugado, y piensa y repiensa antes de actuar. Parece omnipotente, pero en realidad escucha los consejos que le dan y le interesa la opinión ajena.

BÚFALO ASCENDENTE PERRO: 7 P.M. a 9 P.M.

Este búfalo es sociable y querendón, pero puede resultar insoportable en dosis grandes, porque es crítico y amante de dar consejos. Un muy buen amigo en las malas.

BÚFALO ASCENDENTE CHANCHO: 9 P.M. a 11 P.M.

Disfruta del pan ganado con el sudor de su frente. Es generoso y alegre, y a veces aplasta a los que lo rodean con sus desbordes.

Personajes famosos
del signo Búfalo

BÚFALO DE MADERA (1865-1925-1985)

Tato Bores, Malcom X, Carlos Balá, Richard Burton, Rafael Squirru, Rock Hudson, Dick Van Dyke, Jack Lemmon, Jimmy Scott, Roberto Goyeneche, Sammy Davis Jr., Bill Halley, Tony Curtis, Johann Sebastian Bach, Peter Sellers, Johnny Carson, Paul Newman.

BÚFALO DE FUEGO (1877-1937-1997)

Herman Hesse, Jane Fonda, Bill Cosby, Facundo Cabral, Rey Don Juan Carlos de España, Diego Baracchini, Warren Beatty, Jack Nicholson, Robert Redford, Norman Brisky, José Sacristán, Trini López, Boris Spassky, Dustin Hoffman.

BÚFALO DE TIERRA (1889-1949-2009)

Luis Alberto Spinetta, Mark Knopfler, Norberto "Pappo" Napolitano, Renata Schussheim, Charles Chaplin, Paloma Picasso, Oscar Martínez, Bill Brudford, Joaquín Sabina, Gene Simmons, Rodrigo Rato, Napoleón Bonaparte, Jessica Lange, Richard Gere, Meryl Streep, Billy Joel, Jean Cocteau, Linsday Wagner.

BÚFALO DE METAL (1901-1961-2021)

Andrés Calamaro, Alejandro Agresti, Walt Disney, The Edge, Lucía Galán, Enzo Francescoli, Alejandro Awada, Boy George, Juana Molina, Ronnie Arias, Louis Armstrong, Jim Carrey, Andrea Frigerio, Nadia Comaneci, Eddie Murphy.

BÚFALO DE AGUA (1853-1913-1973)

Albert Camus, Alan Ladd, Burt Lancaster, Martín Palermo, Vivien Leigh, Loly López, Nicolás Pauls, Matías Martin, Inés Sastre, Cecilia Carrizo, Iván González, Bruno Stagnaro, Jane Wyman, Carolina Fal, Carlo Ponti, Juliette Lewis.

Andrés Calamaro

Testimonio

YO SOY UN BÚFALO

Ronnie Arias

T.V. STAR

Soy búfalo

Sí.
¿Y qué?
...
  Nada me resulta fácil...
  aunque te lo haga creer.
     ...
       Me creés duro
         y es porque aguanto...
         parezco abierto y
         soy muy cerrado...
         tengo sonrisas
         y tengo fuego...
         me gusta el drama
         me gusta el juego...
         También soy ciego
         de los más ciegos...
         Soporto todo...
         o casi todo;
         Para los míos
         soy un esclavo
         para los otros...
       ¡un soberano!
     Siempre adelante
   no hay otro modo...
  poniendo el cuerpo
  y dejando todo
...
Nada es gratis para mí...
aunque a vos te lo parezca.
   ...
   Soy búfalo...
     Sí...
       ¿Y qué?

Búfalo
Tabla de compatibilidad

Rata	
AZAR	牛牛牛
AMISTAD	牛牛牛牛
AMOR	牛牛
TRABAJO	牛牛牛牛牛牛

Búfalo	
AZAR	牛
AMISTAD	牛牛
AMOR	牛牛牛
TRABAJO	牛牛牛

Tigre	
AZAR	牛牛牛
AMISTAD	牛牛
AMOR	牛牛牛
TRABAJO	牛牛

Conejo	
AZAR	牛牛牛牛
AMISTAD	牛牛
AMOR	牛
TRABAJO	牛牛牛牛牛

Dragón	
AZAR	牛牛牛
AMISTAD	牛牛牛
AMOR	牛牛
TRABAJO	牛牛牛

Serpiente	
AZAR	牛牛牛牛牛
AMISTAD	牛牛牛牛
AMOR	牛牛牛牛
TRABAJO	牛牛牛

Caballo	
AZAR	牛牛牛牛
AMISTAD	牛牛牛牛
AMOR	牛牛牛牛
TRABAJO	牛牛牛牛

Cabra	
AZAR	牛牛牛
AMISTAD	牛牛牛牛牛
AMOR	牛牛牛
TRABAJO	牛牛牛牛牛

Mono	
AZAR	牛牛牛牛
AMISTAD	牛牛牛牛
AMOR	牛牛牛
TRABAJO	牛牛牛牛牛

Gallo	
AZAR	牛牛牛牛
AMISTAD	牛牛牛牛
AMOR	牛牛牛牛牛
TRABAJO	牛牛牛牛

Perro	
AZAR	牛牛牛牛
AMISTAD	牛牛牛牛
AMOR	牛牛牛牛牛
TRABAJO	牛牛牛牛牛

Chancho	
AZAR	牛牛
AMISTAD	牛牛牛牛
AMOR	牛牛牛
TRABAJO	牛牛牛牛牛

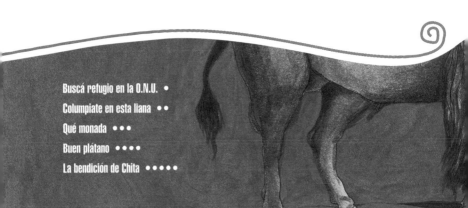

Buscá refugio en la O.N.U. •
Columpiate en esta liana ••
Qué monada •••
Buen plátano ••••
La bendición de Chita •••••

Tigre

Somos islas
Unidos por un puente
Donde hacemos la guerra más que el amor.
Para aliviados
Volver a entrenarnos
En golpes bajos
Heridas de sable
Imprevistos ataques
Salvajes animales
En celo constante
Indefensos
A la hora del gong.

L. S. D.

Tigre

Ficha técnica

NOMBRE CHINO DEL TIGRE
HU

NÚMERO DE ORDEN
TERCERO

HORAS REGIDAS POR EL TIGRE
3 AM A 5 AM

DIRECCIÓN DE SU SIGNO
ESTE-NORDESTE

ESTACIÓN Y MES PRINCIPAL
INVIERNO - FEBRERO

CORRESPONDE AL SIGNO OCCIDENTAL
ACUARIO

ENERGÍA FIJA
MADERA

TRONCO
POSITIVO

Eres Tigre si naciste

08/02/1902 - 28/01/1903
TIGRE DE AGUA

26/01/1914 - 13/02/1915
TIGRE DE MADERA

13/02/1926 - 01/02/1927
TIGRE DE FUEGO

31/01/1938 - 18/02/1939
TIGRE DE TIERRA

17/02/1950 - 05/02/1951
TIGRE DE METAL

05/02/1962 - 24/01/1963
TIGRE DE AGUA

23/01/1974 - 10/02/1975
TIGRE DE MADERA

09/02/1986 - 28/01/1987
TIGRE DE FUEGO

28/01/1998 -15/02/1999
TIGRE DE TIERRA

Ser tigre
"Sexo, caipirinha y rock & roll"

Saltaste sobre mí desprevenidamente. Caminaba por la Gran Vía y tus ojos hechiceros me tentaron desde distintos ángulos para entrar al teatro y evaporarme un rato.

Catarsis. Transitar por un campo abierto, a la intemperie y que todos los climas me tocaran, mojaran, acariciaran, mientras tu rugido atraía a las especies más olvidadas de la jungla invitándolas a compartir el baile, el canto, el festín de las presas atrapadas en tus garras de cachorro travieso y salvaje.

Entrega total en cada acto, fuerza que se despereza en cámara lenta y en un segundo se convierte en latigazo. Fe ciega al olfato y a la intuición para conseguir trofeos. Coleccionarlos. Disecarlos. Abandonarlos.

Empezar de cero cada día sin tener reservas, contar con la inspiración del momento para la caza sin mucho esfuerzo.

Jugarse sin prevenir ni medir las consecuencias. Estirar el aguante del prójimo hasta el límite, como las rayas de la piel, poniendo a prueba el sistema nervioso, respiratorio y sexual. No retroceder, reconocer ni perdonar.

Seguir trasnochado, cansado, hipnotizado, enamorado del último beso entre las patas traseras, sin recordar el nombre del amante.

No detenerse, pelear cuerpo a cuerpo para sentir las huellas de dolor, rabia y furia del adversario en carne propia y dejarlas al sol para que cicatricen.

Vivir como un prófugo sin domicilio, dejando caricias, consejos, manjares, hijos propios y no reconocidos esperando repetir funciones de gala. Romper costumbres, códigos, mandatos, modales atávicos en un instante transformando el NAJT (tiempo-espacio).

Dar el máximo de placer hasta convertirlo en dolor, recorrer precipicios en la oscuridad intuyendo el peligro, saborearlo y masticarlo en una orgía de sensaciones, abrir los chakras y dejar que la energía recorra cada órgano por dentro hasta transformarla en un mar huracanado.

Insolente. Demandante. *Egotrip.*

IRRESISTIBLE, PROVOCATIVO, DÉSPOTA, MANIPULADOR, ARBITRARIO, SOBERBIO, DESPIADADO. Volcán amenazante. Sismo constante. Vida en movimiento, hermano de la muerte.

Hombre o mujer, hermafrodita, travesti, pura sangre. Acelerador a fondo, sin pausa ni culpa. La vida se toma la revancha ojo por ojo, diente por diente.

Radiocativo, imán, desvío de la rutina. Príncipe y mendigo. Jugador empedernido. Víctima de las pasiones que surgen en cada sístole y diástole. Juego de abalorios. Brutal y refinado, concreto y abstracto, reflexivo e impulsivo, *yin* y *yang* interactuando. Flecha apuntando al corazón y al ombligo.

El tigre saciará su sed hasta agotar todos los recursos naturales; tragar de un bocado los atardeceres y amaneceres, lamer cada fase de la luna hasta cambiarla, no retroceder aunque su corazón se lo pida. Primera, segunda, tercera, cuarta, quinta.

Nunca marcha atrás. El tigre llega al rincón más impenetrable de la selva, logra remover raíces engarzadas en arenas movedizas.

No le pidan mesura, disciplina, horario. Llegará en el último instante a solucionar lo que a otros les lleva la ríspida rutina milenaria. Entrará despojado de protocolo y conquistará a los más almidonados. Su estilo directo, provocativo, avasallante transformará la quietud en un carnaval descocado.

El sentido del humor será su aliado; en situaciones límite conseguirá salir de prisión por sobornar con piropos altamente imaginativos a los custodios que lo admirarán secretamente por su audacia.

Vivirá en un día mil vidas, quedará exhausto y refugiado en algún escondite de la selva donde nadie lo encuentre por años.

Saldrá cuando el sol caliente, la primavera lo incite con sus perfumes afrodisíacos y la saliva recorra sus colmillos afilados.

Tendrá suerte si escucha la invitación al banquete y es certero y preciso en sus zarpazos.

De niño buscará mimos a cada rato, de joven gozará por igual triunfos y fracasos, de viejo buscará aplausos, admiración, un poco de amor para no olvidar sus virtudes legendarias y cobijo después de algún desliz improvisado.

En China lo veneran por su valentía, representa en la Tierra a la energía *yin* y dice la tradición que tener un tigre en la casa es benéfico pues aleja al fuego, a los ladrones y a los fantasmas.

Le gusta reír tanto como llorar. Dar la vida por una causa noble o innoble. Matar o morir de amor. Ser líder de barrio o de un reino al revés.

Jamás pasará desapercibido; la tierra es su escenario para presentar batalla aunque caiga rendido.

Uno de los mejores amigos. ¡Qué pena que sea tu enemigo, pues no podrás olvidarlo ni con un *surmenage*!

Improvisado, impulsivo, kamikaze, selectivo e imaginativo: seguirlo es una forma de mantenerse joven y en buen estado físico.

Oscilará entre el Everest y el desierto de Gobi, entre el arrecife coralino y el Océano Pacífico, el inframundo y el supramundo en estados anímicos. Hay que dejarlo solo o acompañarlo en sus arrebatos. No quejarse ni reclamar, pues es un gasto de CHI (energía).

Aparece y desaparece como el humo dejando un eco de corso de carnaval, trueno en los tímpanos. Encarnado en varón o hembra titila a lo lejos por su *look*, no necesita cirugías, salió impecable de fábrica. Deportista nato, a veces amante del *gym* donde hace *performances*. Es pura fibra, elástico que se estira hasta dar la vuelta a la Vía Láctea. Excita hasta a un asceta.

Su afilada lengua lo mantendrá en vilo; buscado para matar o liderar, su gran poder de oratoria convencerá al más descreído de su último invento.

El tigre sabe que tiene trucos escondidos entre sus rayas para caminar

虎

Tigre

sobre las aguas, atravesar el fuego, embrujar a quien se le antoje y provocar un banquete con su amor de a.m. o p.m.

Este sibarita gozará cada instante que la vida le dé porque sabe que su pasión por vivir puede traerle apremios, coartadas, pérdidas afectivas, enemigos disfrazados de Harry Potter o un escorpión entre las sábanas.

Conjuga con armonía el cuerpo físico, mental y astral para disparar como una flecha al blanco.

Vive en crisis; jamás está calmo y, si da esa sensación, ¡¡¡cuidado!!!, es un volcán a punto de estallar.

El tigre, como Hermes, es el mensajero del tiempo histórico. Comprometido con su época, con vocación política o perfil bajo será un abanderado de causas humanistas, su voz se escuchará clara y precisa en medio de la multitud.

Su gran sentido del humor y sus dotes histriónicas lo convertirán en una persona respetada y temida, pues la fe que se tiene cuando emprende una misión es absoluta.

Adora el *show off*, es provocativo, pendenciero e insolente.

NECESITA ALTAS DOSIS DE ADRENALINA PARA SENTIRSE EN FORMA Y ATRACTIVO, sobre todo las tigresas, símbolos sexuales como Marilyn Monroe, Tina Turner, Nathalie Wood y Sandra Ballesteros, dignas ejemplares de su especie.

El tigre es holístico en su vida y en sus decisiones; cuando se juega por alguien lo hace a *full*, jamás se queda a mitad de camino y sabe que despierta interés y admiración por su conducta.

Su ferocidad y belleza atraen como Venus en la noche. Tiene un imán irresistible para internarse en lo desconocido, la aventura y el riesgo son la sal y la pimienta de su vida y no dejará nada por probar ni hacer hasta que no corra peligro de muerte.

Su vida estará llena de matices; oscilará entre etapas de merma y abundancia, intensa vida social y retiro espiritual, matrimonio y harén, productividad y ocio creativo detesta la rutina, los horarios y los uniformes. Saltará murallas chinas, paredes de castillos medievales, pirámides mayas para no sentirse enjaulado ni prisionero de obligaciones terrenales.

Es el opuesto complementario del mono, y cuando nos cruzamos en la selva crujen varillas de milenrama, flechazo inevitable, carcajadas, éxtasis en los sentidos, gustos paralelos por lo desconocido, trapecistas de lo infinito.

Compatibilidad en el juego del arte, *el reposo del guerrero*, la sintonía ante lo inevitable, el respeto por el territorio privado y cuando se nos antoja compartido, *el amor brujo* que nos transporta al supramundo.

LA GRACIA, INOCENCIA Y ESPONTANEIDAD. EL INFLUJO.

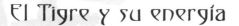

El Tigre y su energía

TIGRE DE MADERA (1914-1974)

Disciplinado y lúcido. Este tigre viene con contradicciones incorporadas: es apasionado por la vida y lo que hace, pero lo lleva a cabo con método y disciplina. Le encanta su trabajo y ser el primero... aunque huye de las responsabilidades. Busca una vida estable, pero le tiran las aventuras.

Lleno de energía y fuerza vital, resulta muy atractivo y está lleno de amigos; no tiene problemas para respetar la autoridad y es un empleado puntual y confiable. Cambia de rumbo siguiendo sus instintos y buscando estabilidad.

TIGRE DE FUEGO (1926-1986)

Imprevisible y magnético. Un tigre que se mueve por donde su espíritu le indique. Atractivo y misterioso, no es demasiado sociable, aunque los demás se sienten atraídos por su energía y carisma. Tiene pasta para líder, y de él va a depender en lo que se transforme, ya que su fuerza de voluntad es enorme.

No es muy considerado con los que lo rodean, pero su humor y magnetismo hacen que se le perdonen muchas cosas. Es un idealista.

TIGRE DE TIERRA (1938-1998)

Estable y seductor. La energía tierra le da una estabilidad muy saludable. Este tigre tendrá pocos y buenos amigos, será un buen estratega en lo que refiere a su vida y tendrá capacidad para diferenciar entre las cosas importantes y las intrascendentes.

Sus relaciones amorosas también son más livianas: llenas de pasión pero sin la carga de las culpas y los reproches. El tigre de tierra sabe salir airoso de casi todas las situaciones.

Puede ser cabeza dura en lo que refiere a las vidas ajenas (hay un solo punto de vista y es el de él).

TIGRE DE METAL (1950-2010)

Estratega y nómada. El tigre de metal es el más egoísta de los tigres: son sus propios intereses los que lo mueven, tiene un gran sentido de la independencia y suele creer que la realidad es lo que él desea.

Se rodea de gente que lo motive, es muy influenciable y débil ante el halago. Tiene un arsenal de técnicas para lograr sus objetivos y, como es muy afortunado, suele lograrlos.

Afectivamente es muy dependiente, se precipita en las relaciones y sale herido con facilidad.

TIGRE DE AGUA (1902-1962)

Trabajador y emocional. Este tigre no tiene la pasión por la aventura de sus congéneres: le gusta trabajar, rodearse de amigos (con quienes es muy generoso), disfrutar de su familia.

虎

Tigre

Posee capacidad para tomar diferentes rumbos aunque esto, en lugar de ser una ventaja, termina siendo un ancla: el tigre pasa demasiado tiempo pensando hacia dónde ir. Es sociable y divertido, pero está dispuesto a dar un zarpazo si se siente traicionado: acepta mejor las críticas que la traición.

El Tigre y su ascendente

TIGRE ASCENDENTE RATA: 11 P.M. a 1 A.M.

Un tigre raro: casero, hogareño, optimista. Es independiente pero no prescinde de los otros: generoso, se juega por los suyos.

TIGRE ASCENDENTE BÚFALO: 1 A.M. a 3 A.M.

Tiene una cuota de realismo que le da solidez a sus proyectos y lo ayuda a alcanzar sus fines. Es un solitario.

TIGRE ASCENDENTE TIGRE: 3 A.M. a 5 A.M.

Energía felina multiplicada. No le tiene miedo a nada, y es capaz de todo por lograr sus objetivos. Es muy creativo e imprevisible.

TIGRE ASCENDENTE CONEJO: 5 A.M. a 7 A.M.

Un tigre con veleidades de gato: busca su lugar cerca del fuego y sabe jugar con las reglas de los demás. Tiene metas firmes y va tras ellas.

TIGRE ASCENDENTE DRAGÓN: 7 A.M. a 9 A.M.

Es hiperambicioso y jugado. Está lleno de buenas intenciones, aunque no siempre las deja salir. Es belicoso, y difícil para convivir.

TIGRE ASCENDENTE SERPIENTE: 9 A.M. a 11 A.M.

Este tigre es un cazador nato: una vez que elige la presa ya está todo definido, no hay fuerza humana que lo haga desistir. Es muy ambicioso.

TIGRE ASCENDENTE CABALLO: 11 A.M. a 1 P.M.

Necesita campo libre para descargar su energía. Puede tomar riesgos innecesarios, pero difícilmente asuma su responsabilidad. Es generoso de sí mismo y sus cosas.

TIGRE ASCENDENTE CABRA: 1 P.M. a 3 P.M.

Es un tigre idealista, creativo y hogareño. Tiene muy buenas intenciones. Parece domesticado hasta la hora de la verdad, en que el tigre salvaje vuelve a aparecer.

TIGRE ASCENDENTE MONO: 3 P.M. a 5 P.M.

Astuto como el mono, es una personalidad explosiva. A la energía propia se le suman encanto y habilidad. Un triunfador.

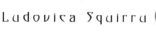

TIGRE ASCENDENTE GALLO: 5 P.M. a 7 P.M.

Es un tigre con veleidades de pavo real. Le gusta mirarse y saberse lindo. Espera admiración y devoción, y no tiene paciencia con los débiles.

TIGRE ASCENDENTE PERRO: 7 P.M. a 9 P.M.

Está dotado de filosofía perruna. Tiene objetivos y metas, pero no sacrifica la vida por alcanzarlos. Es honesto, le preocupan los demás y da buenos consejos.

TIGRE ASCENDENTE CHANCHO: 9 P.M. a 11 P.M.

Un tigre que ama a su familia y la defiende con sus garras. Es amable, pero no hay que descuidarse ni provocarlo. Tiene sus propios medios para todo.

Personajes famosos del signo Tigre

TIGRE DE MADERA (1854-1914-1974)

Rafael Amargo, María Vázquez, Ariel Ortega, María Julia Olivan, Oscar Wilde, Penélope Cruz, Natalia Graziano, Marguerite Duras, Eleonora Wexler, El Califa, Leonardo di Caprio, Adolfo Bioy Casares, Pierre Balmain, Alberto Castillo, Emmanuel Horvilleur, Richard Widmark, Mónica Naranjo, Belén Blanco, Agustín Pichot, Alanis Morissette.

TIGRE DE FUEGO (1866-1926-1986)

Alberto de Mendoza, Jerry Lewis, Miles Davis, Alfredo Distéfano, Klaus Kinsky, Dalmiro Sáenz, Mel Brooks, Julio Cortázar, Marilyn Monroe.

TIGRE DE TIERRA (1878-1938-1998)

Issey Miyake, Leonardo Favio, Pérez Celis, Alejandro Sessa, Reina Doña Sofía de España, Rudolf Nureyev, Karl Lagerfeld, Roberta Flack, Jaime Torres, Isadora Duncan, Tina Turner, Alan Watts, Héctor Larrea.

TIGRE DE METAL (1890-1950-2010)

Carlos Gardel, Peter Gabriel, Néstor Kirchner, Laurie Anderson, Charles de Gaulle, Michael Rutherford, Dolli Irigoyen, Miguel Ángel Solá, Oscar Mulet, Tony Banks, Marcela Tinayre, Stevie Wonder, Cristina Onassis, Teté Coustarot, Stan Laurel, Hugo Arias, Laura Esquivel, Ubaldo Matildo Fillol.

TIGRE DE AGUA (1842-1902-1962)

Tom Cruise, Ian Astbury, Demi Moore, Karina Laskarin, Jodie Foster, Juan Namuncurá, Ivo Cutzarida, Simón Bolívar, Ana Tarántola, Divina Gloria, Fernando Bonfante, Carlos Sainz, Leonardo Becchini, Bahiano, Carola Reyna, Silvina Chediek, Sandra Ballesteros, Andrea Bonelli, Juanse Gutiérrez.

虎

Tigre

Tom Cruise y Penélope Cruz

Testimonio

YO SOY UN TIGRE

Rafael Amargo

DIRECTOR, BAILADOR, COREÓGRAFO

Tigre... y de madera, para este próximo ciclo vamos a estar más salvajes que nunca.

Más astutos y perceptivos y, además, ¡con estampados!, es decir, permitiéndonos licencias e islas para atrevernos y flotar.

Queridos tigres: Este año, a saltar, brincar y sobre todo rugir, para no quedarnos nunca con la duda... ¿O no?

...Aquí los bajos fondos toqué. Por eso pude resurgir....

Todo siempre al límite, no ser mediocre.

Nada de mitad de caminos ni para lo bueno ni para lo malo...

¡¡¡Al límite, tigres!!!

El que juega siempre gana porque arriesga y eso es triunfar, aunque se pierda.

Tigre
Tabla de compatibilidad

Rata	
AZAR	虎虎虎
AMISTAD	虎虎虎虎
AMOR	虎虎虎
TRABAJO	虎虎虎

Búfalo	
AZAR	虎虎
AMISTAD	虎虎虎虎
AMOR	虎
TRABAJO	虎虎虎

Tigre	
AZAR	虎
AMISTAD	虎虎虎
AMOR	虎虎虎
TRABAJO	虎虎虎虎

Conejo	
AZAR	虎虎虎
AMISTAD	虎
AMOR	虎虎
TRABAJO	虎

Dragón	
AZAR	虎虎虎虎虎
AMISTAD	虎虎虎虎虎
AMOR	虎虎
TRABAJO	虎虎虎虎虎

Serpiente	
AZAR	虎
AMISTAD	虎虎
AMOR	虎虎
TRABAJO	虎

Caballo	
AZAR	虎虎虎虎虎
AMISTAD	虎虎虎虎虎
AMOR	虎虎虎虎
TRABAJO	虎虎虎虎

Cabra	
AZAR	虎虎虎虎
AMISTAD	虎虎虎虎
AMOR	虎虎虎
TRABAJO	虎虎虎虎虎

Mono	
AZAR	虎虎虎
AMISTAD	虎虎虎
AMOR	虎虎
TRABAJO	虎

Gallo	
AZAR	虎虎虎虎
AMISTAD	虎虎虎虎
AMOR	虎虎虎
TRABAJO	虎虎虎

Perro	
AZAR	虎虎虎虎虎
AMISTAD	虎虎虎
AMOR	虎虎虎
TRABAJO	虎虎虎虎

Chancho	
AZAR	虎虎虎虎
AMISTAD	虎虎虎虎
AMOR	虎虎虎虎
TRABAJO	虎虎虎虎虎

Buscá refugio en la O.N.U. •
Columpiate en esta liana ••
Qué monada •••
Buen plátano ••••
La bendición de Chita •••••

Conejo

Necesito curarme.
Estoy excedida
Como el arroyo en estos días
De fuertes lluvias
Chubascos
Nieblas
Rocíos
Cicatrices
Avalanchas
Crecidas

Entidades invisibles
　　Que socavan mi lecho
Insistiendo
　　En dejarme olvidada
Entre las piedras, el musgo
　　Y los amores inconclusos.

L. S. D.

Conejo

Ficha técnica

NOMBRE CHINO DEL CONEJO
TU

NÚMERO DE ORDEN
CUARTO

HORAS REGIDAS POR EL CONEJO
5 AM A 7 AM

DIRECCIÓN DE SU SIGNO
AL ESTE DIRECTAMENTE

ESTACIÓN Y MES PRINCIPAL
PRIMAVERA-MARZO

CORRESPONDE AL SIGNO OCCIDENTAL
PISCIS

ENERGÍA FIJA
MADERA

TRONCO
NEGATIVO

Eres Conejo si naciste

29/01/1903 - 15/02/1904
CONEJO DE AGUA

14/02/1915 - 02/02/1916
CONEJO DE MADERA

02/02/1927 - 22/01/1928
CONEJO DE FUEGO

19/02/1939 - 07/02/1940
CONEJO DE TIERRA

06/02/1951 - 26/01/1952
CONEJO DE METAL

25/01/1963 - 12/02/1964
CONEJO DE AGUA

11/02/1975 - 30/01/1976
CONEJO DE MADERA

29/01/1987 - 16/02/1988
CONEJO DE FUEGO

16/02/1999 - 04/02/2000
CONEJO DE TIERRA

Ser conejo, gato o liebre
"El retorno de los gatos"

No hay que esperarlos. Ellos siempre llegan. Cuando nos olvidamos de que existen, lo presienten y retornan endulzándonos el oído, acariciándonos con sus manos aterciopeladas y firmes, con su arsenal de instrumentos musicales afinados en las Pléyades, con ese olor mezcla de gato montés y milenrama, sazonado con especias exóticas del Lejano Oriente.

Este animalito sabe que tiene una buena aspectación astral y abusa de ella. Es un imán, faro, vicio, adicción en el prójimo.

Tiene fórmulas de seducción imposibles de conseguir en laboratorios científicos y juega con sus propias reglas.

Atraviesa el aire con su pensamiento alterando el CHI, sacudiendo telarañas en un *glims*, cambiando el rumbo hacia otro misterioso y desconocido.

Tiene tres nombres y es la misma persona disfrazada de ángel y demonio pues es *yin* y *yang* al mismo tiempo: cambia, muta, se transforma cada día, hora, minuto; nunca está quieto aunque duerma días enteros, inmutable, sin cambiar de posición, en los divanes, camas, o tejados. PRESCINDE DE LAS NECESIDADES BÁSICAS, MENOS DEL SEXO.

El conejo, gato o liebre necesita vivir rodeado de admiración, elogios, mimos, cariño, declaraciones de amor basados en novelas clásicas como *Cumbres borrascosas* o *Lolita*, películas de Bergman, Passolini, Lelouch, Brian de Palma, Tarantino o Coppola, pues su esencia sadomasoquista se alimenta y estimula con situaciones límite.

Nació para triunfar, brillar, destacarse, ocupar el trono del comité o de la corona británica, y su vida será una aventura épica. Para lograrlo, desde su nacimiento hasta su muerte virtual (pues jamás desaparece del éter), su cuerpo astral nos envuelve desde la cuarta dimensión provocándonos situaciones místicas y esotéricas dignas de Sixto Paz y Víctor Sueiro.

Artista haga lo que haga, su talento saldrá a la luz tarde o temprano, según sean su suerte, contactos humanos, sociales y afectivos, pues su simpatía, *charme* y carisma son irresistibles y hacen resucitar a Pacal Votan de la tumba de las inscripciones cuando sonríe o te guiña un ojo.

Travieso, divertido, refinado, esteta; cae bien parado, atrae, despierta interés pues sabe como nadie llegar al punto G del alma, romper *puentes de Madison*, bajar de la luna llena donde habita para ofrecerla en una noche histórica al afortunado de turno.

Sensible, histérico, colérico, caprichoso, déspota. Incoherente y demandante, su carácter oscila como un péndulo según el lugar que ocupe en el *ranking* de la semana.

Siempre es protagonista, aunque disimule delegar el puesto a algún discípulo o favorito de turno. La indiferencia es el arma mortal para extinguirlo cuando nuestra paciencia llega al límite entre el amor que le tenemos y el odio que se gana en un instante por sus abusos a los derechos humanos.

Nace bien formado, bello y plácido y sabe que su *glamour* es exclusivo desde niño.

Encarnado en varón, hembra o hermafrodita u otras variantes sexuales logra despertar disputas entre los pretendientes que se batirán a duelo por *el gato con botas* o la conejita de *Playboy*.

Eficaz en su acción, cuando elige un trabajo logra, con disciplina, un alto rendimiento y eficacia y no descansa hasta ver titilar su nombre en marquesinas de las calles Corrientes y Broadway.

PLACER, PLACER Y PLACER. Ése es el *leit motiv* de su vida.

Es maestro en EL TAO DEL AMOR Y DEL SEXO y coleccionará esposas y concubinas como un pescador que tira su anzuelo al mar sabiendo que siempre tendrá pique aun en épocas de marea alta.

Sensual hasta en posoperatorios, es capaz de detener el tiempo cuando despliega su figura en una pasarela, en un recital, concierto o playa nudista. Aunque su condición social sea humilde, el conejo destilará armonía y equilibrio en su porte, destacándose por su elegancia y sobriedad.

El ocio creativo es un don que cultivan sin culpa; sabe que maullando con frenesí es escuchado como Fidel o Charly diciendo primicias sobre el bidet.

El conejo trae suerte y bienestar en el entorno y la familia.

Es solidario, altruista, buen amigo de aventuras exóticas, pero poco confiable en secretos de alcoba: mejor abstenerse de contarle algo, a menos que uno quiera salir en cadenas televisivas mundiales.

El conejo capta mensajes telepáticos. Es médium y hace pactos de sangre. Adora la buena vida, tiene gustos caros y ambición por el poder.

Es cierto que tiene más de una vida, pero es en esta vida que nace y muere mil veces reapareciendo como un actor de raza en la mejor función de su carrera, sorprendiendo y divirtiendo a los espectadores.

Aire fresco, hierba suave, bambú, tambor, arroyo inconstante de rumores, danzarín atrevido, acróbata del ciberespacio, picaflor, mariposa, brisa del Caribe y del Mediterráneo, cisne negro, *amor brujo*, hilandero, chamán, poeta, nube dorada, viaje sin pasaporte, espejismo, robot, *zapping*, arco iris, montaña rusa, génesis y apocalipsis.

NO SOS PARA TODOS NI PARA TODOS LOS DÍAS.

EXCLUSIVO. MISTERIOSO. CONTRADICTORIO.

VIDA INTENSA, LIVIANA Y MITOLÓGICA.

REGALO. PREMIO Y CASTIGO.

JAMÁS ABURRIDO.

El Conejo y su energía

CONEJO DE MADERA (1915-1975)

Perfeccionista y generoso. Este conejo está muy centrado en los valores del hogar. Es generoso y le cuesta decir no a los que quiere, además de rodearse de gente que necesita ayuda. Es muy buen amigo, pero difícilmente perdone que lo traicionen.

Sabe lo que quiere de la vida y, aunque parezca desordenado o caótico, él sabe llegar adonde se propone. Parece más dócil de lo que es: defiende con decisión lo que quiere y a los que quiere; resulta muy rencoroso. Si no se "saca", es sociable y diplomático.

CONEJO DE FUEGO (1927-1987)

Espontáneo y hábil. Le gusta rodearse de un ambiente agradable y ordenado, tanto en el trabajo como en el hogar, y adora que los demás también lo disfruten. Es sumamente protector con su familia. Como amante o amigo resulta muy atractivo por su espontaneidad y carisma. Le gusta más recibir amor que darlo pero, en cuanto se afloja, ¡responde muy bien!.

Posee habilidad natural para triunfar en casi todos los campos.

CONEJO DE TIERRA (1939-1999)

Curioso y estable. Desde que nace resulta desconcertante y atractivo para los que lo rodean (incluidos sus padres); es práctico y nunca se entrega a ensoñaciones: lo suyo es el día a día.

Amistoso, divertido, ganador, enseguida va a estar rodeado de amigos que lo adoran… pero que no deberían confiarle secretos: resulta muy indiscreto. Es materialista (le encantan los lujos y disfrutarlos) y se ocupa de tener todo lo que quiere. Le encanta ir descubriendo cosas nuevas.

CONEJO DE METAL (1951-2011)

Ansioso e intuitivo. La energía metal le agrega ambición a este conejo. Aunque es tierno y le gusta estar rodeado de amigos y familia, puede ponerse agresivo si está expuesto a tensiones. Asume más responsabilidades de las que puede llevar sobre sus hombros.

Su casa es modelo de buen gusto y calidad, y su pareja también lo será. Tiene muy buen ojo e instinto y no se deja engañar. Puede perder el control cuando se cansa, pero en general se trata de un conejo muy agradable, lleno de optimismo.

CONEJO DE AGUA (1903-1963)

Sibarita y sensible. Un conejo feliz, capaz de transmitir esa felicidad y tranquilidad a los que lo rodean. El conejo de agua es hipersensible, poco afecto a las cosas cotidianas (y a todo lo que le parezca prosaico) y prefiere sumergirse en recuerdos del pasado o del futuro con tal de zafar de la

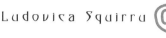
realidad. Por esto mismo es que no se toma tiempo para pensar y termina con más de un golpe por zambullirse en las piletas sin mirar si hay agua.

"Los gatos no tenemos estrés", Gustavo Elía.

"Alineación y balanceo".

El Conejo y su ascendente

CONEJO ASCENDENTE RATA: 11 P.M. a 1 A.M.

Un conejo astuto y agresivo. Tiene un aire de esfinge, como los otros conejos, pero está lleno de pasiones "subterráneas". Brillante y ganador.

CONEJO ASCENDENTE BÚFALO: 1 A.M. a 3 A.M.

Capaz de asumir responsabilidades, confiable como padre o jefe. Tiene objetivos que piensa alcanzar, y se ocupa más de su bienestar futuro que del presente.

CONEJO ASCENDENTE TIGRE: 3 A.M. a 5 A.M.

Es un conejo hábil y seductor, con aires suaves que ocultan una fiera dispuesta a defenderse. No le gusta que se metan con él.

CONEJO ASCENDENTE CONEJO: 5 A.M. a 7 A.M.

Es bastante egocéntrico, aunque inofensivo: le preocupan sus propios intereses y su bienestar, pero no a costa de los demás.

CONEJO ASCENDENTE DRAGÓN: 7 A.M. a 9 A.M.

Difícil de leer, porque le gusta guardar secretos y aparecer como misterioso. Manipulador y diplomático, pero sin malas intenciones.

CONEJO ASCENDENTE SERPIENTE: 9 A.M. a 11 A.M.

A este conejo se le resiste poca gente: encantador, intuitivo, hipnótico; si tiene algo o alguien en la mira, mejor que ni siquiera intente huir.

CONEJO ASCENDENTE CABALLO: 11 A.M. a 1 P.M.

Es el menos moralista de los conejos: sus valores son bastante flexibles y no se ata a ningún ideal. Egoísta y desinteresado de los problemas ajenos.

CONEJO ASCENDENTE CABRA: 1 P.M. a 3 P.M.

¡Soñador sin probabilidad de mejoría!... No tiene ninguna capacidad para luchar por lo que quiere, y se entrega a la primera contrariedad.

CONEJO ASCENDENTE MONO: 3 P.M. a 5 P.M.

Un conejo lleno de trucos: manipulador, casi maquiavélico si quiere llegar a su meta. Encantador, difícil resistírsele.

Conejo

CONEJO ASCENDENTE GALLO: 5 P.M. a 7 P.M.

Adorable, franco, alegre: un conejo que no "histeriquea" para conseguir lo que quiere, y al que le gusta su vida. Aspira a más.

CONEJO ASCENDENTE PERRO: 7 P.M. a 9 P.M.

Es un amigo leal, ¡sobre todo en las malas!... Es pesimista, se pasa la vida lamentándose por sus errores y prefiere hablar de la parte mala de las cosas. Se juega por lo que piensa.

CONEJO ASCENDENTE CHANCHO: 9 P.M. a 11 P.M.

Un conejito generoso, espiritual y solitario. Le encanta parecer misterioso para generar curiosidad. Es muy buen amigo.

Personajes famosos
del signo Conejo

CONEJO DE MADERA (1855-1915-1975)

David Beckham, Abel Santa Cruz, Ingrid Grudke, Orson Welles, Osvaldo Miranda, Deborah de Corral, Gabriel Ruiz Díaz, David Rockefeller, Bertin Osborne, Luciano Castro, Ingrid Bergman, Edith Piaf, Dolores Barreiro, Frank Sinatra, Judy Garland, Enrique Iglesias, Manu Tenorio, Charly Menditeguy, Carina Zampini, Billie Holiday, Leticia Bredice.

CONEJO DE FUEGO (1867-1927-1987)

Mirtha Legrand, Peter Falk, Raúl Alfonsín, Gilbert Bécaud, Fidel Castro, Gina Lollobrigida, Raúl Matera, Neil Simon, Harry Belafonte, Luisana Lopilato, Ken Russel.

CONEJO DE TIERRA (1879-1939-1999)

Francis Ford Coppola, Stalin, Paul Klee, Peter Fonda, Andrés Percivale, George Hamilton, Reina Victoria, Enrique Pinti, Albert Einstein.

CONEJO DE METAL (1891-1951-2011)

Juan Leyrado, Confucio, León Gieco, Thelma Biral, Romeo Gigli, Sting, Valeria Lynch, Pedro Almodóvar, Rosa Gloria Chagoyan, Hugo Porta, Christian Lacroix, Carl Palmer, Ignacio Gutiérrez Zaldívar, Michael Keaton, Isabel Preisler, Ana Belén, Jaco Pastorius, Charly García, Cheryl Ladd, Carlos Barrios, Anjelica Huston.

CONEJO DE AGUA (1843-1903-1963)

María Gabriela Epumer, Fernando Samalea, Infanta Elena de España, Alaska, Bob Hope, Johnny Deep, Juan Darthes, Nacho Cano, Sheila Cremaschi,

Fabián Gianola, Fat Boy Slim, Fernando Peña, Brad Pitt, Gustavo Elía, Ramiro Agulla, Andrea Politti, Alfredo Casero, Hilda Lizarazu, Jaime Marichalar, Niní Marshall, Rosario Flores, Fito Páez, Nicholas Cage, Sergio Goycochea, Germán Palacios, George Michael, Xuxa.

Con Mirtha Legrand

Testimonio

YO SOY UN CONEJO

Hilda Lizarazu

MÚSICA, CANTANTE

Dudas

(Canción inédita de una gata, conejo, liebre de Libra)

Hoy tengo dudas
 Qué le voy a hacer
  Vasca viajera
   Medio pupila, pasillo y luz

    Voy caminando de cara al sol
     Nací extranjera
      Duda la duda de mí

      Dudas, dudas
      Aléjense ya de mí
      Dudas, dudas
      Van a desaparecer

      Un periodista me quiere preguntar
      Toda mi vida
      Escribe, lee y se va

     Un día de éstos agarro y no actúo más
     Serán mis amigos
     Los que me den bola igual

   Dudas, dudas
   Aléjense de mí
   Dudas, dudas
   Van a desaparecer

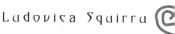

Conejo
Tabla de compatibilidad

Rata		Búfalo		Tigre	
AZAR	兔兔	AZAR	兔兔	AZAR	兔兔兔
AMISTAD	兔兔	AMISTAD	兔兔兔	AMISTAD	兔兔
AMOR	兔兔兔	AMOR	兔兔兔	AMOR	兔兔
TRABAJO	兔兔	TRABAJO	兔兔兔	TRABAJO	兔兔

Conejo		Dragón		Serpiente	
AZAR	兔兔兔兔	AZAR	兔兔兔	AZAR	兔兔兔
AMISTAD	兔兔兔	AMISTAD	兔兔	AMISTAD	兔兔兔
AMOR	兔兔	AMOR	兔兔	AMOR	兔兔
TRABAJO	兔兔	TRABAJO	兔兔	TRABAJO	兔兔

Caballo		Cabra		Mono	
AZAR	兔兔兔	AZAR	兔兔	AZAR	兔兔兔
AMISTAD	兔兔兔	AMISTAD	兔兔	AMISTAD	兔兔
AMOR	兔兔兔	AMOR	兔兔兔	AMOR	兔兔
TRABAJO	兔兔兔	TRABAJO	兔兔兔	TRABAJO	兔兔

Gallo		Perro		Chancho	
AZAR	兔	AZAR	兔	AZAR	兔兔
AMISTAD	兔兔	AMISTAD	兔兔兔	AMISTAD	兔兔
AMOR	兔兔	AMOR	兔兔兔	AMOR	兔兔
TRABAJO	兔兔	TRABAJO	兔	TRABAJO	兔兔兔

Buscá refugio en la O.N.U. •
Columpiate en esta liana ••
Qué monada •••
Buen plátano ••••
La bendición de Chita •••••

兔

Conejo

Dragón

Atacada sin aviso
Cazador certero
En el valle donde elegí
Reinar sin reino.
Evaporarme, inventarme
Trasbordar a las estrellas
Sin espionaje
Y cada tanto
Bajar a la tierra
Para sentirme humana.

L. S. D.

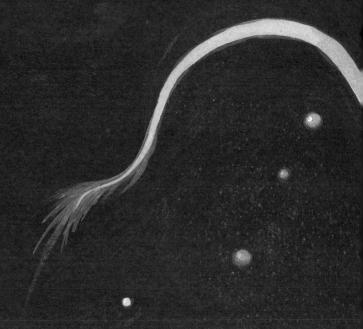

Dragón

Ficha técnica

NOMBRE CHINO DEL DRAGÓN
LONG

NÚMERO DE ORDEN
QUINTO

HORAS REGIDAS POR EL DRAGÓN
7 AM A 9 AM

DIRECCIÓN DE SU SIGNO
ESTE-SUDESTE

ESTACIÓN Y MES PRINCIPAL
PRIMAVERA-ABRIL

CORRESPONDE AL SIGNO OCCIDENTAL
ARIES

ENERGÍA FIJA
MADERA

TRONCO
POSITIVO

Eres Dragón si naciste

16/02/1904 - 03/02/1905
DRAGÓN DE MADERA

03/02/1916 - 22/01/1917
DRAGÓN DE FUEGO

23/01/1928 - 09/02/1929
DRAGÓN DE TIERRA

08/02/1940 - 26/01/1941
DRAGÓN DE METAL

27/01/1952 - 13/02/1953
DRAGÓN DE AGUA

13/02/1964 - 01/02/1965
DRAGÓN DE MADERA

31/01/1976 - 17/02/1977
DRAGÓN DE FUEGO

17/02/1988 - 05/02/1989
DRAGÓN DE TIERRA

05/02/2000 - 23/01/2001
DRAGÓN DE METAL

Ser dragón
"El alquimista de lo imposible"

Cuando el cielo está nublado, tormentoso o con esos colores que parecen teñidos por ángeles que tienen pomos de óleo dorados, fucsia, violáceos, turquesas, imagino al dragón asomando para darme un envión en la tierra.

Sus escamas se mezclan con las nubes y las convierten en doncellas, en esfinges dóricas, jónicas y a veces celtas.

Su presencia es fugaz, como el relámpago que alumbra a lo lejos parpadeando dejándonos desconcertados, trémulos, fascinados.

Sabe que es mitológico y legendario, que en Occidente tiene mala prensa y que sólo en Oriente goza de buena salud y fama.

NO TIENE NINGÚN RASGO HUMANO Y POR ESO SU PODER SOBRE LOS MORTALES ES FULMINANTE.

Humanos encarnados en dragones: tienen esta vida para limpiar su karma. Lo saben y están apurados; buscan todos los recursos terrenales, celestiales y subfluviales para vivir como reyes, lo que alguna vez fueron en la China imperial.

Salud les sobra para pasar temporadas de grandes hazañas, por las que siempre se llevarán trofeos, medallas y premios a sus palacios aunque vivan en una gruta inaccesible en rocas que dan a mares enfurecidos, donde deciden navegar sin tripulación haciendo gala de su omnipotencia.

Extravagantes desde el modo de comportarse hasta el atuendo, ruidosos, exaltados, autoritarios y exigentes, marcan el ritmo de sinfonía, ópera, blues, zamba, tango y milonga mientras con sus ojos desorbitados devoran cada oportunidad que se les cruza en su oscilante destino.

Envuelven con un aire tropical al elegido, saben seducir sin cursos en academias desplegando regalos originales, exóticos, carísimos, creando una sutil dependencia en el o la afortunada de turno.

El dragón es un coleccionista. sus conquistas tienen que ver con su autoexigencia, mandatos y espíritu competitivo. Es el rey de la oferta y la demanda, todo lo que pasa por su vida se sobrevalúa.

Es intenso, absorbente, posesivo, indomable. Líder de causas nobles y justas, humanista hasta morir como John Lennon en su misión de juglar profético.

Los desafíos, obstáculos e imposibles son adrenalina en sus venas: no usa reloj, pues el tiempo es su aliado cuando decide arriesgarse en aventuras prohibidas, en cornisas galácticas, en praderas lunares.

No hay que contradecirlo jamás, pues largará una llamarada y extinguirá al insolente que lo provoque y trate de alterar su *egotrip*.

Pocos humanos lograrán calmar su furia, ira, rencor, mal humor. Hay que hacerle cosquillas desde la panza hasta la punta de los dedos para que sepa que es vulnerable, sensible y tierno. Adora que lo alaben y le demuestren lealtad aunque esté casado con el diablo.

Sus sueños casi siempre se cumplen. Despliega un arsenal de instrumentos para aterrizar en un objetivo, tiene la precisión de un francotirador y conmueve por su sinceridad. Su vitalidad es como meter los dedos en el enchufe a 220 wats; jamás descansa, aunque duerma, cuando elige una misión porque es obsesivo, perfeccionista y muy exigente.

Bendecido por Fu-Shi, el primer emperador chino, que lo asoció al primer hexagrama del I-CHING (Lo creativo) cuando miró el cielo y lo definió con trazos enteros, su templanza, solidez y estoicismo sacuden montañas y rascacielos.

Viajero incansable, la cuarta dimensión es su favorita. Apuesta a lo grande y cuando pierde se evapora como el ave fénix para renacer en otra experiencia.

Amante inolvidable, deja huellas que nadie puede cicatrizar, aunque lo intente.

Enamoradizo de los inalcanzables, las presas difíciles son sus favoritas. Cuando las atrapa en sus sábanas de lentejuelas es Don Juan o Mesalina, pero, a no jugar con fuego, pues muchas veces resulta víctima de su propio invento.

En China tratan de tener hijos dragones, y en lo posible varones, pues son considerados benéficos. Al emperador se le decía dragón, hijo del cielo, venerando sus virtudes: longevidad, riqueza, ambición y belleza.

Su búsqueda por evolucionar en la vida es constante, le interesan los asuntos mundanos tanto como los filosóficos y científicos.

Es perseverante en lo que ambiciona, dejará de lado las cuestiones familiares y trabajará duro por llegar a la cima, aunque una vez allí descubra que quiere estar en su casa cultivando una huerta.

Es ciclotímico, antojadizo, despiadado cuando sacude su lengua, y muy hiriente. Casi nunca se arrepiente y a veces, sabiendo que estuvo mal, se esconde en un ovillo de culpa dando vueltas en espiral para pedir disculpas.

El dragón es ansioso y esconde su agresividad en una máscara de kabuki. Mil personajes aparecen a través del día y de la vida, y muchas veces olvida su verdadera identidad disfrazado de cisne.

Sensual, avasallante, audaz, siempre arremete, sea varón o hembra. No le gusta perder tiempo; hay demasiadas cosas para investigar, descubrir, conquistar como para estancarse en alguien que no sea incondicional a su hechizo.

Vivirá mil vidas en una. Cambiará de relaciones como el camaleón y perdurará más en el arte que en el alma.

Aterrizará de golpe y sin paracaídas por la pérdida del amor, de la fortuna, de la familia, por un revés económico, profesional o político. Por la desilusión de la utopía.

CAPRICHOSO, IRÓNICO, BURLÓN. LA VIDA TE QUEDA CHICA PARA TU PRETENSIÓN. NO TENGAS PENA.

El Dragón y su energía

DRAGÓN DE MADERA (1904-1964)

Creativo y dedicado. A este dragón no le cuesta ganarse el pan con el sudor de su frente. Es un triunfador nato, no sólo porque tiene cualidades para serlo, sino porque además tiene suerte. Le encanta dirigir y está seguro de que es el más indicado para hacerlo; acepta las críticas con humor, aunque difícilmente cambie de opinión.

Encuentra siempre las palabras adecuadas y tiene capacidad para solucionar problemas propios y ajenos. En sus manos están las posibilidades para un futuro brillante.

DRAGÓN DE FUEGO (1916-1976)

Idealista y apasionado. Es un dragón intenso, al que le gusta compartir: generoso con amigos y familiares, sensible para entenderlos y dueño de una sensualidad que derrama sin límites sobre su pareja.

Disfruta de la vida y le saca provecho a lo que encuentra. Sueña con un mundo mejor, pero no se zambulle a buscarlo. Es intuitivo para los negocios y por eso se mantiene al margen de los problemas.

DRAGÓN DE TIERRA (1928-1988)

Realista y familiero. Este dragón está dotado de todas las cualidades para sobresalir y triunfar en la vida. La energía tierra le da mucho realismo, eso lo ayudará a concretar sus sueños.

Muy ligado a su familia y a la gente que protege, no le gusta la soledad y aprovecha su encanto para estar siempre acompañado. Tiene que evitar prodigarse en demasiadas direcciones; si se enfoca, seguramente llegue a la meta antes que todos los demás. Resulta magnético para el sexo opuesto y esto le trae problemas de pareja.

DRAGÓN DE METAL (1940-2000)

Irresistible y egocéntrico. El más *egotrip* entre sus congéneres, un bicho difícil de llevar. Este dragón es valiente y arremetedor; cuando le interesa algo, va y lo consigue. Pero por esto es tan difícil de sobrellevar: poco le importan las opiniones ajenas, o si va dejando atrás un tendal de heridos.

Esególatra y desconsiderado y, si vive rodeado de amigos, lo debe a su magnetismo. Pero los que sobreviven son pocos; detesta reconocer algún defecto en su persona, y no es sincero ni siquiera con sus parejas. ¡Meditación y terapias alternativas son muy recomendables!

DRAGÓN DE AGUA (1952-2012)

Creativo y trabajador. El más estable de los dragones, gracias a la energía agua. Es muy lúcido, dueño de una creatividad original, capaz de jugarse por lo que quiere. No se siente personalidad obsequio y está dispuesto a trabajar a la par de los demás; recién en la vida adulta encontrará que las cosas se le hacen más fáciles.

Es muy buen amigo y no desaparece cuando las papas queman. Sabe ver más allá de las apariencias y no se deja engañar. Capaz de comprometerse afectivamente y considerado con los que lo acompañan, le gusta rodearse de gente como él.

El Dragón y su ascendente

DRAGÓN ASCENDENTE RATA: 11 P.M. a 1 A.M.

Un dragón menos inflamado: reflexivo y cauto, se toma su tiempo antes de zambullirse en algo. Es más cuidadoso de los sentimientos ajenos.

DRAGÓN ASCENDENTE BÚFALO: 1 A.M. a 3 A.M.

Tiene una paciencia inusitada para un dragón: no empieza a las llamaradas a la primera contrariedad, pero es un temible adversario.

DRAGÓN ASCENDENTE TIGRE: 3 A.M. a 5 A.M.

Es emotivo hasta el límite. Puede llegar a la violencia cuando las cosas no salen como quiere, pero también es un trabajador incansable y un ser único.

DRAGÓN ASCENDENTE CONEJO: 5 A.M. a 7 A.M.

Encantador, fuerte, inteligente y ambicioso: es capaz de manipular sutilmente las situaciones hasta hacerlas favorables. Brillante.

DRAGÓN ASCENDENTE DRAGÓN: 7 A.M. a 9 A.M.

Es más intolerante que los otros. Le encanta ser admirado y reconocido. Le encanta mandonear y está convencido de que los demás estamos para obedecerle.

DRAGÓN ASCENDENTE SERPIENTE: 9 A.M. a 11 A.M.

Astucia hasta para regalar. Y paciencia china para esperar el momento de actuar y saltar sobre la víctima. Un acertijo para los que están cerca.

DRAGÓN ASCENDENTE CABALLO: 11 A.M. a 1 P.M.

Un ganador, energético, pura sangre. Es un optimista y está lleno de ganas de triunfar, pero no debe dejarse cegar por la ambición.

DRAGÓN ASCENDENTE CABRA: 1 P.M. a 3 P.M.

Tierno, imaginativo y *chic*: se destaca adonde vaya, pero no es cirquero. Vive volando y necesita de alguien que se haga cargo de las cosas mundanas.

DRAGÓN ASCENDENTE MONO: 3 P.M. a 5 P.M.

Es cautivante y brillante, nos hipnotiza y maneja a su gusto. No le hace ascos a nada, y cada uno de sus proyectos es un viaje a las estrellas.

DRAGÓN ASCENDENTE GALLO: 5 P.M. a 7 P.M.

Una combinación irresistible y de alto vuelo. Es original, tiene buena onda, energía de sobra y don de mando. Un ganador.

DRAGÓN ASCENDENTE PERRO: 7 P.M. a 9 P.M.

Un amigo para no perder. Buen consejero, reflexivo y con objetividad, sus palabras valen su peso en oro. Es humano y tierno, pero puede ser muy duro si lo atacan.

DRAGÓN ASCENDENTE CHANCHO: 9 P.M. a 11 P.M.

¡Un dragón humilde!, cálido y llevadero, tiene una ingenuidad irresistible para los abusadores. Buen amigo, generoso, y demasiado crédulo.

Personajes famosos
del signo Dragón

DRAGÓN DE MADERA (1844-1904-1964)

Nietzche, Salvador Dalí, Miguel Indurain, Raúl Urtizberea, Pablo Neruda, Palo Pandolfo, Matt Dillon, Daniela Cardone, Gustavo Bermúdez, Bing Crosby, Eleonora Cassano, Mario Pergolini, Tita Merello, Osvaldo Pugliese, Sandra Bullock, Ricardo Balbín.

DRAGÓN DE FUEGO (1856-1916-1976)

Sigmund Freud, Paz Vega, Gregory Peck, Pérez Prado, Dante Spinetta, Damián Szifron, Anita Álvarez Toledo, Valeria Britos, Cecilia Rognoni, Kirk Douglas, Carola del Bianco, Roberto Galán, François Miterrand, Florencia de la V, Glenn Ford.

DRAGÓN DE TIERRA (1868-1928-1988)

James Brown, Shirley Temple, Sarita Montiel, Alan Pakula, Ernesto "Che" Guevara, Roger Moore, Eddie Fisher, Martin Luther King, Carlos Fuentes.

DRAGÓN DE METAL (1880-1940-2000)

Bernardo Bertolucci, Carlos Bilardo, Brian de Palma, Amelita Baltar, Ringo Starr, Jesucristo, David Carradine, John Lennon, Joan Báez, Antonio Skarmeta, Bruce Lee, Nacha Guevara, Pelé, Frank Zappa, Al Pacino, Tom Jones, Andy Warhol, Raquel Welch, Oscar Araiz, Herbie Hancock, John Kale.

DRAGÓN DE AGUA (1892-1952-2012)

Jean Paul Gaultier, Guillermo Vilas, Raúl Perrone, Hugo Soto, Jimmy Connors, Robin Williams, Emir Omar Chaban, Federico Trillo, Norberto Alonso, Grace Jones, Mae West, Lalo Mir, Sylvia Kristel, Susú Pecoraro, Nito Mestre, Soledad Silveyra, Stewart Copeland.

Cecilia Rognoni

Testimonio

YO SOY UN DRAGÓN

Lalo Mir

PERIODISTA

N unca fui demasiado fanático de los horóscopos,
pero cuando me enteré de que había nacido en el año del Dragón,
me encantó. Primero, porque es el único animal mitológico del zodíaco
chino y además porque es el símbolo máximo de las aventuras orientales.
En el recuerdo de los libros fantásticos y de las precarias películas
de mi infancia, brilla el Dragón, entre bocanadas de fuego
y humo, entre petardos y sombreros que parecen techitos de totora.
Hoy llevo conmigo dos dragones. El primero es pequeño y lanza
su bocanada de fuego. El segundo es mucho más grande y colorido.
Se miran a los ojos. Viven en la piel de mi brazo derecho.
Y dicen que no hay dos sin tres. Así que un día éstos volveré
a escuchar el zumbido que les da vida.

Dragón
Tabla de compatibilidad

Rata	
AZAR	龙龙龙龙龙
AMISTAD	龙龙龙
AMOR	龙龙龙龙
TRABAJO	龙龙龙龙龙

Búfalo	
AZAR	龙龙
AMISTAD	龙龙
AMOR	龙龙龙龙
TRABAJO	龙龙龙龙

Tigre	
AZAR	龙龙龙龙
AMISTAD	龙龙龙龙
AMOR	龙龙龙
TRABAJO	龙龙龙龙龙

Conejo	
AZAR	龙龙龙龙
AMISTAD	龙龙龙龙
AMOR	龙龙龙龙龙
TRABAJO	龙龙龙龙

Dragón	
AZAR	龙龙龙
AMISTAD	龙龙龙
AMOR	龙龙龙龙
TRABAJO	龙龙龙龙

Serpiente	
AZAR	龙龙龙龙
AMISTAD	龙龙龙龙龙
AMOR	龙龙龙龙
TRABAJO	龙龙龙龙龙

Caballo	
AZAR	龙龙龙
AMISTAD	龙龙龙龙龙
AMOR	龙龙
TRABAJO	龙龙龙龙

Cabra	
AZAR	龙龙龙龙
AMISTAD	龙龙龙龙
AMOR	龙龙龙龙
TRABAJO	龙龙龙龙

Mono	
AZAR	龙龙龙龙
AMISTAD	龙龙龙龙龙
AMOR	龙龙龙
TRABAJO	龙龙龙龙

Gallo	
AZAR	龙龙龙
AMISTAD	龙龙龙龙龙
AMOR	龙龙龙龙龙
TRABAJO	龙龙龙龙龙

Perro	
AZAR	龙龙
AMISTAD	龙龙龙龙
AMOR	龙龙龙龙龙
TRABAJO	龙龙龙龙龙

Chancho	
AZAR	龙龙龙龙龙
AMISTAD	龙龙龙龙龙
AMOR	龙龙龙
TRABAJO	龙龙龙龙龙

Buscá refugio en la O.N.U. •
Columpiate en esta liana ••
Qué monada •••
Buen plátano ••••
La bendición de Chita •••••

Serpiente

Tikal.
No me extrañes
Ni me esperes.
Celebro desde mi alma.
Selva interior
Caminos trazados a tracción
De búsqueda constante.
Espíritus traviesos
Ayudando a despertar la conciencia.
Abrí el tercer ojo
El kundalini
Los chakras
Y el corazón
Para convivir con tu riqueza eterna
De precisión, jade
Y científica superstición.
Hoy brindo con vino
Como si fuera balché.

L. S. D.

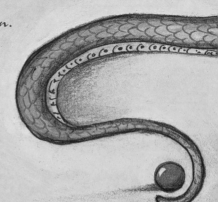

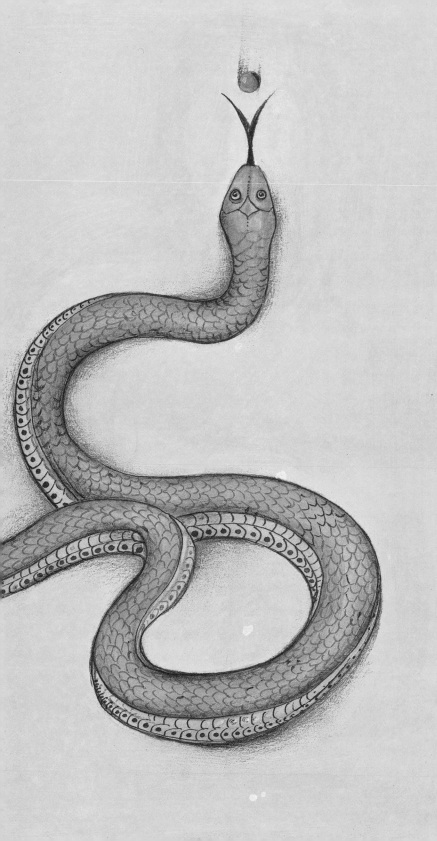

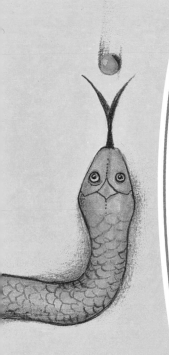

Serpiente

Ficha técnica

NOMBRE CHINO DE LA SERPIENTE
SHE

NÚMERO DE ORDEN
SEXTO

HORAS REGIDAS POR LA SERPIENTE
9 AM A 11 AM

DIRECCIÓN DE SU SIGNO
SUD-SUDESTE

ESTACIÓN Y MES PRINCIPAL
PRIMAVERA-MAYO

CORRESPONDE AL SIGNO OCCIDENTAL
TAURO

ENERGÍA FIJA
FUEGO

TRONCO
NEGATIVO

Eres Serpiente si naciste

04/02/1905 - 24/01/1906
SERPIENTE DE MADERA

23/01/1917 - 10/02/1918
SERPIENTE DE FUEGO

10/02/1929 - 29/01/1930
SERPIENTE DE TIERRA

27/01/1941 - 14/02/1942
SERPIENTE DE METAL

14/02/1953 -02/02/1954
SERPIENTE DE AGUA

02/02/1965 - 20/01/1966
SERPIENTE DE MADERA

18/02/1977 - 06/02/1978
SERPIENTE DE FUEGO

06/02/1989 - 26/01/1990
SERPIENTE DE TIERRA

24/01/2001 - 11/02/2002
SERPIENTE DE METAL

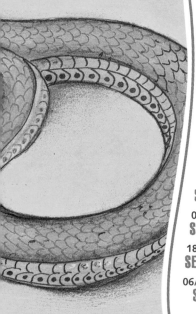

蛇

Serpiente

Ser serpiente
"Salir del círculo de baba del sapo"

Cabeza y cola. Árbol sagrado, ceiba amada de tierras mayas que conectas el infra al supramundo.

Kali. Shiva. KUNDALINI desde el coxis hasta el infinito.

Es el inicio y el fin de un ciclo, una era, kalpa, etapa. Cronos y kairos, y el espacio que los abarca. Arco iris. KUKULCÁN. Naga para los chinos, dividió el cielo de la tierra cuando salió del huevo que le dio vida.

Huevo de Pascua.

Cinta blanca en el cielo, presagia bendiciones y catástrofes.

Huayrapuca, la madre del viento, alta divinidad calchaquí con cabeza de dragón y cola de sierpe. Construye y destruye lo que se le antoja. Vence al Sol, a la Luna y a las estrellas y desaparece por arte de magia delante de nuestros ojos.

Es hombre y mujer, *yin* y *yang*, espíritu y materia. Fértil, reverdece desiertos o seca oasis.

Elixir y veneno dentro de su boca que besa y mata, chupa y ahoga.

Insaciable, cuando se enamora se convierte en vampiro. Dualidad, doble mensaje, poderosa Afrodita y Apolo. Nunca se sabe qué piensa y siente; es muy hábil.

Repta sintiendo el latido de la tierra, del mar, del viento y del fuego, y desde allí despliega su talento para crear, dar vida, transmitir, enseñar y aprender nuevos inventos.

En cada muerte deja secar la piel al sol, mientras la noche produce nuevas rayas de infinitos colores, texturas hermanas de la seda y de la rosa. Vomita lo que envidia sin disimulo; su cabeza es una PC último modelo que abarca lo que aún no se ha inventado.

Nacida para el placer, el éxtasis, se enrosca sigilosamente hasta asfixiar al elegido. EL AMOR ES SU TALÓN DE AQUILES.

A través del camino encontrará amores que la ayudarán a evolucionar en su karma. Le enviará fluidos especiales, susurrantes silbidos, ardientes abrazos entre sus anillos, inolvidables noches y siestas entre sábanas de raso púrpura, sándalo, almizcle, luces venusinas, masajes afrodisíacos, regalos originales (pues la mayoría son avaras), mensajes de profecías en papiros y telepatía.

En la mitología es venerada, temida y respetada. Su influencia es poderosa en la psiquis; logra ser soñada todas las noches penetrando en el inconsciente, produciendo efectos especiales, acciones inesperadas, adicciones atávicas.

Equilibrada por fuera y caótica por dentro, logra engañar a la gente. Su presencia atrae como la luz a la mariposa, como un imán, un influjo extraño que envuelve, seduce, pervierte sin pedir permiso.

Suave, delicada, refinada, sobria y con un sentido estético que jamás pasará desapercibido. Es juzgada y decapitada por sus rivales.

Dueña de poderes sobrenaturales, vidente, hechicera, maga, alquimista, su intuición mueve montañas.

Desde niña sabe lo que quiere y no pierde el tiempo. Apunta la flecha al blanco, dobla la apuesta y sin prisa ni pausa hilvana su fortuna y porvenir.

EL FIN JUSTIFICA LOS MEDIOS. El mundo es un escenario donde será protagonista en el arte, la política, la ciencia, la filantropía, el espinoso camino espiritual; será líder y ejemplo para la humanidad.

Archivará en su cerebro a la gente que la ayudó y a los que pusieron piedras en su camino. "LA VENGANZA ES UN PLATO QUE SE COME FRÍO", dice el ofidio cuando recupera el poder que le quitaron, hinchado de placer en una siesta de verano en Santiago del Estero.

El sexto sentido oriental es capaz de conseguir milagros. Sabe que tiene suerte y consigue los medios para amasar una fortuna. Su inteligencia práctica, perseverancia, vocación, ambición la convierten en magnate, estrella de televisión, pasarela o *rock*.

Es consciente del tiempo y no lo pierde en asuntos banales. Su enigmática personalidad oscilará entre el *jet-set*, la vida mundana, la misión diplomática, humanista, y el retiro, como Zaratustra a la montaña.

Es amante del silencio y buscará refugios naturales con amplio lujo y comodidad. Está actualizada y no se pierde ningún cóctel, evento artístico ni cultural. Adora ser centro y lo consigue con su *charme*, simpatía, *glamour* y conversación de encantador de serpientes; así logra hipnotizar a su interlocutor.

El ofidio tiene necesidad de aparearse desde joven. No concibe la vida sin pareja estable, pues es muy demandante, dominante y dependiente emocionalmente. Será un marido o esposa capaz de colmar las necesidades cósmicas y terrenales, traer una linda descendencia al planeta y consolidar una buena fortuna. No le pidan fidelidad pues su cuerpo y alma necesitan variedad de nuevas víctimas para su ego, salud y estabilidad emocional.

Es fiel a sí misma, no le gusta que la controlen a pesar de ser la Gestapo con los demás.

Su sentido del humor es mordaz, agudo y negro. Tiene una lengua viperina que la convierte en un azote en los chakras y aprecia la capacidad de réplica.

Es un signo muy polémico dentro del zoo chino. En Oriente, que se diga a alguien: "Usted es una verdadera serpiente" resulta un piropo. En Asia, en ella ven la armonización de los opuestos, para los taoístas era el Tai-chi, la amalgama del *yang* y del *yin*, y los budistas la elogian como la escalera por la que el Buda Sakhya Muni descendió del cielo.

En chino, HOEI significa serpiente y arco iris, como para los aborígenes australianos. En India era vista como los velos de Maya, la ilusoria realidad, y como el collar de Freya en la mitología noruega; para los griegos era el camino de Iris, la mensajera de los dioses, y para los mayas era KUKULCÁN la serpiente emplumada de plumas verdes de Quetzal.

Siempre estuvo, está y estará en forma real o virtual como inicio o final de cambios y mutaciones.

蛇

Misteriosa, etérica, traslúcida y opaca nos provocará con su sonrisa sensual y dientes de marfil.

Su realización dependerá de la evolución que alcance en la vida: deberá atravesar muchas pruebas, amores, éxitos y fracasos para elevarse desde el suelo hacia el infinito dejando un halo que nos inspire curiosidad para conocerla profundamente.

P. D.: ES RECOMENDABLE EL SUERO ANTIOFÍDICO.

La Serpiente y su energía

SERPIENTE DE MADERA (1905-1965)

Previsora y obsesiva. La serpiente de madera es trabajadora, capaz de meterse tanto en los asuntos, que se le vuelven una obsesión.

Tiene un enorme carisma que, sumado a su capacidad de trabajo y generosidad la hacen muy popular. Le preocupa su futuro, así que guarda previsoramente para la vejez. Sibarita, como todas sus congéneres, le gusta rodearse de lujos y los comparte con quienes ama. Debería intentar más cambios en su vida.

SERPIENTE DE FUEGO (1917-1977)

Ambiciosa y calculadora. La más radical entre sus hermanas, incapaz de admitir los términos medios. Se la juzga con la misma intensidad: su ambición y sed de poder y fama, así como su enorme ego hacen que mucha gente las mire con desconfianza. Pero, bien dirigidos, sus impulsos pueden ser benéficos también para el resto.

Es muy sensual y sexual, y no se hace problemas por la calidad, siempre que haya cantidad. No conoce límites para alcanzar lo que desea.

SERPIENTE DE TIERRA (1929-1989)

Inquieta y romántica. La serpiente de tierra es ambiciosa, reflexiva y cauta. Le interesan las ganancias materiales y poder conservarlas. Pero es también una pareja atenta, leal y encantadora. Para progresar o llegar a sus metas busca relacionarse con gente que esté socialmente mejor ubicada que ella, tiene mucho carisma, y eso la ayuda a instalarse en el lugar que quiera.

En general le va bien, no sólo por su buena suerte sino por su capacidad para pensar antes de actuar.

SERPIENTE DE METAL (1941-2001)

Sibarita y misteriosa. La energía metal le da una cuota extra de ambición; así, esta serpiente se transforma en una seductora nata, ¡además de una adicta al lujo y los placeres! Le encanta disfrutar de todo lo que el dinero puede comprar y no se siente muy culpable si le viene de arriba.

Despierta pasiones profundas porque está llena de misterios que intentan ser develados por numerosos admiradores. Le gusta ganar en todo y no es muy buena perdedora, pero en general su carisma borra los enojos que provoca.

SERPIENTE DE AGUA (1953-2013)

Reflexiva y dotada. La "menos serpiente" de toda la especie. El agua le da paciencia y filosofía, y apaga un poco su sensualidad. Esta serpiente es capaz de serle fiel a su pareja, tener una vida estable y cosechar en la madurez los frutos del trabajo de su vida. Pese a tener condiciones artísticas, entusiasmo y capacidad para trabajar, le costará llegar a sus metas: pero una vez allí, se instalará en el Olimpo de la fama y la fortuna. Está bien considerada entre amigos y familiares por su sentido del humor.

La Serpiente y su ascendente

SERPIENTE ASCENDENTE RATA: 11 P.M. a 1 A.M.

Tiene un humor a prueba de balas, y una personalidad muy atractiva. Defiende lo suyo con uñas y dientes, incluidos sus amores.

SERPIENTE ASCENDENTE BÚFALO: 1 A.M. a 3 A.M.

Esta serpiente parece "quedada", pero sabe lo que quiere y no se entrega hasta conseguirlo. Seductora y difícil.

SERPIENTE ASCENDENTE TIGRE: 3 A.M. a 5 A.M.

Una cazadora nata, pero con ánimo de conquista y no por deporte. Sabe defenderse y luchar por lo suyo, pero no es una "jugada".

SERPIENTE ASCENDENTE CONEJO: 5 A.M. a 7 A.M.

Tiene capacidad para seducir a todo lo que se le ocurra, y lo hace porque se aburre con facilidad. Muy buena negociando, siempre en beneficio propio.

SERPIENTE ASCENDENTE DRAGÓN: 7 A.M. a 9 A.M.

Una mezcla encantadora de energía; una serpiente preocupada por la humanidad, con habilidad para llevar a la práctica sus ideas, y compartir su buena suerte.

SERPIENTE ASCENDENTE SERPIENTE: 9 A.M. a 11 A.M.

Es indescifrable. Le gusta tener un aire de misterio alrededor; muy inteligente, difícil de pescar. Sabe perfectamente qué es suyo y no lo comparte.

SERPIENTE ASCENDENTE CABALLO: 11 A.M. a 1 P.M.

Genera pasiones a su paso, está llena de energía y encanto. Llega hasta el final y siempre busca ganar. Cree que el fin justifica los medios.

Serpiente

SERPIENTE ASCENDENTE CABRA: 1 P.M. a 3 P.M.

Difícil de llevar: tiene alma de mantenida, pero a cambio no da demasiado. No se entrega a nadie, y va quedándose con lo mejor de cada situación.

SERPIENTE ASCENDENTE MONO: 3 P.M. a 5 P.M.

Una serpiente preparada para triunfar de cualquier manera. Tiene una mente profunda y una inteligencia clara para manejar a los demás.

SERPIENTE ASCENDENTE GALLO: 5 P.M. a 7 P.M.

Aparentemente frívola o superficial, está capacitada para dirigir y llevar adelante lo que se proponga. Sólo cree en sus ideas.

SERPIENTE ASCENDENTE PERRO: 7 P.M. a 9 P.M.

Vive perseguida por las culpas: es gastadora y le gustan los lujos, pero le preocupan los problemas de la humanidad. No tendrá paz.

SERPIENTE ASCENDENTE CHANCHO: 9 P.M. a 11 P.M.

Una serpiente que disfruta de la vida. Compensa su astucia y habilidad para manipular, con comprensión y simpatía.

Personajes famosos
del signo Serpiente

SERPIENTE DE MADERA (1865-1905-1965)

Moby, Luca Prodan, Dizzy Gillespie, Greta Garbo, Fabián Mazzei, Javier Zucker, Infanta Cristina de España, Gabriela Toscano, Henry Fonda, Julieta Cardinale, Mariana Brisky, Andrea Barbieri, Sergio Pángaro, Andrea del Boca, Blanca Oteyza, Mariana Arias, Adriana Salonia, Inés Estévez, Christian Dior, Bjork, Daniela Mercury, Brooke Shields, Verónica Varano, Catherine Fullop, Courtney Love.

SERPIENTE DE FUEGO (1857-1917-1977)

Alicia Silverstone, Romina Gaetani, Mel Ferrer, Dean Martin, Esther Cañadas, Joan Fontaine, Úrsula Vargues, Malena Solda, Fionna Apple, Nahuel Mutti, Emanuel Ginobili, Natalia Oreiro, Iván de Pineda, John Fitzgerald Kennedy.

SERPIENTE DE TIERRA (1869-1929-1989)

Emilio Miliki Aragón, Jaser Arafat, Irene Papas, Ghandi, Rey Hassan de Marruecos, Princesa Grace de Mónaco, Jacqueline Onassis, Milan Kundera.

SERPIENTE DE METAL (1881-1941-2001)

Pablo Picasso, Carole King, Palito Ortega, Tom Fogerty, Marta Pelloni,

Paul Anka, Tina Serrano, Bob Dylan, Sonia Breccia, Dostoievski, Franklin Roosevelt, Charlie Watts, Carlos Perciavalle, Luis A. Lacalle, Antonio Gasalla, Papa Juan XXIII, Lito Cruz.

SERPIENTE DE AGUA (1833-1893-1953)

Ricardo Bochini, Leonor Benedetto, Cristina Fernández de Kirchner, Raúl Taibo, Zoilo Cantón, Mao Tse Tung, Graciela Alfano, Francisco de Narváez, John Malkovich, Patricia Reyes Spíndola, José María Aznar, Ana Botella, Osvaldo Sánchez Salgado, Thomas Jefferson.

Con Carlos Perciavale

Testimonio

YO SOY UNA SERPIENTE

Nahuel Mutti

ACTOR

1ᴱᴿ ACTO

Ser.

Ser piente.

Serpiente.

Como ven, las serpientes nos enroscamos bastante. No podía decidirme a cómo empezar este texto; ahora me deslizo, lo miro sin pestañear... Me detengo, pienso... Me excedo en él y se oscurece. Freno. Vuelvo. La mayoría me tiene miedo, pero me dan su amor los que sí me ven. Tengo pocos amigos. Mi silencio estático, mientras todo se mueve, me hace ver las cosas desde afuera, diferentes. Localicé a mi presa, espero que mis nervios no me acompañen. Me enamoro de ella, quizá sólo por algunas horas. Mis gustos nunca dejan de ser refinados, me deslizo para darle algún consejo, con una sutil sensualidad y un ácido humor venenoso, adormeciendo aquel ego e hipnotizando su ser. Yo sé que no hay vuelta atrás. Ahora la maldad susurrada, lo prohibido. Se terminó el misterio, la intriga, la seducción y lo ilícito. Volver a enroscarse, la propia naturaleza.

2° ACTO

Ser Piente

El conflicto interno es parte del interno crecimiento del ser. No hay conflicto, no hay ser. Ser o no ser. Seré quien creo ser, o seré algo que no sé si ser, o sólo quiero ser lo que no puedo ser. Y sí puedo, ser lo que soy, porque no puedo ser aquello que no soy. Será que cada Ser tiene que ser como es, o es lo que otro Ser quiere que quiera ser. Ser único.

Ser de verdad. Ser de carne. Ser de aire. Ser de fuego. Ser de goma. Ser de metal. Ser viejo o Ser joven, quizás seas un Ser gordo u otro Ser chiquito. Hay alguien que es lo que quiere ser; realmente lo logró, ¿cómo?. Ser vegetariano o Ser carnívoro, ¿cómo hay que ser?. Ser bueno o Ser malo, ¿quién lo juzga?, ¿otro Ser?. ¿Seremos inteligentes o seremos sumamente ignorantes? ¿Seremos hoy o seremos mañana? ¿O fuimos ayer y ahora no hay? Ser-piente. Soy yo.

Serpiente
Tabla de compatibilidad

Rata	
AZAR	🐍🐍
AMISTAD	🐍🐍
AMOR	🐍🐍
TRABAJO	🐍🐍

Búfalo	
AZAR	🐍🐍
AMISTAD	🐍
AMOR	🐍🐍
TRABAJO	🐍🐍

Tigre	
AZAR	🐍🐍
AMISTAD	🐍🐍
AMOR	🐍🐍
TRABAJO	🐍🐍

Conejo	
AZAR	🐍🐍
AMISTAD	🐍🐍
AMOR	🐍🐍
TRABAJO	🐍🐍🐍

Dragón	
AZAR	🐍🐍🐍
AMISTAD	🐍🐍
AMOR	🐍
TRABAJO	🐍

Serpiente	
AZAR	🐍🐍🐍
AMISTAD	🐍🐍🐍
AMOR	🐍🐍🐍
TRABAJO	🐍

Caballo	
AZAR	🐍🐍🐍
AMISTAD	🐍🐍🐍🐍🐍
AMOR	🐍🐍🐍🐍🐍
TRABAJO	🐍🐍🐍

Cabra	
AZAR	🐍🐍🐍
AMISTAD	🐍🐍🐍
AMOR	🐍🐍
TRABAJO	🐍🐍

Mono	
AZAR	🐍🐍
AMISTAD	🐍🐍🐍
AMOR	🐍🐍🐍
TRABAJO	🐍🐍

Gallo	
AZAR	🐍🐍
AMISTAD	🐍🐍🐍
AMOR	🐍🐍
TRABAJO	🐍

Perro	
AZAR	🐍🐍
AMISTAD	🐍🐍🐍
AMOR	🐍🐍
TRABAJO	🐍🐍

Chancho	
AZAR	🐍🐍
AMISTAD	🐍🐍
AMOR	🐍🐍
TRABAJO	🐍🐍

Buscá refugio en la O.N.U. •
Columpiate en esta liana • •
Qué monada • • •
Buen plátano • • • •
La bendición de Chita • • • • •

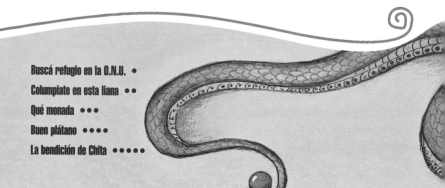

Caballo

Estar de a dos nuevamente
Sin repetirse
Siendo tortuga de cristal
Tan vieja como el mundo
Antes de la guerra
De la memoria que detiene lo nuevo.
Navegar sin timón, sin oxígeno, sin tiempo.
Choque de soledades
Esperando resucitar
En un abrazo eterno.
Cita volcánica.
Tu lava
Lava mi karma.

L. S. D.

Caballo

Ficha técnica

NOMBRE CHINO DEL CABALLO
MA

NÚMERO DE ORDEN
SÉPTIMO

HORAS REGIDAS POR EL CABALLO
11 AM A 1 PM

DIRECCIÓN DE SU SIGNO
DIRECTAMENTE AL SUR

ESTACIÓN Y MES PRINCIPAL
VERANO-JUNIO

CORRESPONDE AL SIGNO OCCIDENTAL
GÉMINIS

ENERGÍA FIJA
FUEGO

TRONCO
POSITIVO

Eres Caballo si naciste

25/01/1906 - 12/02/1907
CABALLO DE FUEGO

11/02/1918 - 31/01/1919
CABALLO DE TIERRA

30/01/1930 - 16/02/1931
CABALLO DE METAL

15/02/1942 - 04/02/1943
CABALLO DE AGUA

03/02/1954 - 23/01/1955
CABALLO DE MADERA

21/01/1966 - 08/02/1967
CABALLO DE FUEGO

07/02/1978 - 27/01/1979
CABALLO DE TIERRA

27/01/1990 - 14/02/1991
CABALLO DE METAL

12/02/2002 - 31/01/2003
CABALLO DE AGUA

Ser caballo
"No sé lo que quiero pero lo quiero ya"

Tantos galopes sin jinete le hacen mal. No sabe el rumbo si no tiene guía, entusiasmo, ideales, conquistas para contar en la pulpería o el establo.

Necesita la inmensidad pero con límites, para no perderse en sus miedos, ambiciones, anhelos, utopías.

Nace con sangre caliente y se deja llevar por el deseo. El deseo lo convierte en un animal salvaje, irracional, desbocado.

Cuando es potrillo, yegua o potro, apuesta a su deslumbrante *sex appeal*, consistencia física, espectacular presencia mezcla de estrella de rock y de boxeo para romper corazones en cadena, provocar infartos en las carreras a las que apuesta pues sabe que es vistoso, llamativo, carismático y destila un fluido que atrae como un néctar.

Le gusta que lo hagan transpirar, que lo necesiten, lo llamen, lo busquen por razones banales, que le den un lugar VIP en la vida: que lo hagan sentir imprescindible, mágico, irresistible.

Su espíritu rebelde engaña: puede convertirse en un déspota si tiene poder, un líder sin seguidores relinchando solo a la Luna, un inmaduro que no acepta críticas ni consejos.

EL CABALLO ES NOBLE PERO JUEGA CON SUS PROPIAS REGLAS. Desconoce qué es pensar en los demás antes que en él mismo; sabe que tiene recursos de seducción escondidos entre sus bellas crines y cola y puede sorprender cuando la llama del fuego languidece, revoleando sonetos, poemas épicos y cuentos chinos que atrapan la atención de su *partenaire* de turno, a la que siempre hará sentir única, elegida entre miles de *fans* que están pendientes de sus caprichos y antojos.

El caballo tiene que tener un plan, esquema o mapa para empezar una cabalgata. Necesita que le aseguren que conseguirá alguna recompensa, premio, o por lo menos un sueldo para mantener sus necesidades básicas.

Es muy formal en su manera de relacionarse con el mundo: le gusta establecer compromisos que le den una sensación de seguridad, comodidad y estabilidad. Adora programar sus actividades cotidianas desde su profesión, terapias, hobbies, deportes, hasta las citas de amor, donde pone TODA LA CARNE AL ASADOR.

Este animal, mitad salvaje y mitad doméstico, es difícil de domar. Es un arte conocerlo y lentamente crearle dependencia o necesidad sin que se sienta dominado, absorbido o exigido. Sus fobias y paranoia son para una colección de libros de Freud, Jung y Tato Pavlowsky.

La mayoría de los equinos encontrará tarde su vocación en la vida; el caballo se dejará llevar por mandatos o ideas que lo mantendrán muy distraído en su juventud y madurez.

Detesta cumplir años, siente que la vida le corre una carrera implacable y que dejará de ser el niño terrible del zoo chino.

La seducción es para ambos sexos el *leit motiv* de sus vidas. Es un *training* que desarrollan desde su tierna infancia, cuando eran los más buscados del colegio para dar el primer beso o acariciar en las penumbras al compañero/a a quien soñaban llevar sobre sus ancas en largas travesías.

Impulsivo, emocional, arisco, desconfiado, siempre está a la defensiva. Romperá reglas sociales, tabúes, vallas, para expresarse con total libertad. Jamas medirá las consecuencias de sus reacciones y producirá situaciones muy traumáticas en quienes lo rodean si no aprende a dominar sus impulsos sexuales y mentales.

El caballo gira como en la calesita, esperando sacarse la sortija. Su naturaleza salvaje no es amiga del esfuerzo, de la constancia ni de la perseverancia. Necesita vivir episodios como los del cine o de la literatura para incentivar su caudal expresivo y emocional y jugarse en alguna misión que lo mantenga ocupado.

Necesita vivir inspirado, adulado, estimulado por personas a las que admire o le diviertan para sentirse activo e indispensable.

No tiene usina propia ni es el rey de la vida interior.

La gente lo enciende, le da prana o energía, lo mantiene pendiente de su *look*, ánimo y prioridades.

El caballo busca, consciente o inconscientemente, provocar. Su peculiaridad radica en la forma que elige para expresarse: a través del arte, la política o lo mediático, pondrá su nota de humor y color en lo que haga y se destacará por su originalidad y estética.

No soporta las críticas. Será cruel con sus adversarios y cuando su ego esté herido empleará recursos muy bajos para defenestrarlos.

El caballo puede conseguir lo que se propone por medios lícitos o ilícitos. Dependerá de la familia, el ambiente sociocultural donde crezca, la educación que reciba, el que se convierta en un corcel de acero inolvidable o en un matungo despreciable.

La influencia, el entorno y sobre todo su evolución personal tendrán mucho que ver con su calidad humana. El amor y las relaciones afectivas serán claves para convertirlo en un ser humano excepcional que sea ejemplo, como Nelson Mandela.

El caballo es ciclotímico: está siempre esperando que el afuera lo estimule y tiene poca paciencia para la búsqueda interior.

Sólo los místicos, artistas y peregrinos logran encontrar paz en su destino, casi siempre amenazado por pasiones turbulentas que le impiden el camino hacia el SATORI (iluminación).

Un poco de rebenque o fusta para los más necios, planes concretos, buena mesa, sexo, y tiempo para perder en bares o *vernissages* son pautas que resultan benéficas para los equinos.

Mientras sientan que se ocupan de ellos, escuchen sus conquistas como si estuvieran en misa y los aplaudan, les juren amor eterno, y les regalen ropa o CDS o algún *souvenir* como para considerarlos amigos íntimos, ellos sabrán mover con gracia su bella estampa para dejarnos con la boca abierta, enamorados, en una galaxia de hadas, elfos, y aluxes afrodisíacos.

PACIENCIA CHINA, NO SON PARA TODOS LOS DÍAS NI PARA TODO EL MUNDO. Hay que graduarlos, educarlos, sobornarlos. Dejarlos que pateen y relinchen, se enojen, salgan del establo y vuelvan cuando una los aleja un rato para darles un recreo que fortalezca el vínculo, pues tienen tendencia a creer en lo eterno.

Amigos incondicionales, están a control remoto o telepático. Buenos padres y hermanos se puede contar con ellos cuando la humanidad desaparece. CALIDAD MÁS QUE CANTIDAD.

Mar de incertidumbre en lo esencial con pizca de confianza en lo abismal. Susurro en noches de luna nueva, epidermis entrañable, besos tatuados en el alma.

Pintores contemporáneos, brocha gorda para no claudicar. Magos sin trucos. Molino de viento para dar agua en el desierto.

Imán. Espíritu travieso que no encuentra paz. Torbellino de sensaciones sin hangar. Sexo continuo sin follar. Lujo o pesadilla según la ocasión y el jinete o la amazona que lo monten.

ANIMAL DISPUESTO A SEGUIR LA INTUICIÓN, DESVIARSE O MEJORAR LA CONDICIÓN. Necesario para llamar la atención, pedir aumento y compartir secretos que durarán poco en su paladar.

Concierto. Festival. Carnaval.

Cuando pasa el tiempo y son matungos empiezan a escuchar y se puede dialogar. Sus consejos sirven y sientan bien. Necios, soberbios, inseguros, se pierden lo mejor por no escuchar.

Héroes cómicos, rompen con lo tradicional. Crean dependencia emocional. Viajeros inmóviles. Son un buen permiso para recorrer nuevos horizontes, ensillar la montura, o a pelo sentirlos corcovear.

ABRAN SUS SENTIDOS Y DEJEN QUE LA VIDA LES INDIQUE EL CAMINO PARA RETORNAR A LA QUERENCIA.

El Caballo y su energía

CABALLO DE MADERA (1894-1954)

Razonable y generoso. Éste es el menos temperamental de los caballos. Dotado de una gran capacidad para pensar y aprender, es capaz de madurar, ¡algo que parece estar negado a sus hermanos!. Tiene las buenas cualidades: lealtad, independencia, vitalidad, armonizadas por la energía madera, que lo suaviza y lo vuelve solidario, cooperativo, y progresista en el trabajo y las relaciones laborales.

Es un apasionado en su vida y en lo que hace, y posiblemente triunfe en todos los campos.

CABALLO **DE FUEGO** (1906-1966)

Trabajador y carismático. Lleno de fuerzas internas que lo arrastran de una cosa a otra, este caballo tiene que intentar dominar sus pasiones y encauzarlas. Su inconstancia puede complicarlo a él y a los que lo rodean, que tienen que lidiar con sus cambios de rumbo. Tiene una personalidad muy atractiva y puede ser brillante. Pero se altera muy rápidamente y le cuesta volver a la calma. Es "familiero" y atento con la gente que quiere. Tiene pasta de líder.

CABALLO **DE TIERRA** (1918-1978)

Inseguro y sensible. Este caballo tiene una debilidad por las causas justas, sobre todo las relacionadas con la tierra y la ecología. Le preocupa el futuro de la humanidad y es altamente influenciable, a pesar de conservar la innata independencia equina.

Le gusta pensar antes de actuar y no tiene problemas acatando órdenes, pero necesita espacio para respirar y gastar su energía extra. Necesita apoyo de sus seres queridos, en quienes confía muchas veces en demasía.

CABALLO **DE METAL** (1930-1990)

Egocéntrico y seductor. Todos los caballos se desviven por sí mismos... ¡y éste todavía más!. Está en el centro del Universo y le cuesta mucho crear lazos con la gente. Le hacen falta estímulos constantes y actividad; su sentido de libertad e independencia necesita ser canalizado.

Muy atractivo sexualmente, despierta pasiones por donde galopa, dejando un tendal de víctimas. No le tiene miedo a nada ni a nadie, es incansable y, si logra controlar su incendio interior, llega a ser muy productivo.

CABALLO **DE AGUA** (1942-2002)

Divertido y ansioso. Le cuesta llegar a lo que busca porque se dispersa en cada cruce de caminos; cambia de opinión y ruta sin dar explicaciones al resto de los pasajeros, lo que provoca algunos malestares. Se le perdona casi todo por su buen humor y alegría, aunque esa omnipotencia puede terminar cansando.

Se preocupa por su porvenir y busca adaptarse a las circunstancias, aunque casi siempre termina huyendo en busca de espacio. Le gusta viajar, y si es con los que ama, mejor.

El Caballo y su ascendente

CABALLO ASCENDENTE RATA: 11 P.M. a 1 A.M.
Le sabe sacar ventajas económicas a sus cualidades y *glamour*. Es un seductor que no desperdicia encanto en causas perdidas.

CABALLO ASCENDENTE BÚFALO: 1 A.M. a 3 A.M.
Es un caballo fiel y monógamo: tiene alegría de vivir y necesidad de compartirla con una pareja. La busca, aunque le lleve toda la vida, y cuando la encuentra es para siempre.

CABALLO ASCENDENTE TIGRE: 3 A.M. a 5 A.M.
Un aventurero innato, con habilidad para esquivar el peligro y encontrar los mejores lugares para correr libre. No acepta órdenes fácilmente.

CABALLO ASCENDENTE CONEJO: 5 A.M. a 7 A.M.
A la sensualidad "galopante" del caballo se le suma la irresistible calidez del conejo. Divertido, original, ¡es imposible no entregarse!.

CABALLO ASCENDENTE DRAGÓN: 7 A.M. a 9 A.M.
Tiene un carácter difícil de aguantar: es capaz de todo, pero tiene poco olfato para elegir socios. Debería aprender a escuchar consejos.

CABALLO ASCENDENTE SERPIENTE: 9 A.M. a 11 A.M.
Este caballo suma, a su energía y alegría innatas, la profundidad de pensamiento de la serpiente. Si escucha bien su voz interna tiene el éxito asegurado.

CABALLO ASCENDENTE CABALLO: 11 A.M. a 1 P.M.
Lleno de energía equina, que lo arrastra por la vida haciendo lo que quiere, sin pensar para nada en los demás. Nervioso como un caballo de carrera, difícil de montar para el que no lo conozca bien.

CABALLO ASCENDENTE CABRA: 1 P.M. a 3 P.M.
Tiene dulzura y encanto. Le gusta descansar al sol, rodeado de la tropilla, en armonía con el planeta. Un rompecorazones.

CABALLO ASCENDENTE MONO: 3 P.M. a 5 P.M.
Una mezcla letal para el resto del zoológico: seductor y caprichoso, capaz de elucubrar planes que lo lleven directo a su meta.

CABALLO ASCENDENTE GALLO: 5 P.M. a 7 P.M.
Tiene suerte para todo lo que emprenda. Es vanidoso, pero su buen ánimo lo hace muy llevadero. Más sólido que otros caballos, menos responsable que los gallos.

CABALLO ASCENDENTE PERRO: 7 P.M. a 9 P.M.

Lleno de buenos sentimientos e ideas sensatas. Un caballo de tiro, que no piensa más que en cumplir con su trabajo y descansar con la satisfacción del deber cumplido.

CABALLO ASCENDENTE CHANCHO: 9 P.M. a 11 P.M.

Un caballo gregario, que disfruta todos los placeres a su alcance, y comparte con su gente. Tiene sello propio en lo que hace.

Personajes famosos del signo Caballo

CABALLO DE MADERA (1834-1894-1954)

John Travolta, Luisa Kuliok, Julio César, Annie Lennox, Pat Metheny, Kim Bassinger, Kevin Costner, Bob Geldoff, Georgina Barbarossa, Carlos Alberto Berlingeri, Michael Rourke.

CABALLO DE FUEGO (1846-1906-1966)

Flavia Palmiero, Hoby De Fino, Claudio Paul Caniggia, Marco Rivara, Gabriela Guimarey, Marta Sánchez, Macarena Argüelles, Sinead O'Connor, Fabián Quintiero, Leticia Sabater, Lucía Etxebarria, Javier Frana, Thomas Edison, Marina Borenstein, Daisy Fuentes, Fernando Ranuschio, Cindy Crawford, Julián Weich, Rembrandt, Carla Bruni.

CABALLO DE TIERRA (1858-1918-1978)

Gael García Bernal, Julieta Díaz, Mariano Martínez, Catarina Spinetta, Jeff Chandler, Liv Tyler, Juan Román Riquelme, Leonard Bernstein, Pearl Bailey, Rita Hayworth, Pamela David, Robert Stack, Nelson Mandela, Raimon Panikkar, Esteban Tuero, Billy Graham.

CABALLO DE METAL (1870-1930-1990)

Alfredo Alcón, Franco Macri, Robert Duvall, Carmen Sevilla, Federico Chopin, Sean Connery, Steve Mc Queen, Clint Eastwood, Boris Yeltsin, Ray Charles, Neil Armstrong.

CABALLO DE AGUA (1882-1942-2002)

Caetano Veloso, Janis Joplin, Federico Klemm, Linda Evans, Felipe González, Chris Evert, Andy Summers, Carlos Reutemann, Harrison Ford, Paul Mc Cartney, Barbra Streisand, Jimi Hendrix, Nick Nolte, Martin Scorsese, Hugo O. Gatti.

Gael García Bernal

Testimonio

YO SOY **UN CABALLO**

Choly Berreteaga

MAESTRA DE COCINA

Según Ludovica y mi fecha de nacimiento,
soy caballo de metal. Pero, para ser honesta,
me siento más identificada como "yegua",
pues supongo que son mucho más tiernas y protectoras
con sus potrillos, sus amigos y el resto de la familia.
Como imagino que haría este animal con el que me identifica el
horóscopo chino, galoparé siempre detrás de mi propio arco iris y nunca
dejaré de correr para alcanzar una ilusión, un proyecto, defender mis
principios morales y éticos, o ayudar a alguien que necesite mi relincho
de energía, mi apoyo o mi leal cariño para que pueda seguir pastoreando
en la pradera que es nuestra vida en esta galaxia.

Caballo
Tabla de compatibilidad

Rata	
AZAR	馬馬馬
AMISTAD	馬馬
AMOR	馬馬
TRABAJO	馬馬

Búfalo	
AZAR	馬馬
AMISTAD	馬馬
AMOR	馬
TRABAJO	馬馬

Tigre	
AZAR	馬馬馬
AMISTAD	馬馬
AMOR	馬馬馬
TRABAJO	馬

Conejo	
AZAR	馬馬馬馬
AMISTAD	馬馬馬馬
AMOR	馬馬馬馬
TRABAJO	馬馬

Dragón	
AZAR	馬馬馬馬馬
AMISTAD	馬馬
AMOR	馬馬馬
TRABAJO	馬馬

Serpiente	
AZAR	馬
AMISTAD	馬馬
AMOR	馬馬馬馬
TRABAJO	馬馬

Caballo	
AZAR	馬馬馬馬
AMISTAD	馬馬馬馬
AMOR	馬馬馬
TRABAJO	馬馬馬馬

Cabra	
AZAR	馬馬馬
AMISTAD	馬馬馬
AMOR	馬馬
TRABAJO	馬馬馬

Mono	
AZAR	馬馬馬
AMISTAD	馬馬馬馬馬
AMOR	馬馬
TRABAJO	馬馬馬

Gallo	
AZAR	馬馬
AMISTAD	馬馬馬
AMOR	馬馬
TRABAJO	馬馬

Perro	
AZAR	馬馬馬馬
AMISTAD	馬馬馬
AMOR	馬馬馬
TRABAJO	馬馬

Chancho	
AZAR	馬馬馬馬
AMISTAD	馬馬馬
AMOR	馬馬馬
TRABAJO	馬馬馬

Buscá refugio en la O.N.U. •
Columpiate en esta liana ••
Qué monada •••
Buen plátano ••••
La bendición de Chita •••••

Cabra

En Montevideo
   "Qué bien me veo".
Inspirada, amada
   Salvada y resucitada
En duelo de héroes
Sin tumbas.
   Agosto que define el año
Entreverado.

Viento en las ideas
   Volswagen gastado
Bandera flameando.
   Crecer e iluminarse
Techos chinos en la plaza
   Sin impuestos al espíritu
Chavo vo,
   Repuesto misterioso
Del rompecabezas cercano.

L. S. D.

Cabra

Ficha técnica

NOMBRE CHINO DE LA CABRA
XANG

NÚMERO DE ORDEN
OCTAVO

HORAS REGIDAS POR LA CABRA
1 PM A 3 PM

DIRECCIÓN DE SU SIGNO
SUD-SUDOESTE

ESTACIÓN Y MES PRINCIPAL
VERANO-JULIO

CORRESPONDE AL SIGNO OCCIDENTAL
CÁNCER

ENERGÍA FIJA
FUEGO

TRONCO
NEGATIVO

Eres Cabra si naciste

13/02/1907 - 01/02/1908
CABRA DE FUEGO

01/02/1919 - 19/02/1920
CABRA DE TIERRA

17/02/1931 - 05/02/1932
CABRA DE METAL

05/02/1943 - 24/01/1944
CABRA DE AGUA

24/01/1955 - 11/02/1956
CABRA DE MADERA

09/02/1967 - 29/01/1968
CABRA DE FUEGO

28/01/1979 - 15/02/1980
CABRA DE TIERRA

15/02/1991 - 03/02/1992
CABRA DE METAL

01/02/2003 - 21/01/2004
CABRA DE AGUA

Ser cabra
"Arte y romanticismo"

Llegué a la montaña con frío.

Elegí vivir en un lugar donde las estaciones duelen, hieren, sienten, tienen nostalgia de lo que fueron antes que el hombre depredara el ecosistema, usurpara el reino a sus dueños, la fauna y flora autóctonas, que no tienen secretos para florecer o perecer.

Son parte del paisaje donde conviven rocas casi humanas, ríos que nacen en las entrañas de la montaña, planicies que contienen rastros de algún comechingón que dejó morteros, amores y descendencia dentro de un rancho de adobe y paja, están en corrales abiertos a la esperanza casi siempre en manada, las cabras.

Ellas no saben que le dan un color a la vida con su gracia, belleza y buen gusto innato. Verlas en su entorno tranquiliza al viajero, cansado de injertos que alteran el equilibrio planetario.

La cabra es el signo que destila más armonía; pues donde está siempre hay algún acontecimiento artístico, cultural o social que la tiene de anfitriona o corresponsal.

Signo más *yin* que *yang*, sea varón o mujer, su sensibilidad abre fronteras inexploradas, abarca lo inconmensurable del alma humana, recorre las cornisas del inconsciente abriéndolo como a la caja de Pandora. Suave como una pluma de faisán, intensa como *La divina comedia*, su humor oscila como un péndulo.

Su seguridad emocional está muy relacionada con su situación económica. Necesita protección, seguridad, promesas de cheques con fondos para mantener su ritmo de vida, pues tiene gustos caros y exóticos sumados a sus caprichos de diva.

Es el signo con más vocación artística; su manera de vivir saldrá de la rutina, de las reglas y de los horarios. Será muy difícil encauzarla en algún trabajo que requiera disciplina y sentido común, pues su necesidad de libertad y expansión son fundamentales para su creatividad.

La cabra necesita sentir que pisa sobre terreno firme antes de decidir algo, sea sobre su vida privada, personal, o profesional. Dará mil vueltas hasta que se asiente, sienta que la quieren y confíen en ella. Necesita que le brinden confianza y apoyo antes de embarcarse en cualquier empresa, y si ve que la presionan o no la tratan como a una porcelana china es capaz de somatizar o sentirse disminuida.

LA BUENA VIDA ES FUNDAMENTAL PARA ELLA. Aprecia la buena mesa, el vestir, los viajes que le permitan conocer gente del *jet set*, descollar en algún tema de los que tanto le interesan: arte, religión, viajes, deporte, o sobre la vida social de la ciudad donde vive.

La cabra es un lujo para quienes aprecien el refinamiento y les guste estar rodeados de un clima estético y confortable.

Mientras escucho *El lado oscuro de la luna* con el crujir de los troncos, bailo sola para entrar en calor, me sumerjo en la noche buscando los siete cabritos o las Pléyades de donde dicen que vienen los mayas, entro en otra frecuencia vibracional.

En chino WU-WEI quiere decir, no forzar la acción de las cosas, fluir, dejar ser. Hay demasiado apuro en el mundo, apremios, responsabilidades. La cabra se rebela, sale del corral y se precipita en valles, cañadones, mesetas, altiplanos, desafiando a sus boyeros, cuidadores, dueños que tratan de indicarle el rumbo y los límites para que no se pierda, para que no sea "la oveja negra", la culpable de influenciar al rebaño con sus ideas de vanguardia, un poco subversivas, inflexibles, obsesivas y originales.

Es la amiga ideal para pasar grandes temporadas de viajes astrales, *inside*, reencuentro con lo esencial, cotidiano, innombrable. Su percepción es endógena: atraviesa barreras de sonido cuando entrega su corazón para escuchar el latido del amigo, amante, maestro o discípulo.

La cabra es sabia. Desde chica encontrará un canal diferente para comunicarse con el universo; con sus buenos modales y radar sabrá atraer la atención de quienes necesiten confesar sus íntimos secretos confiando en ella.

La cabra sufre más que otros signos el cambio abrupto del mundo; la globalización, deshumanización no son para ella. Amiga de las utopías y del romanticismo, impregnará con su perfume a quienes se acerquen a ella.

Atrevida, *sexy*, tímida y graciosa será la Mesalina y el Don Juan de perfil bajo del zoo chino. Siempre que exista un problema familiar estará presente para resolverlo con diplomacia, tacto y coraje. Necesita, para su estabilidad, mantener la armonía y paz dentro del hogar y sufrirá mucho cuando surjan peleas entre hermanos o parientes cercanos.

Sueña dormida y despierta con ser como alguien a quien admira desde la infancia o adolescencia. Compartir escenarios, fiestas, excursiones al Tibet o a un *ashram* en la India. Cuando está convencida de lo que quiere es capaz de mover montañas y convencer a los más escépticos, pues su fe es milagrosa.

Osho apareció en mi destino hace tiempo. En Tulum, al lado del Caribe y en las ruinas mayas. Desde entonces me habla, susurra, cambia los planes, tritura antiguas creencias liberándome. Le dediqué varios libros, y le seguiré agradeciendo su aparición en cada día hasta encontrarme con él vagando por el universo.

Me dio aliento en momentos en los que mi supuesta sabiduría se resquebrajaba como atacada por un terremoto, que no pide permiso para no dejar rastros.

Osho es el espíritu con el que comulgo en cada amanecer con sus consejos de miles de vidas fértiles para nutrirnos.

Es luz y oscuridad simultáneamente para sacudirnos y desnudarnos.

Es belleza en cada gesto, idea, chiste, movimiento y meditación.

Es un aliado para seguir en la vida agradecidos y más atentos.

Es un cohete en el KUNDALINI, dispuesto a quemarnos por dentro hasta transformar las cenizas en un volcán fértil.

Osho es un llamado que siempre ocurre cuando lo pedimos con ganas. ELIGIÓ ENCARNARSE EN CABRA.

La Cabra y su energía

CABRA DE MADERA (1895-1955)

Emprendedora y distraída. Una cabra ingenua, dedicada a complacer a la gente que quiere, se identifica con el sufrimiento ajeno y está dispuesta a darle casa y comida a quien lo necesite. Capaz de salir a buscar lo que necesita para sobrevivir, pero con algunos problemas para trabajar en equipo: a esta cabrita es mejor dejarla trabajando sola, con cierta supervisión, para que no vuele y termine arando en cualquier campo. Tiene un alto sentido artístico y se rodea de cosas agradables.

CABRA DE FUEGO (1907-1967)

Temperamental e intuitiva. Esta cabra tiene olfato para los buenos negocios (¡y le encanta gastar!), pero una gran volatilidad emocional que la distrae de sus objetivos. Sus cambios anímicos deben ser controlados, así como su manía de comprar cualquier chuchería que se le cruce, algo que termina llevándola a la ruina.

Es independiente y fantasiosa, odia la rutina y su pensamiento la puede llevar alto y lejos. Con ella todo es cuestión de dosificación, y podrá alcanzar sus metas.

CABRA DE TIERRA (1919-1979)

Independiente e inconstante. La cabra de tierra es una soñadora que necesita anclas para su cabeza: una trabajadora eficaz, con aptitudes artísticas, creatividad y disciplina, pero le hace falta que alguien la esté estimulando y recordándole por qué está donde está.

Afectuosa, capaz de dedicar atención y tiempo a los que quiere, generosa para brindarse. No tira lo que tiene y es bastante conservadora. Si se la cuida y protege, llegará lejos.

CABRA DE METAL (1931-1991)

Exigente y optimista. La energía metal le da a esta cabra una confianza en sí misma que la separa de sus hermanas. Se hace valer y confía en sus dones. Necesita estabilidad para desarrollarse y es muy sensible a los cambios en su entorno emocional.

Es muy posesiva con la gente que elige y su familia, y demasiado exigente consigo misma. Todo esto la agota y la hace presa fácil de depresiones y angustias.

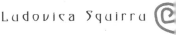
CABRA DE AGUA (1943-2003)

Solidaria y carismática. Una cabrita preocupada por los demás, bondadosa, incapaz de hacer daño por su propia voluntad. Busca siempre los medios más diplomáticos para actuar y hablar.

Trata de zafar de cualquier situación difícil o complicada, y su enorme carisma la ayuda a encontrar alguien que la socorra y sustituya. Prefiere que sean otros quienes se hagan cargo de la toma de decisiones. Seguramente no nacieron bajo este signo los adelantados: a la cabra de agua nada puede atraerle más que su propio corral.

La Cabra y su ascendente

CABRA ASCENDENTE RATA: 11 P.M. a 1 A.M.

Una cabra que sobrevive a casi todo: no se achica, usa su intuición para lograr lo que quiere y tiene un encanto que le abre todas las puertas.

CABRA ASCENDENTE BÚFALO: 1 A.M. a 3 A.M.

Sólida y con la autoestima muy alta. Conoce su terreno y no se deja llevar por delante; tiene espíritu de líder.

CABRA ASCENDENTE TIGRE: 3 A.M. a 5 A.M.

Es la aventurera del rebaño. No se puede resistir a ningún peligro, y está segura de que puede sobreponerse a todo. Una guerrera.

CABRA ASCENDENTE CONEJO: 5 A.M. a 7 A.M.

Cómoda, cómoda, cómoda. Hace cualquier cosa con tal de no moverse (y eso quiere decir "lo menos posible"). Siempre encuentra quien se haga cargo de sus obligaciones.

CABRA ASCENDENTE DRAGÓN: 7 A.M. a 9 A.M.

Original en todo lo que hace. Esta cabra no va a aceptar nada sin luchar: se juega por las cosas en las que cree, y tiene un mundo dentro de su cabeza.

CABRA ASCENDENTE SERPIENTE: 9 A.M. a 11 A.M.

Manipuladora con pocos escrúpulos, tiene claro hacia dónde va y cómo llegar. No le importa mucho ir dejando cadáveres a su paso.

CABRA ASCENDENTE CABALLO: 11 A.M. a 1 P.M.

Gastadora, inmadura, tierna y divertida: incapaz de fijar un lugar de residencia donde encontrarla, siempre trotando por los campos más verdes.

CABRA ASCENDENTE CABRA: 1 P.M. a 3 P.M.

Una cabra de raza: artística, llena de inseguridades, buscando una casa ajena donde hacer nido y volcar su encanto.

CABRA ASCENDENTE MONO: 3 P.M. a 5 P.M.

Tiene el magnetismo y la energía del mono: una cabra que conoce su valor y tiene orgullo de ser una cabra. Consigue las mejores cosas en base a su encanto.

CABRA ASCENDENTE GALLO: 5 P.M. a 7 P.M.

Tiene planes que quiere llevar a la práctica sin aceptar consejos de nadie, pero no tiene la tenacidad necesaria para lograr sus metas.

CABRA ASCENDENTE PERRO: 7 P.M. a 9 P.M.

Tiene sentido común y busca su lugar sin molestar a los demás. Necesita mucho apoyo emocional, y retribuye con su buen corazón.

CABRA ASCENDENTE CHANCHO: 9 P.M. a 11 P.M.

Es ingenua y cabeza dura: está llena de sueños y, cuando las cosas no salen a su gusto, se repliega en su mundo en lugar de buscar ayuda.

Personajes famosos
del signo Cabra

CABRA DE MADERA (1835-1895-1955)

Krishnamurti, Groucho Marx, Boy Olmi, Jorge Valdano, Roberto Pettinato, Miguel Ángel Buonarotti, Miguel Botafogo, Marcelo Bielsa, Patricia Miccio, Elvis Costello, Mel Gibson, Joe Jackson, Isabelle Adjani, Rodolfo Valentino, Johnny Rotten, Mercedes Morán, Carlos Álvarez Insúa, Miguel Zabaleta, Bruce Willis, Nina Hagen, Bo Derek.

CABRA DE FUEGO (1847-1907-1967)

Karina Rabolini, Ivonne Reyes, Maximiliano Guerra, Nicole Kidman, Julio Bocca, Miguel de Cervantes, Pepe Monje, Araceli González, Julia Roberts, John Wayne, Atahualpa Yupanqui, Boris Becker.

CABRA DE TIERRA (1859-1919-1979)

Nicolás Cabré, Vanesa Lorenzo, Ian Smith, Dino De Laurentis, David Bisbal, Margot Fonteyn, Julieta Spina, Malcom Forbes, Eva Perón, Jack Palance, Lana Turner, Zsa Zsa Gabor.

CABRA DE METAL (1871-1931-1991)

Osho, Annie Girardot, Monica Vitti, Ettore Scola, Rita Moreno, Franz Liszt, James Dean, Angie Dickinson.

CABRA DE AGUA (1883-1943-2003)

Mick Jagger, Keith Richards, Catherine Deneuve, José Luis Rodríguez, Luis Aute, Lech Walesa, Joan Manuel Serrat, Jim Morrison, Ramón Albarrasín, Jimmy Page, Víctor Sueiro, Charo López, Muhammad Alí, Marilina Ross, Ernesto Pesce, Adolfo Pérez Esquivel, Arnaldo André, Rubén Rada.

Maximiliano Guerra

Testimonio

YO SOY UNA CABRA

Carlos Alvarez Insúa

ESCRITOR Y PERIODISTA

Cómo me hice cabra

La condición de cabra me fue dada hace ya muchos años a través de la primera edición de Horóscipo Chino. Hasta que aquel volumen de Ludovica Squirru llegó a mis manos, yo todo lo ignoraba acerca de esa mitología que refiere a una colección de doce animales. Más aún que esta cosmogonía se organizaba en una matemática reveladora vinculada a la fecha de nacimiento de las personas. Sin duda alguna, siempre fui cabra en esencia pero sólo pude agregar esta condición astral a mi vida consciente de la manera mencionada.

Ante el deber de contar algunos rasgos de mi carácter en los que hable una cabra creo que está la pereza, que muchas veces me impide la acción por preferir pastar mansamente en algún campo del sur del país, que hoy, como nunca, encuentra su destino.

También creo ser cabra en mi placer por recibir el cuidado del pastor para no verme exigido a sobreactuar el control de mi vida. Aquí no escribo que no haya decisiones cruciales donde el sujeto no se encuentre conminado a actuar por el impulso: si la pradera está en llamas, las cabras corremos aunque el pastor esté dormido. Pero sin negar lo anterior, más bien reforzándolo, una cabra disfruta que la realidad tome sus decisiones y le permita sumergirse en un devenir marcado por el destino.

Estas líneas faltarían a la verdad si sólo citaran la mansedumbre de la cabra, pues se trata de un animal empecinado y silencioso que mientras muerde el pasto visita la noche de los insomnes mientras tratan de evadir la pesadilla de los ojos abiertos, saltando uno tras otro, en sucesión infinita. Es difícil mover a una cabra si ella no lo quiere.

Para terminar digo, como Alvarez Insúa cabra, quien escribe estas líneas en los últimos meses de 2003 –que fue año de la cabra– que los anuncios y presagios de Ludovica Squirru referidos a la transformación que sucede en el sujeto mientras corre el año del animal que lo define han ocurrido: a medias convulsivos, a medias imperceptibles, pero ya sobre septiembre, irrefutables. No sé si el año de la cabra me dejó mejor o peor, pero, cabra y no víbora, he cambiado una piel.

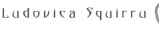

Cabra
Tabla de compatibilidad

Rata	
AZAR	✹✹✹
AMISTAD	✹✹✹✹✹
AMOR	✹✹✹✹
TRABAJO	✹✹

Búfalo	
AZAR	✹✹
AMISTAD	✹✹✹✹
AMOR	✹✹✹
TRABAJO	✹✹✹✹

Tigre	
AZAR	✹✹
AMISTAD	✹✹
AMOR	✹
TRABAJO	✹✹

Conejo	
AZAR	✹✹✹✹✹
AMISTAD	✹✹✹
AMOR	✹✹✹✹
TRABAJO	✹✹✹✹

Dragón	
AZAR	✹✹✹
AMISTAD	✹✹✹✹
AMOR	✹✹
TRABAJO	✹✹✹✹

Serpiente	
AZAR	✹✹
AMISTAD	✹
AMOR	✹✹✹
TRABAJO	✹✹✹

Caballo	
AZAR	✹✹✹✹
AMISTAD	✹✹✹✹
AMOR	✹✹✹
TRABAJO	✹✹✹✹

Cabra	
AZAR	✹✹
AMISTAD	✹✹✹
AMOR	✹✹✹
TRABAJO	✹✹

Mono	
AZAR	✹✹✹✹
AMISTAD	✹✹✹✹
AMOR	✹✹✹
TRABAJO	✹✹✹✹✹

Gallo	
AZAR	✹✹✹✹✹
AMISTAD	✹✹✹✹✹
AMOR	✹✹✹✹✹
TRABAJO	✹

Perro	
AZAR	✹✹
AMISTAD	✹✹✹
AMOR	✹✹
TRABAJO	✹

Chancho	
AZAR	✹✹✹
AMISTAD	✹✹✹
AMOR	✹✹✹✹
TRABAJO	✹✹✹

Buscá refugio en la O.N.U. •
Columpiate en esta liana ••
Qué monada •••
Buen plátano ••••
La bendición de Chita •••••

A pesar de alcanzar
el satori
        Necesitaba verte.
La inspiración
que nos damos
    No tiene nodriza
    de último momento.
Nació entre los yuyos,
las piedras
    El espíritu indígena
    de los abuelos

Mono

El aire caliente de la siesta
    Que me hace el amor con tiempo.
        No te asustes.
    Traigo tantas heridas abiertas
            Que las ofrezco al que las cure.
No quiero sacarte de tu reino
            Ni que usurpes el mío.
    Sólo invitarte
        A lo que se pueda.
A esperar el pájaro blanco
    Que rara vez aparece.
        A compartir rayos de luz
    Siendo confidentes.
        A soñar juntos Cuzco
        y Machu Picchu

        Algunos viajes cortos que te dejen
        tiempo para los tuyos.
                No te alejes tanto.
            Mi intuición te presiente.

                        L. S. D.

Mono

Ficha técnica

NOMBRE CHINO DEL MONO
HOU

NÚMERO DE ORDEN
NOVENO

HORAS REGIDAS POR EL MONO
3 PM A 5 PM

DIRECCIÓN DE SU SIGNO
OESTE-SUDESTE

ESTACIÓN Y MES PRINCIPAL:
VERANO-AGOSTO

CORRESPONDE AL SIGNO OCCIDENTAL
LEO

ENERGÍA FIJA
METAL

TRONCO
POSITIVO

Eres Mono si naciste

02/02/1908 - 21/01/1909
MONO DE TIERRA

20/02/1920 - 07/02/1921
MONO DE METAL

06/02/1932 - 25/01/1933
MONO DE AGUA

25/01/1944 - 12/02/1945
MONO DE MADERA

12/02/1956 - 30/01/1957
MONO DE FUEGO

30/01/1968 - 16/02/1969
MONO DE TIERRA

16/02/1980 - 04/02/1981
MONO DE METAL

04/02/1992 - 22/01/1993
MONO DE AGUA

22/01/2004 - 08/02/2005
MONO DE MADERA

猴

mono

Ser mono
"Manantial inagotable"

Ser mono es una posibilidad que te da la vida para dilucidar lo que traés de otras vidas, sin perderte nada, saboreando en cada instante lo inesperado de los frutos agridulces de la selva donde vivir es una experiencia plena, auténtica, inabarcable, desmesurada en riesgos, desafíos y paz amenazada.

Es traer en el nacimiento la llave maestra que puede abrir el misterio y animarse a descifrarlo entre el delicado equilibrio de lo abismal y lo sereno.

Ser mono es atravesar todos los climas en un solo día; nadie puede prever los huracanes de humor y antojos recién amanecidos que se transforman en la tibieza del sol de otoño al mediodía para sumergirse en cavernas húmedas y neviscas, fuertes llamaradas de rebeldía, oscuros nubarrones que intentan ocultar el arco iris de su mutante carácter. Trata de esconderse en mil máscaras diferentes para ocultar su naturaleza, a quien teme, pues nunca se anima a que lo vean vulnerable, falible, humano, por miedo a que no lo quieran.

El mono es un alquimista. Lo imposible lo hace posible, y cada uno tiene sus propios métodos para obtener el premio. Detesta las reglas del juego ajeno, hará trampa para escabullirse y ser el dueño de su tiempo.

Independiente en lo esencial, dependiente emocional, su vida se columpia entre el TO BE OR NOT TO BE y en las expectativas que los demás ponen en su manantial inagotable de inspiración, que a veces se seca aunque no lo reconozca.

El mono vive el AQUÍ Y AHORA y no se detiene hasta que admite que la pérdida del ser amado lo convierte en un gorila herido de muerte y se retira al autoexilio, lugar imposible para acceder, pues él es el que pone los límites telepáticos para cultivar el jardín de la soledad, su verdadero reino.

El mono es sabio por naturaleza, pero puede echarse a perder si no cultiva la templanza y aprecia las duras lecciones de la vida transformándolas en ricas experiencias.

Signo *yin* y *yang,* capaz de tener un cable al cielo y a la tierra simultáneamente, conectando los chakras y activando la energía vital.

NADA SE PIERDE, TODO SE TRANSFORMA. Es el rey de reciclar lo negativo en positivo, transmutar sentimientos y pensamientos sin quedar atrapado en el *soft karma.*

El mono debe ser dosificado en cómodas cuotas; su intensidad puede resultar contraproducente para él y su entorno íntimo, laboral, social y afectivo.

Su necesidad de espacio propio no favorece la convivencia de larga duración con el prójimo. Sentirá ahogo, claustrofobia y encierro si no siente que puede entrar y salir del lugar que habita; quien logre estar con él sin que se dé cuenta será el gran amor del simio, nadie como él aprecia la libertad y, si confía en el otro, podrá compartirla con absoluta entrega y generosidad.

Conjugar amor, conocimiento, trabajo, ocio creativo con alguien es el mayor logro para el mono, pues el amor es el punto G donde su exitosa vida se opaca por no tener las mismas necesidades que el resto de la gente ante la posibilidad de formar una pareja.

El mono preferirá tener un gran amor o intentos de convivencia en vez de un matrimonio estable y duradero.

Su fantasía, su imaginación y su sed de aventuras encontrarán más posible enamorarse de personas de distintas razas, culturas y religiones que de las de su entorno inmediato, y puede que el mono sacrifique gran parte de su vida para entregarse a amores con fecha de vencimiento, aunque en su corazón crea que son *for ever*.

CONSEJO: NO PINCHARLE EL GLOBO JAMÁS.

La intensidad del amor oscilará como un péndulo; pero a través de los katunes el mono descubrirá quién dejó huellas en su corazón de mandril añejo y tratará de mantener vínculos el resto de su vida, aceptando a los nuevos amores y su descendencia.

Su visión del universo es de 360 grados, aunque a veces cierre el gran angular por cuestiones de *egotrip* o humanas.

Hago una pausa en esta confesión inconfesable y tomo unos mates en el esplendor de la tarde de mayo en el valle de Traslasierra, sentada sobre un chal de llama rosa seco sobre el pasto verde.

La claridad del aire, el fugaz canto de los pájaros antes de anidarse, el viento exacto acariciando los últimos pétalos de las rosas, el otoño asentado en la cresta de los álamos, los perros echados a mi lado, la ruda macho creciendo altiva en las escaleras de quebracho, la leña esperando su destino... Inmersa en una pátina dorada celebro esta reencarnación donde elegí ser mono.

Ser una SANNYASIN (buscadora) es mi misión esencial y compartirla con quienes tengan el don de la alegría, incorporen el dolor y no lo embalsamen.

Lo principal es ser fiel a la propia naturaleza, no desviarse del TAO, domesticar las pasiones y buscar soluciones de inmediato.

No dejarse llevar por lo establecido, ir un poco mas allá buscando el horizonte, retirarse cuando no se puede y reaparecer íntegro.

Seguir la vocación, la intuición y decir que no en épocas livianas, fortalecer el espíritu con conciencia, invitar al que nos llama intentando no quedar sin prana, ser equilibrado en el trueque, apostar sólo con el corazón, que nunca falla.

Es bueno que quien tenga en la familia un hijo, hermano, cónyuge o progenitor mono le deje su espacio propio, no interfiera en sus planes existenciales, confíe en sus sueños y lo estimule para que encuentre sus lianas de cinemascope. El mono sabrá apreciar el apoyo, pues su necesidad de superación son parte de su desafío y crecimiento frente a los obstáculos.

Su agilidad, destreza e inteligencia encuentran soluciones originales que siempre sorprenden a su entorno, se mueve y decide con la velocidad de la luz y jamás se arrepiente cuando toma una decisión.

Es muy seguro de sí en algunos temas y muy inseguro en su parte afectiva y emocional. Necesita que le demuestren amor con puestas en escena o con hazañas titánicas, no nació para tener relaciones estándar, y aunque intente hacer buena letra, al poco tiempo huirá con ataques de fobia.

El mono llamará la atención por su personalidad extrovertida, divertida, jovial y artística desde niño, por su gran sentido del humor y su conducta. La mayoría es rebelde y se expresará artísticamente o en la investigación.

Su mayor realización será en su profesión, oficio o vocación. Le costará armonizar la vida familiar con el resto de sus actividades. Ese precio lo pagará caro cuando se convierta en un mandril o gorila y sienta que eligió siempre los frutos de cada estación, postergando el caudal de amor recibido en cada etapa de la vida, por su convicción de que siempre tendrá la suerte de su lado para conseguir el fruto más exótico de la selva.

SER MONO ES UN PREMIO O UN CASTIGO, DEPENDERÁ DE LA SABIDURÍA DE CADA EJEMPLAR PARA APRECIAR EL *BONUS TRACK* DEL NACIMIENTO Y COMPARTIRLO CON GENEROSIDAD CON CADA PARTÍCULA DEL UNIVERSO.

El Mono y su energía

MONO DE MADERA (1944-2004)

Ambicioso e inquieto. Un mono dueño de una personalidad difícil, sobre todo en su relación con los demás. No le gusta perder y es capaz de llegar a usar medios ilícitos con tal de lograr lo que quiere. Dueño de una buena suerte pasmosa y una visión única de las cosas, su vitalidad y energía hacen olvidar sus defectos.

Necesita intimar con los que lo rodean, y puede ser un poco invasor en las vidas ajenas. Si tiene el estímulo suficiente, es capaz de volar muy alto.

MONO DE FUEGO (1896-1956)

Lúcido y original. Con este mono se juega a todo o nada. Intuitivo y competidor nato, es capaz de llegar al éxito sin mirar lo que va quedando atrás. Antes de moverse calcula con prudencia, como un jugador de ajedrez. Tiene mucha confianza en sí mismo y adora los desafíos. Lo pierden las aventuras y las emociones fuertes, y su sentido del humor resulta irresistible. Tiene un costado idealista y humanista y la energía necesaria para poner sus ideas en práctica.

MONO DE TIERRA (1908-1968)

Responsable y altruista. El mono de tierra está lleno de buenas intenciones, es generoso y cultiva el perfil bajo. Menos astuto que sus hermanos, se fija metas razonables a las que llega gracias a la tenacidad y el trabajo. Es apreciado entre sus pares, no tiene "berretín de figurar", es práctico y desinteresado. Pero necesita que le presten atención y lo estimulen con halagos. Tranquilo, aspira a formar una familia tipo Ingalls, a la cual proteger y por la cual sacrificarse.

MONO DE METAL (1920-1980)

Talentoso y testarudo. Este mono puede desplegar sus habilidades en muchos campos y triunfar en todos; es hábil y ambicioso. Tiene resistencia para trabajar mucho y, como es un obsesivo total, realmente la necesita. No le cuesta obtener el éxito material y la fama, pero tiene problemas para relacionarse con los demás, por su enorme ambición y por su modo poco "amable" de comportarse. Detesta reconocer un error y prefiere seguir para adelante, aunque sepa que está equivocado, antes que admitirlo.

MONO DE AGUA (1932-1992)

Manipulador y volátil. Dueño de una personalidad originalísima, el mono de agua es detestado y amado por igual, inclusive por la misma gente. Sus cambios de humor son agotadores y generan todo tipo de resentimientos a su alrededor. Pero es ingenioso, y divertido, astuto para llegar por los caminos más cortos, y capaz de hacer las peores cosas con la mejor cara.

No es mal intencionado: maneja a los demás sin lastimar, y es un amigo y amante apasionado.

El Mono y su ascendente

MONO ASCENDENTE RATA: 11 P.M. a 1 A.M.

Un mono jugadísimo: anda a mil, no se quiere perder nada ¡y le saca jugo hasta a las piedras!... Difícil seguirle el tren, pero vale la pena.

MONO ASCENDENTE BÚFALO: 1 A.M. a 3 A.M.

Tiene la habilidad del mono y la paciencia del búfalo; engaña con su aparente tranquilidad y usa esa condición para conseguir todo lo que quiere.

MONO ASCENDENTE TIGRE: 3 A.M. a 5 A.M.

Un ser energético, ¡una explosión de fuegos artificiales!... Tiene intuición para conseguir lo mejor, y donde pone el ojo pone la bala.

MONO ASCENDENTE CONEJO: 5 A.M. a 7 A.M.

Encantador y hábil para manejar a los demás. Tiene alma de mantenido y sabe sacar provecho de las situaciones. No es muy confiable, pero sí sociable y divertido.

MONO ASCENDENTE DRAGÓN: 7 A.M. a 9 A.M.

Lleno de ideas, intrépido, aventurero. Un mono que no descansa, vuela de rama en rama y nos quema con su pasión. No hay que ofrecer resistencia, ¡es inútil!.

MONO ASCENDENTE SERPIENTE: 9 A.M. a 11 A.M.

Prefiere los desafíos intelectuales y quedarse tirado en la hamaca mientras los demás trabajan para él. Usa su seducción para dominar.

MONO ASCENDENTE CABALLO: 11 A.M. a 1 P.M.

Egocéntrico, veleidoso y hábil para salir bien parado de todas las situaciones. Vive el momento, sin miedo al futuro, y se siente un ganador.

MONO ASCENDENTE CABRA: 1 P.M. a 3 P.M.

Adorable y gracioso como un monito tití, buscando quién se haga cargo de él y lo provea de alimento mientras se balancea en la rama y sueña con aventuras que nunca vivirá.

MONO ASCENDENTE MONO: 3 P.M. a 5 P.M.

Original en todo, capaz de agotar a un contrincante en pocos segundos. Brillante y seguro de sí mismo, ilumina las vidas ajenas.

MONO ASCENDENTE GALLO: 5 P.M. a 7 P.M.

Un mono para tener cerca. Más sólido que los otros monos, trabajador, amable, solidario. Inquieto, dispuesto a hacer sacrificios por amor.

MONO ASCENDENTE PERRO: 7 P.M. a 9 P.M.

Parece que tuviera doble personalidad: divertido, fastidioso y curioso, o pesimista y quejoso. Difícil, ¡pero siempre fuente inagotable de humor!.

MONO ASCENDENTE CHANCHO: 9 P.M. a 11 P.M.

Tranquilo, le gusta la soledad y se toma tiempo para elaborar las cosas. Es sensible e intuitivo, pero puede ser cruel con la gente que no le gusta.

Personajes famosos
del signo Mono

MONO DE MADERA (1884-1944-2004)

Carmen Maura, Keith Emerson, María Marta Serra Lima, Nora Cárpena, Arturo Puig, Lou Reed, Roger Waters, Zulma Faiad, Talina Fernández, Eliseo Subiela, Selva Alemán, Gabriela Acher, Diana Ross, Susana Giménez, Bob Marley, Antonio Grimau, Mirina Curutchet, Danny de Vito, Marta Oyhanarte, Rod Stewart, Sebastián Spreng, Mario Mactas, David Gilmour.

MONO DE FUEGO (1836-1896-1956)

Javier Lúquez, Luz O'Farrel, Ricardo Darín, Silvia Kutica, Celeste Carballo, Daniel Grinbank, Martina Navratilova, Imanol Arias, Helmut Lang, Patricia Von Hermann, Bjorn Borg, Ulises Sábato, Alejandro Kuropatwa, Osvaldo Laport, Geena Davis, Carolina De Mónaco, Hugo Urtubey, Ludovica Squirru.

MONO DE TIERRA (1858-1908-1968)

Alejandro Sanz, Adrián Dárgelos, Andrea Pietra, Adrián Suar, Fernando Ruiz Díaz, Príncipe Felipe de Asturias, María Carámbula, Fabián Vena, Elizabeth Márquez, Salvador Allende, Gabriel Batistuta, Libertad Lamarque, Carolina Papaleo, Diego Olivera, Millie Stegman, Guillermo Andino, Chayanne, Martín Jacovella, Cartier Bresson, James Stewart, Nelson Rockefeller, Antonio Birabent.

MONO DE METAL (1860-1920-1980)

Papa Juan Pablo II, Soledad Pastorutti, Lorenzo Anzoátegui, Luis Ortega, Mickey Rooney, Mario Bendetti, Nicole Neuman, Charlie Parker, Ricardo Montalbán, Valentino Spinetta, Federico Fellini.

MONO DE AGUA (1872-1932-1992)

Magdalena Ruiz Guiñazú, Irma Roy, Mariano Grondona, Anthony Perkins, Omar Sharif, Jean Cacharel, Elizabeth Taylor, Peter O'Toole, Felipe Sáenz.

Con Ernesto Sabato y Macaco

Testimonio

CREO QUE SOY MONO

Fernando Ruiz Díaz

MÚSICO

Supe que era mono hace unos años, en una Feria del Libro en la cual conocí a Ludovica y ante mi pregunta: "¿Qué soy yo?", Ludovica respondió: "¡¡Un mono!! Un monito como yo". Y me dijo un par de cosas más que me dejaron pensando... De la feria salí y fui a sentarme en las terrazas del Centro Cultural Recoleta a escribir.

猴

mono

Pasó un tiempo y ahora me encuentro aquí escribiendo de una sola
vez este des-orden y prefiero no ordenarlo; porque aunque escuche
decir que "el desorden va a más" pienso que la falta de orden en
algunos casos suele ser liberadora. .

Creo que soy "mono", como creo que soy otros y unos cuantos,
el mono es su propio vicio aunque el aire no esté enviciado... Trepar
a ojos cerrados siendo un frágil niño. Buscar en las bateas algo que
escuchar, música que altere las reuniones, porque la música tiene ese
poder mágico de convertir una reunión en fiesta. Amar lo extrovertido,
extraviar los dichos, despertar de un sueño en el que nos están
alcanzando. Errar por poco al borde, desbordar sin haber llenado.
Llegar sediento de nuevos miedos y asustarse, dicho sea de paso.
Dudar es lo que vale si la duda llega a tiempo. Tengo fe a la nada y dudo
de lo tan cierto, prefiero al que yerra mucho, si es por estar haciendo.
Sabores de lo inseguro atraen al mono hambriento como los cuerpos se
atraen a hacerse uno y así hacen que valga el tiempo... buscar el mono
en las cosas, escuchar al que viene diciendo, frutos madurando, mono
pensando...

¿A dónde me trepo?
Si perderse es encontrarse y no anclarse en un silla, si hoy ves que me
detengo no detengas tus pericias, te observo unos segundos y te
alcanzo en dos esquinas... en ciudades como bosques y en lagos con
piscinas, irreales son los nombres en personas infinitas, que
buscando a sus maestros descubren artes, disciplinas, deseosas de
meterse y abrir puertas en otras vidas.
Sin permiso te consulto,
Sin cuidado grito insultos (sin ninguna dirección ni código postal)
Con pasión me regenero,
improviso una canción
...y al cantarla gozo y me sorprendo...
...o soy yo quien está escribiendo
o aquí hay mucho en movimiento
Relativa veleta al viento...
...todo esto no es seguro
"Pues las palabras se las lleva`el
viento".
Aunque esto plantea una nueva
duda, si este dicho se cumpliera
siempre, no existirían las
escrituras.
P. D.: Con viento ahora estoy
silbando, mientras leo en la hoja
¿sobre el mono... que habré hablado?.
Fernando, feliz vida.

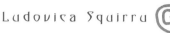

Mono
Tabla de compatibilidad

Rata	
AZAR	🐵🐵🐵🐵🐵
AMISTAD	🐵🐵🐵🐵
AMOR	🐵🐵🐵🐵🐵
TRABAJO	🐵🐵🐵🐵

Búfalo	
AZAR	🐵
AMISTAD	🐵🐵🐵
AMOR	🐵🐵🐵🐵
TRABAJO	🐵🐵🐵🐵

Tigre	
AZAR	🐵🐵🐵
AMISTAD	🐵🐵🐵
AMOR	🐵🐵🐵
TRABAJO	🐵🐵

Conejo	
AZAR	🐵🐵🐵🐵🐵
AMISTAD	🐵🐵🐵🐵🐵
AMOR	🐵🐵🐵
TRABAJO	🐵🐵🐵🐵

Dragón	
AZAR	🐵🐵🐵🐵
AMISTAD	🐵🐵🐵
AMOR	🐵🐵🐵🐵🐵
TRABAJO	🐵🐵

Serpiente	
AZAR	🐵🐵🐵🐵
AMISTAD	🐵🐵🐵🐵
AMOR	🐵🐵🐵🐵🐵
TRABAJO	🐵

Caballo	
AZAR	🐵🐵🐵
AMISTAD	🐵🐵🐵🐵🐵
AMOR	🐵🐵🐵🐵
TRABAJO	🐵🐵🐵🐵

Cabra	
AZAR	🐵🐵🐵🐵🐵
AMISTAD	🐵🐵
AMOR	🐵🐵🐵
TRABAJO	🐵🐵

Mono	
AZAR	🐵🐵🐵🐵🐵
AMISTAD	🐵🐵🐵🐵🐵
AMOR	🐵🐵🐵🐵🐵
TRABAJO	🐵🐵🐵🐵

Gallo	
AZAR	🐵
AMISTAD	🐵
AMOR	🐵🐵
TRABAJO	🐵🐵

Perro	
AZAR	🐵🐵🐵🐵🐵
AMISTAD	🐵🐵🐵🐵🐵
AMOR	🐵🐵🐵
TRABAJO	🐵🐵🐵🐵🐵

Chancho	
AZAR	🐵🐵
AMISTAD	🐵🐵🐵🐵🐵
AMOR	🐵🐵🐵🐵🐵
TRABAJO	🐵🐵🐵🐵

Busca refugio en la O.N.U. •
Columpiate en esta liana ••
Qué monada •••
Buen plátano ••••
La bendición de Chita •••••

Gallo

Compañero del juego de la vida.
Hoy es la Vía Láctea que nos debemos en caricias,
El amor desatado en varillas de milenrama
Tu incómoda numerología
Para mi filosofía.
En el ajedrez
El rey y la reina
Esperan su jugada.

L. S. D.

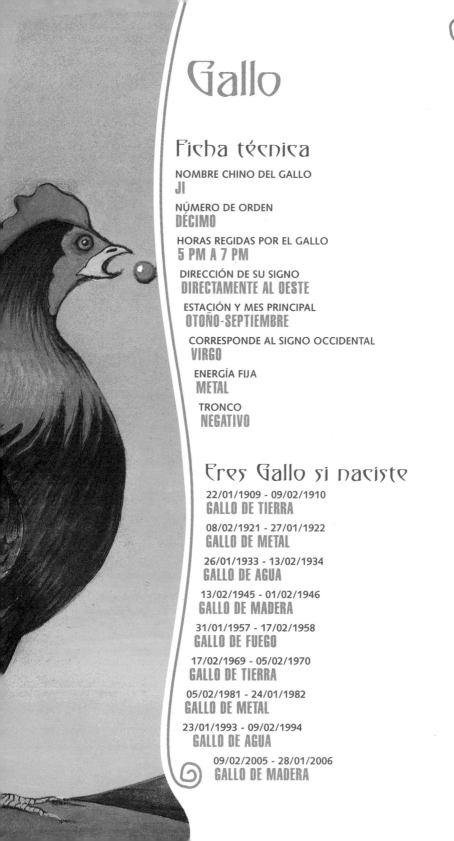

Gallo

Ficha técnica

NOMBRE CHINO DEL GALLO
JI

NÚMERO DE ORDEN
DÉCIMO

HORAS REGIDAS POR EL GALLO
5 PM A 7 PM

DIRECCIÓN DE SU SIGNO
DIRECTAMENTE AL OESTE

ESTACIÓN Y MES PRINCIPAL
OTOÑO-SEPTIEMBRE

CORRESPONDE AL SIGNO OCCIDENTAL
VIRGO

ENERGÍA FIJA
METAL

TRONCO
NEGATIVO

Eres Gallo si naciste

22/01/1909 - 09/02/1910
GALLO DE TIERRA

08/02/1921 - 27/01/1922
GALLO DE METAL

26/01/1933 - 13/02/1934
GALLO DE AGUA

13/02/1945 - 01/02/1946
GALLO DE MADERA

31/01/1957 - 17/02/1958
GALLO DE FUEGO

17/02/1969 - 05/02/1970
GALLO DE TIERRA

05/02/1981 - 24/01/1982
GALLO DE METAL

23/01/1993 - 09/02/1994
GALLO DE AGUA

09/02/2005 - 28/01/2006
GALLO DE MADERA

Ser gallo
"Un soñador realista"

Conocer a un gallo puede ser tarea de toda la existencia. Ni una vida entera puede ser suficiente para adentrarse en la esencia de estos seres. Son un enigma, desconciertan, confunden, sorprenden. A simple vista pueden parecer transgresores, rebeldes y audaces. De hecho lo son, pero por dentro esconden una naturaleza conservadora y tradicional.

El gallo es altamente responsable, tiene un sentido del deber marcado a fuego y siempre estará muy bien dispuesto para emprender cualquier periplo o brindar la ayuda más desinteresada a quienes la necesiten. Su ánimo de ayudar al prójimo es admirable, y será el ejemplo a seguir para muchas personas.

Competidor, sacrificado, es imparable en lo que se propone y son muy pocas las cosas que lo pueden detener. Cuando se ha fijado algo en la cabeza, agárrense bien y ármense de todas las armas de batalla posibles, porque va a ser muy difícil derrotar a alguien que actúa basándose en sus principios más sólidos.

Siempre tendrá el mejor de los argumentos, el as bajo la manga. Para conocer a un gallo, es mejor dejarlo hablar, no preguntar mucho y entender su manera de ser. De esta forma logrará abrirse al diálogo sincero y expondrá sus más íntimas convicciones. Es muy fácil que un gallo se sienta invadido, su morada es inviolable y la privacidad su refugio. Trata a la gente como a él le gustaría ser tratado. No perdona la traición, aunque su bondad inagotable siempre otorga nuevas oportunidades, nuevos comienzos. Pero si ha sido marcado por algo, las cosas nunca volverán a ser las mismas.

Es superpráctico, analítico y resuelto. No deja cabos sueltos y siempre tiene a mano la solución menos complicada. Se puede aprender muchísimo de un gallo, él es maestro de la vida y un ejemplo de cómo relacionarse con la gente, con el trabajo, con los amores y con la vida en general. Es experto en distinguir la moraleja de sus experiencias pasadas y aplicarlas al presente con suma eficiencia.

Hiperactivo, detesta el estancamiento, la pereza y la vagancia. Su energía es admirable; atleta incansable, siempre está buscando nuevos retos y aventuras. Es adicto a la adrenalina y sin ella se siente sin vida.

Seguir el ritmo de este personaje puede ser agotador y frustrante, por eso se necesita una gran capacidad de adaptación, de tolerancia y de aceptación para estar a la par de él. Le cuesta amoldarse a las necesidades ajenas, y puede llegar a sentir que está yendo en contra de sus principios.

Es altruista, humanitario, y su sentido de la moral es ejemplar. El libro de la vida debería estar supervisado por una comitiva de gallos, pues podría sacar el mejor producto final. Siempre está interesado por saber qué nueva injusticia se ha llevado a cabo en el mundo, y siente cada una muy por dentro. Defiende lo que quiere a toda garra, y es capaz de renunciar a trabajos y posibilidades enormes por su sentido de la justicia. LO QUE NO VE JUSTO, LO ELIMINA; ASÍ DE SIMPLE.

Bastante derrochón con el dinero, vive como rico aun con un sueldo bajo y no se priva de nada, aunque luego tenga que pedir prestado. Prefiere sacrificar sus ingresos por una vacación romántica antes de quedarse amarrocando y especulando por lo que vendrá. Vive el presente con libertad, desapego y seguridad.

Artista por naturaleza, ama la literatura, la música y la danza. Tiene mucho talento y capacidad para crear, aunque a veces le cuesta identificarlos y ponerlos en práctica. Su necesidad de dejar un legado en el mundo es primordial, y desde chico se lo propondrá como la meta principal.

Tendrá una adolescencia difícil, confusa y problemática. Se rebelará fácilmente y, cuanto más lo sobreprotejan, peor será. Este signo puede ser a veces bastante inconsciente y dejarse llevar por sus impulsos y sus broncas sin darse cuenta del daño que está provocando. Sus luchas internas serán despiadadas, y tendrá que renunciar a muchas cosas para poder tener otras. Una vez que se haya asentado, su vida será relajada y satisfactoria, pero recorrerá un largo camino para lograrlo, a veces sintiéndose desilusionado y derrotado. Pero logrará hacer del pasado una herramienta para seguir adelante y no ahogarse.

Dentro de lo que dictan sus principios morales, es ambicioso, pero sanamente. El gallo no querrá riquezas ni poder, pero sí reconocimiento y admiración en todo lo que haga. Logrará consagrarse en su trabajo, se destacará por su originalidad y versatilidad. Puede pasar de una cosa a otra en menos de lo que canta; de escritor a músico, de político a misionero. Estará constantemente retándose a sí mismo para ver qué más puede lograr, ya que sus talentos tan variados son demasiado geniales para permitirse no explotarlos. Su mente práctica lo llevará muy lejos, siempre recorriendo el camino de la justicia de manera ejemplar.

Es superrealista, puede herir con sus opiniones pero considera que está haciendo lo correcto. Y nadie lo duda. Las palabras de un gallo no son volátiles, y si al principio duelen, luego serán agradecidas y reconocidas como sabiduría pura.

No subestimen al gallo, pues dentro de su complicada mente se esconde un ser que siempre elegirá el bien antes que el mal, nos ayudará sin que nos demos cuenta, nos hará ver nuestros errores como nadie y nos ayudará a ser mejores personas de lo que somos. Para eso hay que darle tiempo, conocer sus métodos y comprender su esencia.

Es impaciente con lo que hace, está ansioso por ver los resultados propios pero no los ajenos. Resulta un excelente organizador y planificador, sabe dar las instrucciones correctas, a veces con autoridad pero sabiendo que no falla. Su seguridad en sí mismo es contagiosa, es un catalizador nato y sus efectos en las personas son prodigiosos.

Ama la naturaleza, la vida al aire libre y los lugares alejados de las ciudades. Encontrará la diversión en los sitios más salvajes, y no sentirá la necesidad de las luces y el ruido tan asiduamente. A veces puede parecer muy frívolo y superficial, pero sólo en apariencia. Su capacidad de adaptación es admirable, y en muchas ocasiones necesita ponerse en ciertos roles para introducirse en mundillos que le interesan y le atraen. Pero, siempre fiel a sus principios, nunca irá más allá de lo que cree justo.

Su instinto paternal es más mental que instintivo, más racional que impulsivo. Se tomará su tiempo para armarse la vida y dar a los hijos lo mejor de sí, criándolos de la manera más adecuada. Aprenderá lo mejor de sus amigos con hijos, y tendrá muy en cuenta la educación que sus padres le dieron en la infancia.

Será consciente de los errores ajenos y se propondrá ser el mejor padre del mundo. Dar libertad a los hijos es primordial para el gallo, pero siempre poniendo límites. Una vez que se sienta preparado para afrontar la paternidad y tenga todos los elementos posibles en la mano, se animará a traerlos al planeta.

Es romántico, apasionado y fraternal, pero muchas veces pasa del calor tropical al frío polar en cuestión de segundos. Esta conducta es desconcertante, uno puede llegar a odiarlo por esto y jurarse a sí mismo nunca más tratar con este desalmado insensible. Pero hay que conocerlo, no forzarlo y entenderlo. Cuando un gallo demuestra afecto, por algo es. No habla por hablar, considera que las palabras tienen mucho peso y no hace derroche verbal.

Sumamente coqueto, siempre estará buscando la aprobación de los demás en cuanto a su poder de seducción y capacidad para gustar. Su autoestima es una entidad bastante frágil, aunque no parezca: unas pocas palabras pueden deprimirlo mucho y hacer que no salga del gallinero por tiempos prolongados. Necesita sentirse admirado, querido, amado y, más que nada, respetado.

Puede enamorarse profundamente, pero a su manera, ya que muchas veces este comportamiento hace que no cumpla con las expectativas de sus parejas y amantes. Por eso es fundamental llegar a la esencia de su carácter y comprender el porqué de su comportamiento. Es fiel, dedicado y complaciente. Cuando un gallo se enamora puede hacer cosas jamás pensadas por los demás y sorprender con hechos completamente desprovistos de egoísmo o posesividad.

Muy inseguro, tiene un costado destructivo latente que suele surgir como un volcán en erupción cuando uno menos lo espera y arrasará con todo a su paso, dejando sólo cenizas. Pero ojo, que para un gallo dejar cenizas ya es mucho. Si se produce una ruptura en la relación, siempre mantendrá vigente el erotismo de lo que alguna vez fue y no lo dejará morir, ya que lo considera un tesoro. Será amigo de sus ex parejas sanamente, y siempre luchará por dejar atrás rencores y competencias.

Despertará pasiones incontrolables y enfermizas, será el amor imposible de muchos y jugará a ser *homme* o *femme fatal* con todo gusto y sin culpas. Es un curioso del amor en todas sus manifestaciones, y constantemente estará desglosándolo. Buscará parejas que lo estimulen más en forma intelectual que física, ya que su admiración por la inteligencia y el talento trascienden lo físico. De nada servirá un cuerpo bonito si el interior es hueco. Al gallo hay que sorprenderlo todos los días. Y PARA ESTAR CON ÉL, HAY QUE CREER QUE EL AMOR NO ES ETERNO.

El Gallo y su energía

GALLO DE MADERA (1945-2005)

Progresista e hipersociable. El gallito de madera es un ejemplar raro: lleno de energía que vuelca en las acciones más valientes y desinteresadas y al mismo tiempo obsesionado por las apariencias. Le encanta estar rodeado de amigos, le gusta la gente exitosa y de buen aspecto, pero no duda en poner su vida al servicio de los otros.

Es sincero y no quiere pasar por lo que no es; tolerante con los que piensan distinto; pudoroso de sus emociones. Tiene una cabeza muy bien puesta para elaborar planes a futuro.

GALLO DE FUEGO (1897-1957)

Perfeccionista e individualista. La energía fuego le da agudeza a su personalidad, transformándolo en firme y autoritario para los que lo rodean. Su personalidad es gentil, y hacer felices a los demás lo gratifica; pero es un perfeccionista que puede resultar "invivible" y que confía sólo en su propio juicio.

Tiene pasta de líder y energía suficiente para mover masas, pero debería ser más flexible. Es un amigo "de fierro", para toda la vida y en las buenas y las malas.

GALLO DE TIERRA (1909-1969)

Analítico y sentencioso. Es un gallo trabajador, incansable si se necesita, competitivo, bueno para trabajar en equipo. Los problemas aparecen cuando empieza a emitir opiniones sobre todo y todos, aunque nadie se lo haya pedido. Cree que tiene derecho a hacerlo, y termina generando rencores a su alrededor. ¡Su encanto y buen humor lo salvan muchas veces de ser linchado! La tierra le da seriedad extra, y lo transforma en un candidato a las relaciones afectivas sólidas y estables.

GALLO DE METAL (1921-1981)

Racional y ambicioso. Mucho menos romántico que sus compañeros de corral, el gallo de metal no cree mucho en las emociones y los sentimientos, a los que considera "vagos" y difíciles de definir. Es lógico en su pensamiento, y todo lo que se salga de ello le parece una pérdida de tiempo.

Puede resultar insoportable, si uno se lo toma en serio. Hay que mirar las ventajas de tener cerca a alguien tan ordenado y lúcido, y perdonarle los arranques cuando las cosas no salen como esperaba.

GALLO DE AGUA (1933-1993)

Detallista y vivaz. Perfeccionista como todos los gallos, pero más obsesionado por los mínimos detalles: tendría que cuidarse de no perder el tiempo con cosas que los demás ni ven.

Le encanta rodearse de gente interesante con la cual cambiar opiniones, discutir sobre arte y cultura. Le gusta estar en el medio de cualquier problema y apropiárselo. Necesita apoyo y estímulo para confiar en sus capacidades, pero una vez que lo logra es capaz de cosechar todos los éxitos.

El Gallo y su ascendente

GALLO ASCENDENTE RATA: 11 P.M. a 1 A.M.

Un gallito diplomático, sociable y movedizo. Se presta a casi todo si es con buenos modos y a su manera.

GALLO ASCENDENTE BÚFALO: 1 A.M. a 3 A.M.

Es el rey del corral. Su don de mando es innegable, y tiene la inteligencia y la intuición para llegar hasta a los más remilgosos: termina todo lo que empieza, a su propio ritmo.

GALLO ASCENDENTE TIGRE: 3 A.M. a 5 A.M.

Este gallo está prendido de la cola de un cometa: no captó que volar no es para él, y sueña con ser águila. Su ambición resulta cansadora, pero es de buena entraña.

GALLO ASCENDENTE CONEJO: 5 A.M. a 7 A.M.

Un controlador obsesivo, que se ocupa de lo que puede y de mucho más. Le encanta darse la buena vida y seduce para conseguirla.

GALLO ASCENDENTE DRAGÓN: 7 A.M. a 9 A.M.

Un pura sangre y fuego. No se pierde un detalle de lo que pasa a su alrededor, opina y da consejos, es generoso con su vida y con su tiempo.

GALLO ASCENDENTE SERPIENTE: 9 A.M. a 11 A.M.

No tiene mucho humor para críticas. Es una veleta, que cambia de opinión según el viento, siempre convencido de ser el dueño de la verdad.

GALLO ASCENDENTE CABALLO: 11 A.M. a 1 P.M.

Es un gallo a gran escala: se tiene fe para todo lo que emprende, y está lleno de fantasías que espera concretar pronto. Resulta atractivo y confiable para todos.

GALLO ASCENDENTE CABRA: 1 P.M. a 3 P.M.
La cabra aplaca un poco al hiperquinético gallo, y lo hace más querendón y amante del placer. ¡Es el más *hippie* de la especie!

GALLO ASCENDENTE MONO: 3 P.M. a 5 P.M.
Tiene bastante de pavo real y bastante de águila. Es inteligente y sabe ubicarse en el mejor lugar, para lucirse frente a los demás.

GALLO ASCENDENTE GALLO: 5 P.M. a 7 P.M.
Gallo al cuadrado. Pésima combinación: es criticón, obsesivo con lo que hacen los demás, y obsesionado con la imagen. No hay quién lo aguante.

GALLO ASCENDENTE PERRO: 7 P.M. a 9 P.M.
Lleno de ideales, que defiende a capa y espada, y con las mejores intenciones hacia quienes lo rodean. Tiene buen humor y optimismo, es gran amigo y generoso.

GALLO ASCENDENTE CHANCHO: 9 P.M. a 11 P.M.
No le interesa volar alto, ni indicar por dónde sopla el viento: cultiva el perfil bajo y no todo el mundo lo entiende. Es servicial y dispuesto a dar siempre un buen consejo.

Personajes famosos
del signo Gallo

GALLO DE MADERA (1885-1945- 2005)
Yoko Ono, Piero, Roger Daltrey, Deborah Harry, Franz Beckenbauer, Ritchie Blackmore, Julio Iglesias, Sandro, Michael Douglas, Tanguito, Diane Keaton, Luisina Brando, Elton John, Bryan Ferry, Sergio Renán, Peter Townshend, Bette Midler, Eric Clapton, Juan Alberto Mateyko.

GALLO DE FUEGO (1837-1897-1957).
Miguel Bosé, Daniel Day-Lewis, Nicolás Repetto, Javier Arenas, Alicia Moreau de Justo, Sid Vicious, Vando Villamil, Alfie Martins, Alejandro Lerner, Sandra Mihanovich, Ricardo Mollo, Jorge Valdivieso, Melanie Griffith, Juan Luis Guerra, Andrea Tenuta, Paul Gallico, Katja Alemann, Robert Smith, Siouxsie Sioux.

鶏

Gallo

GALLO DE TIERRA (1849-1909-1969)

Marguerite Yourcenar, Elia Kazan, Cecilia Milone, Joselillo, Fernando Redondo, Horacio Cabak, Katherine Herpburn, Bárbara Duran, Valeria Bertucelli, José Ferrer, Laura Novoa, Pablo Echarri, Giuseppe Verdi, David Niven, Mar Flores.

GALLO DE METAL (1861-1921-1981)

Deborah Kerr, Ana Aznar, Guillermo Coria, Dionisio Aizcorbe, Alex Haley, Javier Saviola, Laura Azcurra, Charles Bronson, Luciano Pereyra, Astor Piazzola, Andrés D'Alessandro, Tita Tamames, Jane Russel, Dick Bogarde, Peter Ustinov, David Nalbandian, Simone Signoret.

GALLO DE AGUA (1873-1933-1993)

Tato Pavlovski, Juan Flesca, Sacha Distel, Alberto Olmedo, Alberto Migré, Jean Paul Belmondo, Zulema Yoma, Quincy Jones, María Rosa Gallo, Roman Polanski, Joan Collins, Costa-Gavras.

Yoko Ono

Testimonio

YO SOY UN GALLO

Tato Pavlovsky

ACTOR, DRAMATURGO, PSICODRAMATISTA

D urante mi juventud descubrí que era muy intuitivo. Cuando comencé
a hacer psicoterapia me di cuenta de que me parecía relativamente
sencillo comprender la subjetividad de mis pacientes y entonces me
angustié. Pensé que sin ser muy estudioso mis "condiciones naturales" me
permitirían vivir de mi profesión. Entonces intenté estudiar mucho y
ampliar mis lecturas al máximo. Leo dos horas por día: política,
psicología, teatro, literatura, y me formé como psicoanalista desde 1958.
Con el teatro mismo me di cuenta de que era actor naturalmente y eso
me obligó a entrenarme con los mejores: Asquini, Boero y los
directores de mis obras, que siempre me exigieron mucho (Laura
Yusem, Alberto Ure, Oscar Ferrigno, Agustín Alezzo, Norman Briski,
Daniel Veronese, Jaime Kogan).
Mi tesón eslavo es mi máxima virtud, también mi coraje. Pero puedo
descompensarme y allí aparezco con toda mi orfandad y mi cobardía.
De allí salgo con la creación.
Soy machista. Cuando veo a una mujer de 20 años y me habla, dejo
de escucharla y sólo miro "sus movimientos". Me parece que los
movimientos femeninos de las mujeres bellas me han creado la duda
de la existencia de Dios. Esa belleza no ha sido creada por la
naturaleza.
Soy muy celoso, posesivo y narcisista. Pero próximo a mis 70 años,
estoy conforme con mi vida. Adoro a mi mujer, Susy, y quiero y
necesito a mis hijos. Llamo a los cuatro todos los días. También las hijas
de Susy son importantes. Me produce mucha alegría ver a mis nietos.
A los propios y a los de Susy. Adoro la transparencia de los niños.
Desear todavía a una mujer joven es lo que me hace sentir vivo.
Aunque ella no se dé cuenta. Susy lo sabe y también sabe
que aún sigo enamorado de ella.
La militancia cultural política me hace sentir joven.
Tengo miedo a morir y eso me resulta insoportable.

Gallo
Tabla de compatibilidad

Rata	
AZAR	鶏 鶏
AMISTAD	鶏
AMOR	鶏 鶏
TRABAJO	鶏 鶏 鶏

Búfalo	
AZAR	鶏 鶏
AMISTAD	鶏 鶏
AMOR	鶏 鶏
TRABAJO	鶏 鶏 鶏

Tigre	
AZAR	鶏 鶏 鶏
AMISTAD	鶏 鶏
AMOR	鶏 鶏
TRABAJO	鶏 鶏

Conejo	
AZAR	鶏 鶏 鶏
AMISTAD	鶏 鶏 鶏
AMOR	鶏 鶏 鶏
TRABAJO	鶏 鶏 鶏

Dragón	
AZAR	鶏 鶏
AMISTAD	鶏 鶏 鶏 鶏
AMOR	鶏 鶏
TRABAJO	鶏 鶏

Serpiente	
AZAR	鶏 鶏
AMISTAD	鶏 鶏 鶏
AMOR	鶏 鶏 鶏
TRABAJO	鶏 鶏 鶏

Caballo	
AZAR	鶏 鶏 鶏
AMISTAD	鶏 鶏 鶏
AMOR	鶏 鶏 鶏 鶏
TRABAJO	鶏 鶏 鶏 鶏

Cabra	
AZAR	鶏 鶏
AMISTAD	鶏 鶏 鶏 鶏
AMOR	鶏 鶏 鶏
TRABAJO	鶏 鶏 鶏

Mono	
AZAR	鶏 鶏 鶏鶏
AMISTAD	鶏 鶏 鶏
AMOR	鶏 鶏 鶏
TRABAJO	鶏 鶏 鶏

Gallo	
AZAR	鶏 鶏
AMISTAD	鶏 鶏
AMOR	鶏 鶏
TRABAJO	鶏 鶏

Perro	
AZAR	鶏 鶏
AMISTAD	鶏 鶏 鶏
AMOR	鶏 鶏
TRABAJO	鶏 鶏

Chancho	
AZAR	鶏 鶏 鶏
AMISTAD	鶏 鶏 鶏
AMOR	鶏 鶏
TRABAJO	鶏 鶏

Buscá refugio en la O.N.U. •
Columpiate en esta liana ••
Qué monada •••
Buen plátano ••••
La bendición de Chita •••••

Perro

Me di cuenta
   Cuando el frío llegó
    Sin que estuvieras
  Que era hora de invitarte a mi vida
Para compartir sopas, poesía, caricias
y agitadas siestas.
    Dejar el miedo
En el porche a la intemperie
  Para que el viento sur lo lleve tan lejos
  como pueda.
   Encontrarnos en esta partitura
Sin ecos del pasado.
   Recibirte cada día con más ganas
Sin pensar en lo eterno
   Que es la trampa.

L. S. D.

Perro

Ficha técnica

NOMBRE CHINO DEL PERRO
GOU

NÚMERO DE ORDEN
UNDÉCIMO

HORAS REGIDAS POR EL PERRO
7 PM A 9 PM

DIRECCIÓN DE SU SIGNO
OESTE-NORDESTE

ESTACIÓN Y MES PRINCIPAL
OTOÑO-OCTUBRE

CORRESPONDE AL SIGNO OCCIDENTAL
LIBRA

ENERGÍA FIJA
METAL

TRONCO
POSITIVO

Eres Perro si naciste

10/02/1910 - 29/01/1911
PERRO DE METAL

28/01/1922 - 15/02/1923
PERRO DE AGUA

14/02/1934 - 03/02/1935
PERRO DE MADERA

02/02/1946 - 21/01/1947
PERRO DE FUEGO

18/02/1958 - 07/02/1959
PERRO DE TIERRA

06/02/1970 - 26/01/1971
PERRO DE METAL

25/01/1982 - 12/02/1983
PERRO DE AGUA

10/02/1994 - 30/01/1995
PERRO DE MADERA

29/01/2006 - 17/02/2007
PERRO DE FUEGO

狗

Ser perro
"Existencialista original"

Moksha llegó ladrando la última Pascua. Supe que la perra madre había captado mi mensaje telepático.

Presintiendo que mi destino serrano sería adoptar a los perros que se aquerenciaban con el paso del tiempo, y que ya suman seis, decidí hacer de tripas corazón cuando la perra fue preñada por Malevo, el macho *sex symbol* de Las Rabonas y evadir la responsabilidad de la llegada de sus vástagos a mis galerías pobladas de sillones ideales para dar a luz.

Dos meses pasan veloces en el campo, y de pronto supe que el día llegaba y que estaba a años luz de querer esa manada de cachorritos, sabiendo que, si resultan hembras, hoy y desde siempre nadie las quiere.

Joni tuvo el buen gusto de parir en el terreno vecino y baldío. Cuando supe que de sus ocho perros siete fueron hembras desaparecidas y sólo un machito quedaba, enjuagué las lágrimas en el tanque australiano.

Madre de un hijo único, lo trajo en su boca en la fría noche de abril para presentármelo. Fue amor a primera vista. De los que marcan la vida y la mejoran cuando una no espera yapa.

Supe que estaba rumbo a la última reencarnación y se llamó Moksha.

Partí del pago dejándolo crecer sólo a teta de la madre y estrellas titilantes. No pregunté en un mes de ausencia si aún vivía y era parte de la jauría de FENG SHUI; mis ganas y fe a su destino confirmaron que estaría ante un encuentro sincronizado con mi etapa de mujer que corre con los cóndores.

Y ahora mi entusiasmo crece como la Luna en cada fase, cuando me espera en su dimensión de cachorro fatal, alegre, pícaro, travieso, tibio y guardián a pesar de su precocidad.

Sus padres tienen que hacer coartadas para comer sin que Moksha les saque el hueso de la boca. El jardín es testigo de sus despliegues de acrobacia y caprichos y de las flores que el otoño dejó morir antes de que las aplaste con su vitalidad.

Siento que mi madre perro envió una legión de guardianes para cuidarme hasta que nos reencontremos y su espíritu protector aconseja con lucidez, certeza, olfato, los pasos de quienes apreciamos sus sabios consejos.

De día o de noche el perro está cerca de nosotros para protegernos, darnos la clave para no claudicar, apoyarnos incondicionalmente en los rincones oscuros que jamás ventilamos, en los sueños de estrellas que ellos no se permiten por sus cruzadas terrenales, sabiendo que la vida tiene grandes revanchas cuando la integridad, lealtad y fidelidad hacia uno mismo son la prioridad.

Al perro no le resulta fácil la vida: le duele cada niño sin pan y sin amor que deambula mendigando, la injusticia instalada en el prójimo a cada instante, la impotencia de no ser lazarillo de cada ciego e inválido que cruza la calle.

El perro tiene el aliento cansado de ladrar en vano, casi siempre reclamando un mundo más humano y comprensivo, pero sabe que desde algún patio, zaguán, potrero, balcón, avenida, alguien lo escuchará como un aliado transmitiéndole pensamientos de apoyo a su gestión estoica y desinteresada.

Su brújula está siempre en el corazón. Si se desvía será porque creyó que había otra opción, porque las tentaciones están esperándolo a la salida de la cucha con propuestas indecentes para poner a prueba sus valores y prioridades éticas.

El mundo lo llama, pero se casa joven y posterga las emociones que lee, ve en la televisión, en el teatro o en el cine hasta que su necesidad de espacio y libertad lo aleja de la prole para ser un nómade que vivirá el día a día con lo esencial, dejando de lado el qué dirán pues, sobre todo si es mujer, será juzgado hasta el juicio final.

El perro rompe con los mandatos, patrones sociales y morales convirtiéndose en un ser excepcional. Su conducta es coherente con su pensamiento, entusiasma a gente desahuciada a seguirlo hasta el fin del mundo.

Ávido aprendiz de la vida, está dispuesto a grandes sacrificios para conseguir sus objetivos. Le gusta pelear, ganarse el sustento con esfuerzo, defender su territorio y el de los que ama mostrando los colmillos, sabiendo que pasará por situaciones difíciles de las que saldrá maltrecho y criticado.

Es cierto que hay diferentes razas de perros: con pedigrí, bastardos, atorrantes o pura sangre. Así se reflejan los humanos en ellos, más valientes o rabiosos, desabridos, enérgicos, audaces, falderos, silenciosos, gritones, con o sin pulgas.

Su pasión por vivir se refleja en cada acto de su vida. Tiene curiosidad por lo nuevo, exótico, cotidiano y a veces por lo esotérico.

Deja la seguridad por las olas inciertas del amor cuando su intuición lo lleva por laberintos desconocidos arriesgando en un instante la solidez y la estabilidad por la posibilidad de vivir un gran amor.

El perro puede ser un enemigo mortal. Cuando alguien le hace daño a él o a su cría, se convierte en un doberman o un ovejero alemán entrenado para matar.

Su lengua afilada y venenosa defenestra a quienes lo provocan, y es temido por su obsesión y tozudez cuando arremete.

Su ansiedad es su motor: a veces le juega malas pasadas, pues cae en vicios que lo destruyen; otras, le da pilas para ser multifacético y plasmar su energía en múltiples actividades, oficios o hobbies.

El perro es esencialmente serio y profesional en lo que emprende. Perfeccionista, detallista, minucioso, capaz de disecar una flor y convertirla en un adorno, su buen gusto y originalidad lo convierten en un ser humano muy sensible y sofisticado.

Tiene *charme* y *sex appeal*. Seduce con su personalidad, su autenticidad, sentido del humor y disponibilidad para compartir lo que sea: desde un pedazo de pan hasta un banquete de ostras y champaña.

狗

Perro

Es un compañero ideal para atravesar la vida: como amigo, cónyuge, amante, hijo o padre dará lo mejor de sí sin anteponer sus necesidades a las ajenas.

Gran amigo y confidente, se lo extraña entrañablemete y deja un agujero de ozono difícil de superar.

En la Tierra son los guardianes de los humanos y de las entidades invisibles, en el cielo son los amigos ideales para no aburrirse.

A través de la vida el can pasará por varias etapas: la niñez puede ser traumática debido al entorno familiar, que le exigirá ser o desarrollar una tarea o labor sin afinidad con su vocación, que muchas veces despertará en su juventud o madurez, y así desperdiciará la edad dorada cumpliendo mandatos sociales o familiares.

En su agitada existencia detectará con su olfato a seres excepcionales con los que compartirá un pedazo de destino, admirando secretamente a quienes rompen con el *establishment* y se juegan A PURO HUEVO Y CANDELA por un ideal.

Es existencialista. Vive a pleno el presente, se entrega a cada momento e intuye con su radar extrasensorial situaciones de peligro, personas con dobles intenciones, infiernos y paraísos.

El perro necesita su propio espacio, no ser invadido en su territorio, para desarrollar y alcanzar la cima de su creatividad. Raras veces lo consigue, pues su sentido del deber, la ocupación por su familia y amigos lo atrasa y detiene en su evolución postergando su talento.

PERFIL BAJO. HUMILDAD. LUCIDEZ. Alto poder de observación para sacar una *polaroid* de Sherlok Holmes. Percepción. Sensualidad. Hormonas deseadas en el vecindario por la jauría. Siempre listo para seguir al hombre o mujer que admira, ama y teme. Masoquista. Sufre más de lo necesario, podría terminar una relación más rápido, pero queda enganchado del hocico y de las patas hasta que lo encuentran herido de muerte en una pulpería.

El perro jamás duerme, siempre está alerta detectando el sonido más cercano o lejano, preparado para defender su reino invisible, utópico y cultivado.

Es agnóstico. Cree en lo posible y algunas veces explora el mundo de las religiones y las creencias *new age*.

Tenerlo cerca es siempre un arma de doble filo: su absorbente personalidad opaca o ahoga a quienes lo rodean y provoca fuertes enfrentamientos que terminan en peleas dignas de Rintintín o perros más salvajes.

Es tan directo como una flecha al corazón, que duele y perfora.

Es tan cariñoso que a veces resulta pegajoso: no es amigo de la adulación y el favoritismo, prefiere pasar por ermitaño, loco o autista.

Da más de lo que recibe. Le cuesta pedir ayuda, es omnipotente, déspota y cruel algunas veces. No conoce los matices, por eso cae un poco indigesto. Se lo ama u odia.

TENDRÁN, PERRITOS, QUE APRENDER A DOSIFICAR EL CHI (ENERGÍA) Y A ACEPTAR AL PRÓJIMO CON SUS DEBILIDADES, SIN CRITICAR TANTO, PUES NO SERÁN INVITADOS AL PRÓXIMO FESTÍN EN EL BARRIO.

El Perro y su energía

PERRO DE MADERA (1934-1994)

Equilibrado y tenaz. Este perro está muy bien dotado para el trabajo en grupo y, sociable como es, le encanta trabajar rodeado de gente. Se mantiene firme en sus creencias pero se adapta a las circunstancias y a los distintos grupos. Sabe aprovechar lo que la vida ofrece y sacar las mayores ventajas.

La gente lo aprecia porque resulta fácil convivir y trabajar con él. Es ingenioso y seductor, pero fiel como todos los perros. Tiene un humor irónico que a veces puede resultar excesivo para los otros animales.

PERRO DE FUEGO (1946-2006)

Competitivo y polémico. Es un perro de raza, y sabe que tiene paladar negro. Es seguro de sí mismo, de sus ideas y decisiones. Se labra un lugar en la sociedad y lo ocupa con orgullo.

Resulta magnético para el sexo opuesto, pero es tímido a la hora de seducir. Protege a los suyos con toda su energía y se defiende mordiendo a quien lo agreda. Es ciclotímico y necesita buscar el equilibrio para triunfar. Una vez que encuentra el apoyo necesario es capaz de escalar en la sociedad hasta la cumbre.

PERRO DE TIERRA (1898-1958)

Positivo e independiente. Un perro bien plantado sobre la tierra, con las orejas alertas a lo que pasa alrededor. Generoso con sus amigos, capaz de darles todo lo que tiene. Es leal y rara vez se desprende de sus afectos. Parece calmado y seguro, pero es ansioso y necesita proveerse seguridad material y afectiva, y guardar para el futuro. Es reflexivo y se adapta con facilidad.

Su exceso de independencia es lo que le trae más problemas, porque por un lado genera lazos muy fuertes, y por otro busca soledad.

PERRO DE METAL (1910-1970)

Crítico y responsable. El perro de metal se toma la vida muy en serio y no acepta que lo contradigan. Marca su territorio y lo defiende *full time*. Está hecho del mejor acero, es dueño de una enorme intuición y una mente brillante. Pero su agresividad y amor por la competición le generan muchos enemigos y le cuesta llevar una vida social pasable. Los otros le temen porque cree en el uso de la fuerza para defender sus ideas. Le va a costar ser feliz.

PERRO DE AGUA (1922-1982)

Solidario y crítico. Es un perro seductor, dotado de una enorme capacidad para escuchar a los demás y comprenderlos. Tiene paciencia y hace lo que está en sus manos para ayudar. Tiene un gran sentido del humor (este perro hasta es capaz de reírse de sí mismo) y es un gran observador de los demás: eso a veces lo transforma en un crítico mordaz. La vida no se le da fácil y él se la toma muy en serio. Debe aprender a dejar pasar algunas cosas y a olvidarse de las culpas.

El Perro y su ascendente

PERRO ASCENDENTE RATA: 11 P.M. a 1 A.M.

Vive corriendo y parece ocupadísimo, pero no concreta nada: no se decide entre su ambición por lo material y su espiritualidad.

PERRO ASCENDENTE BÚFALO: 1 A.M. a 3 A.M.

Un perro con pocas pulgas. Tiene claro lo que quiere, no tiene tiempo para ladrarle a la Luna ni ninguna frivolidad. Es sólido y virtuoso.

PERRO ASCENDENTE TIGRE: 3 A.M. a 5 A.M.

Apasionado y con hambre de aventuras, dispuesto a enfrentar todo lo que se cruce en su camino y a luchar por sus ideas.

PERRO ASCENDENTE CONEJO: 5 A.M. a 7 A.M.

Demasiado pesimista para encarar algo: ¡Está convencido de que todo va a fracasar!... No confía en casi nadie, y prefiere estar echado soñando con lo que no fue en vez de vivir el presente.

PERRO ASCENDENTE DRAGÓN: 7 A.M. a 9 A.M.

El paladín de la justicia. Defiende con los dientes las causas más justas, se entrega hasta la última gota y se juega por los amigos.

PERRO ASCENDENTE SERPIENTE: 9 A.M. a 11 A.M.

Se pasa la vida buscando la manera de llegar a su meta sin causar demasiadas víctimas, porque es culposo y conoce sus sentimientos de culpa. Tiene inteligencia para moverse sin llamar la atención.

PERRO ASCENDENTE CABALLO: 11 A.M. a 1 P.M.

Inquieto, divertido y con un humor muy ácido. Es el menos "familiero" de la especie, y es más bien perro explorador que perro guardián.

PERRO ASCENDENTE CABRA: 1 P.M. a 3 P.M.

Dueño de un humor cambiante que enloquece a los que lo rodean. Lo salva su enorme sentido de la justicia, y su comprensión ante la naturaleza humana.

PERRO ASCENDENTE MONO: 3 P.M. a 5 P.M.

Este perro alterna entre las cúspides de la exaltación y los abismos del pesimismo. Es intuitivo y muy bueno dando consejos, ¡cuando está de humor para eso!.

PERRO ASCENDENTE GALLO: 5 P.M. a 7 P.M.

Tiene pasta de líder, le encanta ser el que dirige al resto y el que da las indicaciones de cómo hay que hacer las cosas. Posee gran confianza en sí mismo y se embarca en conquistas de todo tipo.

PERRO ASCENDENTE PERRO: 7 P.M. a 9 P.M.

Este perro vive de sobresalto en sobresalto: desconfía hasta de su propia sombra, necesita apoyo emocional constante y tiene pánico de no ser todo lo bueno que debiera.

PERRO ASCENDENTE CHANCHO: 9 P.M. a 11 P.M.

Tiene doble moral para actuar: se perdona a sí mismo con mucha más facilidad que a los demás. Pero es un amigo leal y generoso. Disfruta de lo que tiene.

Personajes famosos
del signo Perro

PERRO DE MADERA (1874-1934-1994)

Brigitte Bardot, Federico Luppi, Shirley Mc Laine, Enrique Macaya Márquez, Carol Burnett, Charly Squirru, Horacio Accavallo, Sofía Loren, Rocío Jurado, Chunchuna Villafañe, Elvis Presley, Gato Barbieri, Mónica Cahen D´Anvers, Voltaire.

PERRO DE FUEGO (1826-1886-1946)

Susan Sarandon, Moria Casán, Jorge Asís, Pipo Lernoud, Donal Trump, Cher, Gerardo Romano, Silvester Stallone, Susana Torres Molina, Rolando Hanglin, Gianni Versace, Ilie Nastase, Bon Scott, Oliver Stone, Eduardo Constantini, Freddie Mercury.

PERRO DE TIERRA (1838-1898-1958)

Rigoberta Menchu, Ana Obregón, Eduardo Blanco, Silvana Suárez, Chou En-Lai, Gary Newman, Reina Reech, Michael Jackson, Madonna, Kate Bush, Pipo Cipolatti, Prince, Santos Benigno Laciar, Gustavo Belati, José Luis Clerc.

PERRO DE METAL (1850-1910-1970)

Uma Thurman, Chiang Ching-Kuo, Maribel Verdú, Paola Krum, Gabriela Sabatini, Leonardo Sbaraglia, Lola Flores, Mariano Closs, Marisa Frezno, Alejandro Agag, Madre Teresa de Calcuta, Andre Agassi, Andy Kusnetzoff, Chris O´Donnel, Bautista Heguy, Mariano Mores, Leo García, Jacques Costeau, Juan Castro, Sócrates, Luis Miguel, Puff Daddy.

PERRO DE AGUA (1862-1922-1982)

Marcela Kloosterboer, Molière, Norman Mailer, Sabrina Carballo, China Zorrilla, Marilú Dari, Ava Gardner, Alberto Closas, René Favaloro, Vittorio Gassman, Alejandro Dumas, Pierre Cardin, Víctor Hugo, Alejandro Toker.

Marilú Dari y Abraham Domínguez

Testimonio

YO SOY UN PERRO

Kim Lagercrantz
SNOWBOARDISTA APASIONADA

A mí, como auténtica perrita de agua, no se me hace fácil la tarea de escribir el testimonio del perro. Sin embargo, el solo hecho de saber que a alguien se le ocurrió la idea de que yo podría hacer un buen trabajo, abriéndome y mostrando mi manera de ver el mundo al resto de los lectores, me hace sentir esta tarea como una mucho menos difícil de lo que realmente es para mí.

Entonces, una de mis típicas cualidades perrunas debe ser la inseguridad que muchas veces se apodera de mí, y así tantas veces me encuentro inmóvil esperando la aprobación de mis seres más queridos. Aún soy fiel a mis sentimientos, pero cuántas veces me he encontrado luchando desesperadamente por la felicidad y el bienestar de los que me rodean,

escuchando consejos y opiniones de más, cuántas veces olvidándome
de lo que en realidad me hace bien a mí. De todas formas, seguir
este quizás levemente trágico estilo de vida es sin duda lo que me
.hace feliz.

Seguramente tengo una personalidad muy marcada, ya que soy una
de esas personas que una y otra vez reciben los mismos comentarios
en cuanto a "¡qué difícil que soy!". Pero claro que eso tiene una muy
buena explicación, pues nosotros los perros pertenecemos al grupo
de los animales-un-poco-más-complejos.

Somos muy cariñosos y extremadamente fáciles de amar. No tenemos
ni los mínimos problemas en hacernos de nuevas amistades y nos encanta
estar rodeados de la gente que apreciamos. Siempre estamos dispuestos
a confiar ciegamente en el otro y a poner todo de lo nuestro para
demostrarle que siempre le seremos fieles y estaremos a su lado. Ahora
bien, los famosos y tan comunes problemas y dramas comienzan cuando
algo, como digo yo, sale mal. Que algo salga mal significa, en mi
lenguaje perruno, que alguien me dañe el corazón. Y que alguien me
dañe el corazón es algo típico que sucede con mucha frecuencia, ya
que como perrita soy hipersensible y prácticamente todo me afecta. En
estas situaciones, claro que en relación con la gravedad y la amplitud
del daño/engaño/estafa... (como prefieran llamarlo), es cuando "nos
ponemos difíciles". Ponerse difícil significa en el lenguaje del resto
del zoológico que, de haber sido la persona más adorable y generosa,
sociable y simpática del mundo, pasamos a ser otra totalmente
distinta, una persona fría y aislada, desconfiada de nuestros amigos
y con cara de corazón roto. Pues la principal sensación que en
momentos como éste fluye por las venas del perro es la de la
traición, el engaño y la miseria, por supuesto que dramatizadas
y exageradas al máximo, multiplicadas por mil, dejando al pobre
perrito en una clara posición de espaldas al mundo. Simplemente nos
sentimos abandonados y extremadamente solos. Ahora, el problema
nace del hecho de que no nos gusta ni nunca nos gustará sentirnos, ni
mucho menos estar, solos, ya que somos una raza que necesita diarias
dosis de amor, compañía y afecto en enormes cantidades.

Perro
Tabla de compatibilidad

Rata
AZAR	狗
AMISTAD	狗 狗
AMOR	狗 狗
TRABAJO	狗 狗

Búfalo
AZAR	狗 狗
AMISTAD	狗 狗
AMOR	狗
TRABAJO	狗 狗

Tigre
AZAR	狗 狗
AMISTAD	狗 狗 狗
AMOR	狗 狗
TRABAJO	狗

Conejo
AZAR	狗 狗
AMISTAD	狗 狗 狗
AMOR	狗 狗 狗 狗
TRABAJO	狗 狗

Dragón
AZAR	狗
AMISTAD	狗 狗
AMOR	狗 狗
TRABAJO	狗 狗

Serpiente
AZAR	狗
AMISTAD	狗 狗
AMOR	狗 狗
TRABAJO	狗 狗

Caballo
AZAR	狗 狗 狗
AMISTAD	狗 狗 狗
AMOR	狗 狗 狗 狗
TRABAJO	狗 狗 狗

Cabra
AZAR	狗 狗 狗
AMISTAD	狗 狗 狗
AMOR	狗 狗
TRABAJO	狗 狗 狗

Mono
AZAR	狗 狗 狗
AMISTAD	狗 狗 狗
AMOR	狗 狗
TRABAJO	狗 狗 狗 狗

Gallo
AZAR	狗 狗
AMISTAD	狗
AMOR	狗 狗 狗
TRABAJO	狗 狗

Perro
AZAR	狗 狗 狗
AMISTAD	狗 狗 狗
AMOR	狗 狗 狗
TRABAJO	狗 狗 狗 狗

Chancho
AZAR	狗 狗
AMISTAD	狗 狗
AMOR	狗 狗 狗
TRABAJO	狗 狗 狗

Buscá refugio en la O.N.U. •
Columpiate en esta liana ••
Qué monada •••
Buen plátano ••••
La bendición de Chita •••••

Chancho

Vimos tantas lunas y soles
    Antes de encontrarnos,
Esos destellos donde a veces nos herimos en exceso.
    Tengo miedo de que me ames demasiado,
Soy una lisiada sin muletas.
  Que se apoya en tus ojos negros de incertidumbre
    Noche que no llega al alba
Vorágine sin rumbo

  Tropel de toros enfurecidos
Brasas ardientes en las sábanas
    Escondite en medio de las piernas.
Caníbal vegetariano.

                    L. S. D.

Chancho

Ficha técnica

NOMBRE CHINO DEL CHANCHO
ZHU

NÚMERO DE ORDEN
DUODÉCIMO

HORAS REGIDAS POR EL CHANCHO
9 PM A 11 PM

DIRECCIÓN DE SU SIGNO
NOR-NORDESTE

ESTACIÓN Y MES PRINCIPAL
OTOÑO-NOVIEMBRE

CORRESPONDE AL SIGNO OCCIDENTAL
ESCORPIO

ENERGÍA FIJA
AGUA

TRONCO
POSITIVO

Eres Chancho si naciste

30/01/1911 - 17/02/1912
CHANCHO DE METAL

16/02/1923 - 04/02/1924
CHANCHO DE AGUA

04/02/1935 - 23/01/1936
CHANCHO DE MADERA

22/01/1947 - 09/02/1948
CHANCHO DE FUEGO

08/02/1959 - 27/01/1960
CHANCHO DE TIERRA

27/01/1971 - 14/02/1972
CHANCHO DE METAL

13/02/1983 - 01/02/1984
CHANCHO DE AGUA

31/01/1995 - 18/02/1996
CHANCHO DE MADERA

18/02/2007 - 06/02/2008
CHANCHO DE FUEGO

Ser chancho
"Un despaisado"

"Si uno quiere entablar una relación, no hay nada mejor que hacer el amor como carta de presentación"; me dijo un chancho una tarde de junio a pleno sol en el pueblito de San Javier.

Dejarse amar, llevar, poseer, distraída o muy consciente, es una estafa sin escapatoria para quienes tengan la suerte o la experiencia trascendental de caer en algún pantano lateral al plan que inocentemente soñaron en su vida.

El chancho no da posibilidad de pensar si es una buena idea seguir sola o bien acompañada; cuando te elige, es imposible escapar a meditar sobre el asunto. Crea una dependencia en los cinco sentidos, en tus costumbres y en el agujero de ozono que se produce cuando se aleja un rato de tu galaxia.

Es un animal espiritual, que crea adicción por su pureza, ingenuidad, sensualidad, voluptuosidad e inteligencia, casi siempre ocultas por su tosquedad, timidez y vulnerabilidad.

Hay que ser muy sensible para atravesar su piel curtida a la intemperie de inclemencias reales y ficticias, pues en su imaginación tendrá una variedad de gustos que oscilarán entre lo clásico y lo moderno, lo bizarro y lo popular lo *fashion* y lo dadá.

El chancho, en China, es considerado un ser que trae buena suerte, pues tiene principios claros, altos ideales humanos, lealtad, sentido común y un corazón de oro.

Aunque la gente crea que es un animal doméstico y se enternezca por su aspecto simpático y seductor, es muy peligroso cuando se enoja y enfurece, es por eso que se lo conoce como jabalí salvaje en algunos lugares de Oriente.

Él sabe a quién entregarse aunque se equivoque en su intuición, guiada casi siempre por su desbordante sexualidad, debilidad que lo llevará más de una vez a la ruina y a largos exilios, donde no encontrará consuelo.

Es autodidacta en casi todo, no soporta tener jefes ni que lo manden; buscará profesiones u oficios independientes, pues como es muy apasionado no disimulará su opinión frente a los hechos ni a las personas que se le crucen en su camino.

A través de su vida tendrá que atravesar grandes pruebas, relacionadas con su familia de origen, que lo convertirán en alguien con talento o en un chancho desperdiciado.

Su carácter iracundo y rebelde le traerá problemas si no aprende a adaptarse al medio, pues siempre estará fuera de *timing*, o desubicado en el contexto.

La mayoría de los cerdos no encuentra su lugar en la vida pues mantienen conceptos e ideas del Renacimiento que no encuentran *feed-back* en esta era materialista y posmoderna. Son *naives*, románticos y muy altruistas y piensan siempre en el prójimo antes que en sí mismos.

Tendrá muchas oportunidades en la vida para evolucionar, dependerá de la autoestima o del boicot con que haga frente a cada situación sin olvidar los principios que lo distinguen del resto del zoo chino.

Un gran porcentaje de la libido la pondrá en calmar sus apetitos sexuales, que saciará con gente muy allegada debido a la tendencia a la promiscuidad que tiene desde el descubrimiento de sus órganos genitales. Sin querer, hará sufrir mucho a sus parejas pues no discriminará a la hora de hacer el amor y no medirá las consecuencias de estos actos entre los seres que le inspiren una revolcada en el chiquero.

El chancho es original en su visión de la vida. Romperá el molde de lo convencional fascinando a la gente con su peculiar manera de hacer las cosas; no se parece ni imita a nadie. Cuando logre transmutar sus traumas brillará y se destacará en el ámbito que elija. El arte, la ciencia, la política, la ecología son posibles elecciones en su vida.

Cuando se entrega en cuerpo y alma consigue resultados extraordinarios y puede convertirse en millonario por una idea que nació una noche de truco o ajedrez entre amigos.

Será siempre el mejor compañero desde la escuela primaria.

Dará lo que no tiene por defender a un amigo, a su madre o a sus hijos cuando estén en peligro, aunque su vida corra alto riesgo.

La mayoría de los chanchos despertará de buen humor, con una actitud positiva, con ganas de hacer el amor entresoñando, saltando de la cama con lagañas para preparar un desayuno lujurioso a su amado, compensando las calorías derramadas en cualquier rincón de la casa, el jardín, el garaje o la baulera, pues su capacidad amatoria es digna del *Guiness*.

Su gran atractivo consiste en su capacidad para gozar de las pequeñas cosas de la vida: una buena trasnochada con amigos, amanecer tomando mate con tortas fritas, regar las plantas aromáticas y las flores de su balcón, ducharse sintiendo en cada poro de la piel el contacto con el agua y el jabón, ir al mercado e impregnarse de los olores y sabores de cada fruto de la estación, elegir los mejores pescados, aves y verduras para preparar un manjar para su prole o algún mendigo que invite a su casa para atenderlo como si fuera un rey.

El chancho tiene vocación para ser feliz, o por lo menos intentarlo, a pesar de las trampas que le tienden por su inocencia, buena fe y generosidad.

Es profundo y serio en cada decisión que tome; aunque tarde años en decidirse, cuando lo hace será *for ever*.

Su sentido del deber es relativo, tiene sus propias reglas y moral; no soporta la autoridad y se rebela. Le gusta ser jefe y patrón de su *circo beat*, y a pesar de ser el socio ideal o el amigo perfecto, en general sale perjudicado, pues la gente abusa de su bondad explotándolo o estafándolo.

Debe tener buenos asesores o consejeros para que lo despabilen y no caiga en situaciones humillantes que lo lastimen.

El chancho es confiado y capaz de protagonizar episodios surrealistas por dejarse seducir con el canto de las sirenas.

Su gran debilidad o punto G está relacionado con sus pasiones o atracciones sexuales, pues son parte de su equilibrio emocional y fisiológico: se deja llevar por el estímulo erótico más cercano.

Según la óptica con que se lo vea puede ser una cuestión cultural, pero en Occidente este tipo de descenso en el chiquero no tiene buena prensa.

El chancho compensará sus desaciertos con grandes aciertos. Es meritoria su capacidad para evolucionar, aprender y mejorar, rodearse de gente creativa y desarrollar su espiritualidad.

Dalai Lama, Carl Jung, Woody Allen, son ejemplos notables de equilibrio, compasión y genialidad.

Este signo necesita mucha seguridad, apoyo y autoestima para consolidarse en un oficio, profesión o vocación.

Es muy influenciable y, si tiene un entorno negativo, puede echarse a perder.

Seguirá los latidos de su corazón más que de la razón; buscará los atajos más difíciles cuando decida abandonar eufórico su soltería para ser cazado por la persona más impensada para la mayoría, jugándose siempre por un ideal.

El chancho siempre sorprende por su curiosidad y búsqueda de lo utópico. Su sed de conocimiento lo acompañará desde el nacimiento, y buscará guías, maestros o experiencias de ciencia ficción.

Algunos viajarán por el mundo, capturando el espíritu de culturas que cambiarán su visión e idea del ser humano; en muchos casos se radicarán en lugares o países donde sentirán afinidad y cortarán de raíz con el pasado, iniciando una nueva etapa que les permitirá abrir su psiquis y chakras hasta alcanzar el SATORI (iluminación).

El chancho es mágico, pues transforma su vida como un alquimista, con fórmula propia. Conoce la esencia de la vida y va directo hacia ella; aunque parezca torpe y apresurado o se desvíe del sendero muy seguido. Es íntegro, noble, valiente, visionario, protector, honesto, imprevisible y pintoresco.

DONDE NAZCA UN CHANCHO HABRÁ UN MICROCLIMA. Conocerlo es un desafío, un acertijo, un teorema. Se requieren armas nobles, gran sentido del humor y sensibilidad.

DAR Y RECIBIR PLACER A TONELADAS. Estar ALERTA cuando los celos aparezcan y pedir refugio en la O.N.U. Estar dispuesto a dejar casi todo o parte para acompañarlo en su viaje interior, siendo una con sus elecciones. Dormir abrazada y destapada por su temperatura de horno de barro y perfume de pan recién amasado. No ahogarlo pero reahogarlo cuando exija más de lo indispensable.

Estimularlo en su parte misteriosa para que se anime...

Invitarlo a las lianas aunque no suba y mire con admiración a quienes lo amamos con la distancia óptica para no lastimarlo.

EL CHANCHO ES, POR ESTADÍSTICA, EL ANIMAL MÁS DEVORADO POR LOS SERES HUMANOS.

¿¿¿QUÉ TENDRÁ QUE NOS GUSTA TANTO???

El Chancho y su energía

CHANCHO DE MADERA (1935-1995)

Ambicioso y sensual. El chancho de madera tiene una vocación marcada y posiblemente sea capaz de triunfar en lo que elija porque tiene mucha energía y le gusta el éxito. Aunque tímido, le encantan la vida social, las actividades culturales, la gente con intereses artísticos. Busca establecerse en familia y, aunque le cuesta conciliar su ambición con su necesidad de vida de hogar, en la madurez alcanza el equilibrio. Es un amante muy cotizado.

CHANCHO DE FUEGO (1947-2007)

Aventurero y generoso. De carácter cambiante y volátil como el fuego, este chancho tiene contradicciones que lo hacen difícil de entender. Es generoso, ama a su prójimo y es capaz de dar todo lo que tiene, hace el bien sin mirar a quien... pero rara vez se toma el tiempo de estar consigo mismo y ver qué es lo que él necesita o quiere.

Es intolerante en cuanto a las ideas, y sólo cree en las propias; si se lo perdona con facilidad es por su enorme corazón.

CHANCHO DE TIERRA (1899-1959)

Responsable e inseguro. El más sólido de los chanchos, lleno de bríos para trabajar, con objetivos claros. No le dan miedo las responsabilidades y toma los riesgos que sean necesarios. Pero como es inseguro, en un segundo puede perderse en un mar de indecisiones y caer en pedirle consejo a los menos adecuados.

Es un trabajador nato que se gana el pan con el sudor de su frente y, posiblemente, mucho más que el pan. Es leal y cariñoso; a veces resulta arbitrario en sus juicios y tiende a desvalorizar lo que no conoce.

CHANCHO DE METAL (1911-1971)

Trabajador y arbitrario. Un chancho racional, que tiene ambición y energía para alcanzar sus sueños. Es sociable, le gusta ser el centro de atención; acapara responsabilidades y tareas y parece incansable. Le molesta la gente que no es como él, a la que considera débil o haragana. Tiene paciencia para esperar el momento de actuar y aprovechar las oportunidades.

Fiel a sus principios y apasionado, si logra controlar su espíritu crítico, seguramente podrá tener todo lo que desee.

CHANCHO DE AGUA (1923-1983)

Sensual y desinteresado. La energía agua le da a este chancho una cuota extra de desprendimiento. El chancho de agua cree en el amor y la amistad, los valores del espíritu, la libertad del hombre. No es esclavo de los bienes materiales y prefiere vivir al margen de la sociedad antes que someterse a otros principios. Lo que más le importa es la gente que lo rodea, y se desvive por los que ama. Es capaz de adaptarse, pero no de renunciar a lo que cree.

猪

Chancho

El Chancho y su ascendente

CHANCHO ASCENDENTE RATA: 11 P.M. a 1 A.M.

Este chancho defiende su chiquero y no se deja engatusar fácilmente. Es prejuicioso con respecto a los demás y por esto puede ser difícil de tratar.

CHANCHO ASCENDENTE BÚFALO: 1 A.M. a 3 A.M.

Tiene las virtudes potenciadas: el búfalo le da solidez, consistencia y constancia. No actúa a las apuradas. Lo que quiere se lo gana con el sudor de su frente.

CHANCHO ASCENDENTE TIGRE: 3 A.M. a 5 A.M.

Un sentimental de telenovela. Disfruta de la vida y sus amigos, y le encantan las aventuras. Tiene alma de adelantado o guía *scout*.

CHANCHO ASCENDENTE CONEJO: 5 A.M. a 7 A.M.

Es una mezcla de sibarita y cómodo: se instala donde le hacen un lugarcito para vivir. Allí, desparrama encanto para conseguir el resto. Trabajar no es su meta.

CHANCHO ASCENDENTE DRAGÓN: 7 A.M. a 9 A.M

Un chancho volador, con corazón enorme que lo arrastra como un viento. Un enamorado fiel y leal; jugado en su vida.

CHANCHO ASCENDENTE SERPIENTE: 9 A.M. a 11 A.M.

Cree en todas las supercherías, tiene pánico de perder lo que ha ganado, y hace caso a todos los consejos. Un chancho en estado de máxima ansiedad.

CHANCHO ASCENDENTE CABALLO: 11 A.M. a 1 P.M.

Le gusta llamar la atención y lucirse. Rompe corazones sin ningún remordimiento. Tiene espíritu de aventura y de lucha. No nació para quedarse en el chiquero.

CHANCHO ASCENDENTE CABRA: 1 P.M. a 3 P.M.

Es un encanto de ingenuo y comprensivo, pero vive en una nube de quietud: le cuesta ponerse en movimiento; entrar en su entorno es quedar entrampado en ella.

CHANCHO ASCENDENTE MONO: 3 P.M. a 5 P.M.

Tiene la amabilidad del chancho y la astucia y habilidad del mono. Se sabe defender muy bien, y ganarse un lugar en el mundo. No es fácil de embaucar.

CHANCHO ASCENDENTE GALLO: 5 P.M. a 7 P.M.

Necesita superar sus problemas de autoestima para transformarse en eso que los demás ven: un líder de las causas justas, que lucha sin entregarse ni pensar en su propio interés.

CHANCHO ASCENDENTE PERRO: 7 P.M. a 9 P.M.
Querendón, seductor y tierno. Siempre rodeado de amigos que festejan con él su éxito. Tiene una tendencia a excederse que desmerece sus valores.

CHANCHO ASCENDENTE CHANCHO: 9 P.M. a 11 P.M.
Está lleno de rincones conocidos sólo para él. Es más jabalí que chancho de criadero, necesita espacio, y libertad para seguir sus propios instintos.

Personajes famosos
del signo Chancho

CHANCHO DE MADERA (1875-1935-1995)
Luciano Pavarotti, Julie Andrews, Isabel Sarli, Eduardo Gudiño Kieffer, Dalai Lama, Antonio Ravazani, Woody Allen, Bibí Anderson, Alain Delon, Pinky, Jerry Lee Lewis, Maurice Ravel.

CHANCHO DE FUEGO (1887-1947-2007)
Steven Spielberg, Georgio Armani, Iggy Pop, Keith Moon, José Carreras, Mick Taylor, Glenn Close, Brian May, Deepak Chopra, Mercedes Sosa, Oscar Moro, Carlos Santana, Ron Wood, Arnold Schwarzenegger, Mijail Barishnikov, Víctor Hugo Morales, Chiang Kai-Shek, Jorge Marrale, Richard Dreyfuss, Hillary Clinton, Jorge González, Steve Howe.

CHANCHO DE TIERRA (1839-1899-1959)
Nito Artaza, Ana Torroja, Fred Astaire, Michelle Acosta, Jorge Luis Borges, Bobby Flores, Claudio Gallardou, Fabiana Cantilo, Victoria Abril, Angus Young, Humphrey Bogart, Ramón Díaz, Alfred Hitchcock, Al Capone, Gustavo Cerati, Rosanna Arquette, Darío Grandinetti, John D. Rockefeller, Pedro Aznar, Indra Devi, Michael Hutchence, Val Kilmer.

CHANCHO DE METAL (1851-1911-1971)
Máxima Zorreguieta, Diego Torres, Gastón Pauls, Finito de Córdoba, Ernesto Sábato, Wally Diamante, Robert Taylor, Pablo Trapero, Claudia Schiffer, Gloria Carra, Julieta Ortega, Paula Masotta, Enrique Ponce, Ricky Martin, Marcos Milinkovic, Winona Ryder, Eugene Ionesco, Ginger Rogers, Carolina Peleritti, Dolores Cahen D'Anvers.

CHANCHO DE AGUA (1863-1923-1983)
Celeste Cid, Carlos Páez Vilaró, Agustina Cherri, Sai Baba, Charlton Heston, Juan Manuel Fangio, David Pérez, Richard Avedon, Eduardo Falú, Príncipe Rainiero de Mónaco, María Callas, Henry Kissinger.

Con Nito Artaza

Testimonio

YO SOY UN CHANCHO

Nito Artaza

ACTOR Y REFERENTE SOCIAL

Yo, como chancho, me siento identificado con el amor, la justicia
y el sexo. Además, este año he vivido una doble actividad, por un
lado la de actor (disfruto mucho la estética de entretener y divertir a la
gente) pero también fui referente social y decidí participar firmemente en
política. Realicé mi primera experiencia, hice como un piso de gente que
me ha acompañado y estoy determinado a seguir en el 2005, cuando
haya elecciones; quiero continuar participando en política: este chancho
se va a meter en el barro y, como chancho, voy a perseguir primero la
justicia hasta las últimas consecuencias por el tema social, voy a seguir
con esa lucha, pero sin descuidar tampoco el amor, las relaciones entre
las personas, el equilibrio de afecto, de amor, que vive el chancho.
En lo personal, algunas cosas que no cambio por nada: una mirada
con mi mujer, hacernos un tiempo para tomarnos un "champancito",
un buen vino tinto y una noche de amor.
Este año yo lo veo como un desafío para mí. Voy a seguir para
adelante con mis convicciones, las voy a mantener…
Y el chancho, en el 2005, se mete en el barro.

Chancho
Tabla de compatibilidad

Rata	
AZAR	猪 猪 猪 猪
AMISTAD	猪 猪 猪
AMOR	猪 猪 猪
TRABAJO	猪 猪

Búfalo	
AZAR	猪 猪
AMISTAD	猪 猪 猪 猪
AMOR	猪 猪 猪
TRABAJO	猪 猪 猪

Tigre	
AZAR	猪 猪 猪 猪 猪
AMISTAD	猪 猪
AMOR	猪 猪 猪 猪
TRABAJO	猪 猪 猪 猪 猪

Conejo	
AZAR	猪 猪 猪 猪 猪
AMISTAD	猪 猪 猪 猪 猪
AMOR	猪 猪 猪 猪 猪
TRABAJO	猪 猪

Dragón	
AZAR	猪 猪 猪 猪 猪
AMISTAD	猪 猪 猪 猪
AMOR	猪 猪 猪 猪
TRABAJO	猪 猪 猪 猪

Serpiente	
AZAR	猪 猪
AMISTAD	猪 猪 猪
AMOR	猪 猪 猪 猪
TRABAJO	猪 猪 猪 猪

Caballo	
AZAR	猪 猪 猪 猪
AMISTAD	猪 猪 猪
AMOR	猪 猪 猪 猪 猪
TRABAJO	猪 猪 猪 猪 猪

Cabra	
AZAR	猪 猪 猪 猪 猪
AMISTAD	猪 猪 猪 猪
AMOR	猪 猪 猪 猪 猪
TRABAJO	猪 猪 猪 猪 猪

Mono	
AZAR	猪 猪 猪 猪
AMISTAD	猪 猪 猪 猪 猪
AMOR	猪 猪 猪 猪
TRABAJO	猪 猪 猪 猪 猪

Gallo	
AZAR	猪 猪 猪
AMISTAD	猪 猪 猪 猪 猪
AMOR	猪 猪 猪 猪 猪
TRABAJO	猪 猪 猪 猪

Perro	
AZAR	猪 猪 猪 猪 猪
AMISTAD	猪 猪 猪 猪 猪
AMOR	猪 猪 猪
TRABAJO	猪 猪 猪

Chancho	
AZAR	猪 猪 猪
AMISTAD	猪 猪 猪 猪 猪
AMOR	猪 猪 猪 猪
TRABAJO	猪 猪 猪 猪 猪

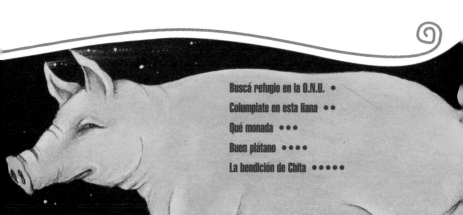

Buscá refugio en la O.N.U. •
Columpiate en esta liana ••
Qué monada •••
Buen plátano ••••
La bendición de Chita •••••

's monos

POR MARTÍN JACOVELLA Foto: Javier Ortiz

¿*Qué hay con* **llegar**

a un **lugar** *como éste?*

Puedes **ir***, volver,*

quedarte*,*

volver a andar,

y en ese gran **viaje***,*

ser*.*

 ué honor, qué dicha, qué desafío. Diseñar mapas, armar itinerarios, planear viajes, consultar guías, hacer la mochila, sintetizar trapos, protagonizar aventuras, deleitarse de asombro, perderse, enamorarse, comenzar de nuevo, cambiar la mirada, ir, regresar, salir a andar, a llevarse puesto el viento, a lo que sea que signifique abrir la puerta para ir a jugar, a expandir el espíritu y respirar, y estar, y comprender...

ES UN MILAGRO CAMINAR SOBRE LA TIERRA. La tierra gira en su elipse milagrosa al compás de los planetas, caos armónico, expandiéndose, estirándose, desperezándose, flotando en silencio. Aquí los viajeros, tribus nómades o sedentarias, buscando el hogar, el agua, la tierra fértil, el Sol, la Luna, el oasis, el desierto, el Ecuador, el trópico, el tema, el mar, el poder, la diversión, la lujuria, el amor. Seres y animales que encuentran senderos y ríos y montañas. Manos y vidas dedicadas al adobe, a la piedra, al arado, a la Pachamama. Carpas, ranchos, diques, puentes y balsas. Mezclados, peleados, confundidos, admirando, asustados, padres negros, ancestrales monos, hermanos celtas, esquimales, polvo de estrellas, continentes viejos, islas nuevas, agujeros negros, eras, cambios climáticos, dioses, enfermedades, evolución de las especies, depredando, estudiando, dejando huellas, con sangre, con libros, con leyendas de boca en boca. Nacimiento, vida, renacimiento. Etapas, ciclos, pies descalzos... dejando qué huellas...

Del paso a la mula, al camello, al elefante, al caballo, a la canoa, a la rueda, subidos a la carreta, al globo, a la bici, al tranvía, al tren, al aeroplano, al ácido, al "Bill" metal, o al Bush metal, como fuera, o como puede ser mejor, mudándonos, asentándonos, o cruzando fronteras, o lanzándonos a una nueva vida en vagones de carga o en botes que a veces se hunden, conquistando tierras de indias o de oro, con inquietud, con curiosidad, la raza humana a veces olvidándose de que es una invitada más a este viaje en un mundo que pide calma.

No podemos controlar el curso de la Tierra. Allí va ella danzando con sus volcanes, sus mareas, su capa de ozono, su manto divino, su mano generosa. Aquí nos queda sentirla, quererla, trazar nuestra aventura con más respeto y humildad. No repetir las inconsciencias de la historia. Viajar serenos, o quedarnos quietos. Porque también en este nuevo tiempo, principio de siglo, principio de milenio, redactaremos las guías de turismo del futuro. Y que no sea sólo en imágenes que sobrevivan los bosques, depende de nosotros. Y no invadir pueblos o países o continentes por ambición o por poder o por miedo, también depende de nosotros. No preguntarse tanto adónde, sino desde dónde.

Además, en este tiempo sabremos mirar lo que está cerca y apreciarlo, y cada uno amará su casa, o su calle, o su pueblo, o su ciudad, o su provincia, y si viajar se hace difícil, encontrarle la vuelta, prepararse siempre, entrenar esos ojos, alistar los pulmones, llenar la cantimplora. Si no es en avión será otra vez a lomo de mula, o a dedo, o en colectivo, o seremos peregrinos buceando nuestra propia tierra, armando pequeñas comunidades, porque este sistema ya no sirve, porque el aquí y ahora nos permitirá ser anfitriones primero de nuestras propias almas para que cuidemos lo que tenemos, no marcando fronteras sino sabiéndonos herederos de tantas culturas y responsables de lo que queda, del medio ambiente, de nuestro tiempo. Suenan los tambores alrededor del fuego, aquí, allí, desde diversos rincones de infinitos microcosmos, sonidos que se elevan y van y vienen, desde y hacia nosotros, como los fríos de los polos, como los vientos cálidos del desierto. El viaje verdadero no se ve por televisión ni se anuncia en los periódicos.

Es el tiempo de la visualización, de recuperar la integridad y el sentido de la abundancia. El tiempo del sentir profundo, de desplazarse sin arrastrar o destruir a los otros, el tiempo de aprovechar las millas para llevar agua a los sedientos, para detener los martillos y las bombas que acosan los paraísos. Las grandes ciudades guardarán sus encantos, pero los animalitos del zoo no pueden olvidar el sabor de la tierra, el encanto de la llanura, la felicidad de la lluvia, el nacimiento, el acontecimiento. Se están derritiendo los hielos.

Así que nada personal contra Las Vegas, pero aguanten la madera, el fuego, el aire, la tierra, el agua. Viajaremos hasta que podamos o hasta que lo necesitemos, o siempre. Pero ya no seremos simples turistas, coco en mano, adorando bikinis o daiquiris. Seremos guías, actores en gira, maestros, servidores, ecologistas, mensajeros de la paz.

Miles y miles de millones de ojos, y tramas, y aventuras, y muestras de interés a través del arte, de las fiestas, de las travesías, intercambiando, investigando, soñando que nuestros hijos tratarán a la Tierra como a una bella granja de la que todos somos parte.

Con o sin pasaporte, con o sin dinero, con fe, con astucia, con conciencia, a paso de caracol o al galope, a la velocidad de la luz o con telepatía, o gracias a la sagrada energía solar que no contamina los mares, los invito a viajar por este maravilloso mundo casa tierra hogar trampa puente luz.

Hay pasajes para todos, hay baldes y palas, hay patas de rana, protección dos mil para los exagerados, hay *tours* para fóbicos, para niños y grandes, para grandes con niños, para locos, para dentistas, para andinistas, para trapecistas, para políticos y hasta para quienes no quieran volver.

Viajaremos como los bodhissatva, en busca de verdades y secretos, y recibiremos señales y revelaciones, y asistiremos a la comprensión del todo, y volveremos, a compartir, a transmitir, sin tanto ruido, que hay caminos angostos, que hay avenidas anchas, que hay atajos, que hay calles sin salida, que hay puentes, que se hace camino al andar, que siempre se puede volver cuando el alma brilla, que de aquí a la meta sólo tú sabrás cuánto falta, apuro para qué, no arranques la flor ni te lleves la reliquia, cada tesoro en su sitio, grabados de los dioses que van marcando huella, en tu piel, en tu sonrisa cósmica.

Es el año del mono. Mono de madera. Si en tu infancia no tuviste una imaginación desbordante ni creciste en un campo de pájaros y ranas y flores, si tu cultura pautada no se concretó en la vida que soñaste, si los viajes fueron para ti simplemente un escape, si desconoces la dicha, si tu horizonte ha quedado postergado, si sigues buscando un compañero de ruta o un refugio en la montaña, si crees que el mundo puede convertirse en un sitio más amable, esta suerte de guía turística podrá servirte no sólo para inspirarte y conectarte con otros puntos cardinales del mapamundi, sino también para trazar tu propio mapa, para que tu vida deje de parecerse a una tarántula con un pie aquí y otro más allá, no sabiendo si vas hacia adelante o si vas hacia atrás, y en cambio transformar tu historia en un mandala donde reina el equilibrio.

La dosis exacta de todo. Amor, romance, aventura, trabajo, ejercicio, amigos, espiritualidad. Y podrás hacerlo todo en tu tierra, y conocer cada rincón como un taxista intergaláctico, y podrás viajar a sitios lejanos, exóticos, o solitarios, ya no como turista inconsciente, sino con el alma presente, descubriendo, asombrándote, sabiéndote parte de este universo de todos.

A compartir. A probar otros sabores. A sentir otros olores. A conocer y a conocerse. A reconocerse. A tomarse en serio. A disfrutar. A respetar.

No existen los *homeless* o los sin techo para nosotros, los animalitos... Vivimos bajo un cielo fantástico, protector, en la Vía Láctea, flotando en el espacio, calentitos con el sol, agradecidos por la lluvia, conviviendo con el frío, con los planetas, con los cometas, con nuestros antepasados. Es tiempo de recordar eso, lo que sintieron los primeros habitantes. Lanzarse con carpa y gran espíritu a tocar la tierra, a mirar las estrellas, a comer almendras, a conocer el bosque, a abrazar los árboles, a tocar con los dedos el horizonte... Lanzarse con poco equipaje y vibrar en libertad, livianos, seduciendo como el mono, padre, hermano, primate que no necesitó de rascacielos ni computadoras para refrescarse en una laguna, que no necesitó poder o *status* para hacer el amor, que no necesitó de GPS para ubicarse en la selva, que comió lo que la tierra le regalaba sin destruirla... Sólo dos mil generaciones nos separan del origen, nuestra cuna y nuestro jardín, y así te dejamos *África mía*.

Mientras muchos gobiernos y sociedades amenazan con panoramas siniestros, cerrando fronteras, minando, contaminando, los otros, los que podemos manifestar otra realidad, tenemos el desafío de brillar; tanto, que nuestro vecino también comenzará a brillar y cada pueblo será un destello de gente linda y buena que se una para ofrecer y compartir su arte, sus estilos de vida, sus costumbres, y que se una para darte la bienvenida, y entonces cientos de miles de rincones del mundo competirán en un juego de excelencia o de gracia, y la contienda nos hará mejores, y cuidaremos nuestro suelo y nuestro aire para que también lo hagan y lo aprecien los visitantes. Y ganaremos todos, y nos mezclaremos, y los del norte se acercarán al sur, y los del sur se acercarán al norte, y experimentando los caminos y las personas en vivo, se recuperarán culturas y se abrirán nuevas puertas a través de nuestra percepción. Y si no conoces el lugar donde te gustaría vivir, aprovecha el camino para encontrarte con aquellas cosas que reflejan lo mejor que hay en ti. Muchas personas este año no volverán de sus viajes. Se irán quedando en el camino, atraídos por otras hospitalidades, otros climas, otras músicas. Por eso debes elegir bien tu destino, armar tu hoja de ruta, saber qué cosas puedes encontrar. Porque tal vez te quedes a vivir en aquella playa, o en aquel monte, y llames a tu jefe o a tu novia y le digas: LA VERDAD.

Los fu-turistas gastarán su dinero en sitios insólitos, traerán prosperidad en regiones donde reinaba la pobreza, amarán países por cosas que nadie hubiera resaltado en una campaña turística, serán atraídos a ciudades donde se encuentran los chakras de la Tierra, conocerán las más refinadas formas de respeto de cada cultura y el globo comenzará a ser otra vez aquel jardín donde primero hubo plantas, luego animales y, mucho más tarde, nosotros. Sólo que ahora, habiendo recordado el futuro, sabremos que ese mapa ya no sirve y, que aunque la evolución sea despareja, en esta agencia de viajes las promociones se acabaron, porque si para que tú camines otro debe morir, entonces quédate quieto y medita.

Con su tonada, con su comida típica, su arte, su canto, su clima, sus colores, sus misterios, sus duendes, su historia, su sol, su nieve, sus ruinas, sus cerros, sus valles, su gente, sus trenes, sus rebaños, sus selvas, sus cascadas, sus costas, cada región servirá a un propósito, a una condición donde lo aparente será obvio y donde la sustancia se manifestará apoyada por mágicos sincronismos y oportunidades.

Tu viaje de negocios, tu viaje de egresados, tu luna de miel, tu fin de semana largo, tus vacaciones, tu gira con el equipo, tu temporada, estarán más sensibles que nunca a los sentidos y a la conciencia de las energías fuego, aire, metal, tierra, agua. La clave estará en que puedas experimentar con tu vista, con tu tacto, con tu olfato, con tu audición, con tu degustación. Eso hará todo más divertido y fascinante. Y permitirá que, ocupándonos en el mejor sentido de cada uno, luego podamos compartir el *picnic* o el barco con todos los otros animalitos del planeta tomando por el atajo del no sufrir en vano.

La gracia del juego de viajar consiste primero en permitirse los cambios. Cambios de actitud, cambios de lugar, cambios de realidad, cambios físicos, cambios emocionales, y otros muchos inter-cambios. Las vacaciones tienen significados varios: no sólo se trata de irse a otro sitio y, simplemente, estar de vacaciones. No se trata tampoco de una sola cosa, como descansar, o divertirse, o asombrarse, o visitar sitios turísticos, o vaciarse, o llenarse de algo. Según el diccionario de la Real Academia Española, vacación significa "Descanso temporal de una actividad habitual, principalmente del trabajo remunerado o de los estudios". Pero se me ocurre que en realidad el significado de irse de vacaciones o viajar es algo diferente para cada uno. Por eso, más que recomendar éste o aquel lugar, sugiero que cada integrante del zoo chino, conociendo sus rasgos, sus cualidades, más bien aproveche su instinto animal para lo que le sea útil, viviendo su propio TAO. Es decir, todos podemos estar en un mismo sitio y, sin embargo, experimentar cosas totalmente diferentes. No vamos a experimentar todos lo mismo, aún cuando hayamos comprado el mismo *tour*. Por eso, la guía propone más la conexión con uno mismo, para que a partir de allí no sea tan importante el paisaje sino aquello que a cada uno le sucede con ese paisaje. Cómo nos afectará cada lugar, pero también cada momento. Las ciudades y las playas y los museos seguirán estando allí; no así las oportunidades de vivir ciertas aventuras.

Así que a disfrutar de una tormenta eléctrica, a disfrutar del vuelo de los albatros, a disfrutar del aroma del pasto húmedo, a disfrutar del brillo del sol sobre los árboles, a disfrutar las caminatas, a compartir, a despejar la vista, a mirar por encima de los tejados, a renovarse, a vivir.

Podemos ver los insectos, la luz del día en los ojos de nuestros hijos, el rostro de esa persona que hemos amado tantos años, echarnos boca arriba bajo una tormenta de meteoritos, observar la curvatura de la Tierra, andar descalzos sobre la hierba o cerrar los ojos y dejarnos acurrucar por el sonido de los grillos.

Salir de la oscuridad atraídos por nuestro asombro, hacia lo desconocido.

BIENVENIDOS A BORDO.

Rata

"El azar siempre es poderoso. Ten el anzuelo siempre listo; en el estanque más inesperado encontrarás un pez".

Ovidio

Rata, roedor milenario. Espero que hayas ahorrado unos pesitos porque en el año del mono tu viaje comienza con romance. O como quieras que se llame eso.

Y para una sibarita de tu talla arábiga, más vale que puedas darte el lujo de una semana a orillas de un lago, o probar algún rico manjar, a puro mimo y en estado de ebullición.

En compañía, o "alzamendi", o *cool*, vas a escaparte hacia la noche, a rodearte de placeres, a empaparte bailando, sintiendo la dicha. No te recomiendo consultar una guía de turismo aventura. Mejor elige los sitios que más desearías conocer, y seguramente encontrarás el modo de hacerlo realidad.

Antigua sobreviviente de las metrópolis modernas, la rata se deleita en las ruidosas calles de una ciudad ardiente. New York, San Francisco, Copenhague, Berlín... probándose sombreros, fumando habanos, jugando de local en laberintos de lujuria y morbo, despilfarrando, y catando almas desconocidas, todo para desaparecer rápidamente, con su pedacito de queso, hacia su guarida, nido, lecho de...

Y para tus cambiantes estados de ánimo, nada mejor que una dosis de mar, quién te dice comiendo unos *camarao* paulistas, o cerca de una cabaña calentita.

O puedes colarte en un barco (eso no se olvida) y llegar a una isla del Caribe o a las islas Canarias. Nada te detiene. Seduces y seduces y, si no, pataleas y así apareces en Edimburgo, en compañía de un bombonazo, para desfilar al compás de tu victoria.

Como sea, encontrarás la manera de salir de lo cotidiano. Y mejor si no tienes pasaje de vuelta, porque el tiempo será vital para andar y andar.

A sentir el sol, a esquiar, a conocer lugares nuevos, a salir de noche. A vivir enamorada. A seguir como hipnotizada el rastro de una flauta mágica.

¡A perderse!, como diría Bradbury, ir a sitios más grandes de los que tu olfato pueda captar, usar tus conocimientos ocultos para conectarte y encontrarte en tus pasos.

Como la Argentina es rata, seguramente podrás sentirte a gusto en su enorme territorio. Todos los climas, los paisajes, desiertos, caminos de cornisa, los picos más elevados de América, ciudades bulliciosas para emborracharte con amigos, nieve, playas, sol, aventura, vanguardia...

Donde sea que vayas, o con quien vayas, recuerda tu origen. Como sueles moverte sigilosamente, como sueles conseguir tu trozo de queso de cualquier modo, no olvides apreciar el camino. Aunque todo se renueva, tus pasos cortos son tu mejor arma para no perder rastro y asimilar con gran facilidad los espacios que atraviesas. Y como es tiempo de dar, DAR con mayúsculas, tú que conoces bien los recovecos por donde salir al mundo del sol, podrás servir y ayudar a otros a encontrar la salida. Con tu sonrisa basta.

Después de mucho vacilar entre preocupaciones mundanas, podrás embarcarte en un viaje ideal; un buen viaje y desenchufarte. Seguramente con los labios húmedos. Si no es con ese nuevo amor, con amigos o hermanos o primos. Habitar un lugar desde el asombro, compartir voces antiguas y magia.

Como un viaje a Machu Pichu, regresando a un hotel seis estrellas con buena comida y cómoda pista de aterrizaje. O, si te da el cuero, caminar bajo el cielo de los dioses griegos, rezar en sus templos, oír el murmullo de Platón, Aristóteles y Alejandro.

O reaparecer en Sicilia, con tus tíos tanos, o en Escocia, subiendo colinas, jugando en los verdes pastos del norte, tomando cerveza, saboreando ricos *potatoes stews* y aprendiendo de otras gentes buenas.

Donde sea, respirando el mundo, admirando el increíble planeta.

¿Con quién vas a ir?

No, perdón. ¿Dónde vas a estar?

Búfalo

"Desarrolla un interés por la vida tal como la ves; en las personas, las cosas, la literatura, la música: el mundo es pleno, rebosante de ricos tesoros, almas maravillosas y gente interesante. Olvídate de ti mismo".

Henry Miller

Búfalo, bisonte que has vuelto de la casi extinción. Allí en las Rocky Mountains, en Colorado, volviste a renacer. Amigo de los pájaros, las nutrias, los teros, las garzas, las lechuzas, más vale que tengas una buena razón para moverte.

Viajes de negocios, de estudios, de perfeccionamiento... Conservador y previsor, preferentemente en familia, podrás desplazarte con facilidad por vastas regiones, siempre y cuando esté todo bien organizado.

Aunque estés cómodo en tu territorio y aunque necesites estabilidad, también es cierto que eres un animal salvaje y tus instintos aún siguen absolutamente intactos. Por eso los viajes podrán ofrecerte lagunas y esteros y placeres y nuevas oportunidades; incluso podrás llevar amigos a cuestas.

¿Sabías que para los Lakotas, Wakan Tanka, el "Gran Misterio" es el ser supremo? ¿Has oído hablar de South Dakota? ¿Has visitado alguna reserva indígena? ¿Has imaginado tierras infinitas?

Este año del mono todo es posible. Y en tren de recuperar el paraíso perdido, te tentará seguramente pasar una temporada en Hawaii, a un costado del arco iris, jovial, alma gemela de la naturaleza, tomándote tu tiempo para cada cosa, dirigiendo, orientando a tus compañeros de ruta con gran coraje y estabilidad.

Si puedes dejar tus tradiciones a un lado por un momento, conocerás el amor verdadero. Y con ese pasaje en mano, no habrá fronteras en tu mapa.

Kenya, Valparaíso, Islandia, Marruecos, Mongolia, la Patagonia...

Igual no eres de los claustrofóbicos. En tu mundo encuentras suficiente amplitud para sentirte libre, aún cuando tengas todo programado. Tu auto sería una especie de *van* retrofuturista. Entran todos. Hasta en el techo. Pero tú conduces, tú eres el que toma las decisiones. El tamaño de tu medio de transporte es igualmente proporcional a tu necesidad de llevar a la familia adonde vayas. A no ser que seas de los búfalos que gustan de los safaris amorosos. Como Redford, Beatty, Newman o Nicholson. ¿Te imaginas una noche de parranda con esos cuatro? Bueno, todo te será posible. Puedes hacer magia, como Chaplin, el más grande de todos. Que viajó de la pobreza hacia la mayor creatividad y genialidad para obsequiarnos tantas sonrisas desde su ciudad de ángeles. O puedes mirarnos *desde el jardín*, como Peter Sellers. Media sonrisa como marca registrada, leve como la bruma, nota sostenida de éxtasis y profundidad.

Y si estás triste por un amor que no fue, este año te vas a olvidar de todo. Viajes que no esperabas, llamadas sorpresivas, colores que van pintando tu nueva suerte. Incluso tomarás riesgos poco comunes si te tira la pasión y tu sangre te lo pide. Donde vayas, todo se moverá, como cuando tocan los Stones. Y si encontraste tu pareja, tendrás que poner el cartelito en la puerta: "*Do not disturb*".

Seguramente no volverás a la superficie por semanas...

Y sueña, y sueña. Miami, la costa francesa, los laberintos de la India, Pehuajó, Esquel... mahayanas celestiales donde dejarte mimar en libertad.

Todo depende de tu inspiración.

Tigre

"La pregunta '¿quién eres?' significa, en realidad, '¿dónde marcas tus fronteras?'".

K. Wilber

Aunque hoy sólo unos pocos tigres sobreviven en el mundo salvaje, el tigre está de regreso para renacer y correr hasta el cansancio. Tu viaje es un gran juego de cacería donde sólo el cielo es el límite. Y el tiempo es ahora. Con tus corridas y tus saltos puedes unir enormes distancias con gran facilidad. Incluso si estás a tiempo de hacerte astronauta, podrías darte una vuelta por la Luna y observar tu territorio, inmenso e inviolable. Pero estás aquí y sufres el achicamiento del mundo más que tus otros hermanos del zoo. Sin embargo, todos conspiran para detener el hacha, la cruel matanza, para que tú también recuperes tu instinto felino.

Por tu poder de absorción, puedes captar mucha información en poco tiempo. Éste es tu capital cuando te desplazas de comarca en comarca, observando un cerezo, enamorándote de las manos de una desconocida o de la sutileza de un cuadro. Como tu vida, en tus viajes se van acumulando las conquistas. Hacer cima en el Aconcagua, conocerte la Tate Gallery de punta a punta, tener *one night stand* con una condesa en un palacio de Praga, comprarte una casita en alguna playa remota... La buena vida es lo tuyo. Y como sabes cuidar tu territorio, eres rey en tu tierra, y tienes siempre un sitio seguro al cual regresar.

A no ser que te guste *Extraña Pareja*, evita viajar con un caballo, un mono o un dragón, porque todos ellos, al igual que vos, necesitan atención *full time*. Y aunque te hagas el distraído, necesitas tener el control. Por eso es posible que te surjan viajes de negocios o por cuestiones sociales, que igual sabrás aprovechar para tu propio beneficio. Algo te vas a inventar.

Y qué mejor para un gran observador como el tigre que practicar justamente la observación. Ir en busca del mejor sitio para observar un eclipse. Tomar notas, llevar guías, aprender, llenarte de información que te toque las entrañas. Recorrer los foros romanos con libro en mano, haciéndote experto en cada materia, dando cátedra. Saber de dioses, de vinos, de literatura, de arte, de historia. Ésa es tu salsa. Sólo debes acordarte de ti; no me refiero a ti, sino a saber más acerca de ti. Porque tu vida es un desafío. Y este año tienes la capacidad de hacer algo diferente. Un viaje iniciático, ir en busca de tu libertad, o tu sueño.

Montado en un tigre yo viví mi propia aventura, mi primer renacimiento tropical en la "selva" brasileña.

Es tiempo de arriesgar un poco más tu ánimo burgués, de compartir más de tu tiempo, de relegar un poco tu dominio, si te interesa encontrar sorpresas agradables en tu camino. Ser un poco Narciso, pero también un tanto Goldmundo.

Por otra parte, quedarte mucho en un sitio puede traerte una nostalgia fulminante, así que debes recordar que la vida es un juego. Y que el pasado no fue mejor. Suenan las notas y las voces de otros tigres, Miles Davis, Roberta Flack, Carlos Gardel, Oscar Wilde, Julio Cortázar. Viaja con ellos, a través de ellos, que dejaron huellas inmortales en su viaje contemporáneo.

O pregúntate por qué Bengala, Siberia, China en tu infancia milenaria. ¿Qué había en esos territorios? ¿La inmensidad? ¿La soledad?

Tigre, padre, busca el silencio cuando te hayas cansado de escucharte a ti mismo. Durban, Pekín, Florianópolis, Túnez, Susques, Estoril, Dublin, Tafí del Valle.

Tu mapa es inagotable.

Vayas donde vayas, respira.

Conejo

"Cada vez que nos movemos hacia lo nuevo y lo desconocido con el espíritu confiado de un niño inocente, abierto y vulnerable, incluso las cosas más pequeñas de la vida pueden convertirse en las mayores aventuras".

Osho

Conejo, embustero, caprichoso, gato con suerte y vidas *bonus*, vas marcando tu territorio con tu olor, con tu mirada, con tu energía siempre presente. Ustedes los conejos se mueven como flotando por el globo terráqueo, cayendo siempre de pie y con la ropa puesta. Su paciencia les ha servido para realizar un interesante viaje interior, atravesando murallas chinas, curando heridas, preparándose...

Sabiendo, desde allí, adónde ir, intuyendo el momento exacto para aparecer en escena y volver a forjar universos de unión y riquezas.

Y así te apareces de repente en La Habana, guitarra en mano, provocando pasiones y alterando el sistema nervioso de quienes te rodean. O desapareces como el día, para que nadie te domestique y partes en la noche hacia tu ruta maya.

En tu peregrinaje grabarás recuerdos imborrables, le sacarás el jugo a cada alma que cruce tu camino y darás lo mejor de ti, siempre. Cocinando, creando, conviviendo.

Sofisticado, vanguardista, transgresor y seductor empedernido, cada sitio que encuentres en tu viaje podrá ser fácilmente tu hogar: siempre encontrando tu sillón, tu amante, tu deleite. No importa si estás en Jamaica, o en Seattle, o "surfeando" olas en Perú, o en Egipto, donde eres venerado, siempre encontrarás tu *spa* o un gimnasio cerca, o una peluquería para hacerte chapa, pintura y cigüeñal... Y mejor si estás en un sitio donde haya de todo. Ciudades culturalmente ricas, renovadas, donde se mezclan la bohemia con el buen gusto, los vicios con los mayores refinamientos. Un sitio donde puedas comprarte buena ropa, donde estés rodeado de arte, música, buenos libros, cafecitos interminables por paseos góticos y noches salvajes.

Barcelona, Nueva Orleáns, Estocolmo, Bogotá, Casablanca, Buenos Aires.

Placer, placer y más placer. Invirtiendo en ti tus ganancias, formando tu familia universal como un marinero, compartiendo tus historias de viaje en cantinas de puertos cósmicos, con amigos, amantes, socios, desconocidos. Eres capaz de almacenar experiencias, historias, personas, situaciones y lugares como un coleccionista sin que nada te pese. Porque eres libre.

Tu misterio, tu diplomacia, tu suerte, te servirán para abrirte puertas y acceder a mundos y submundos que pocos conocen. Pero si no estás inspirado, tal vez te convenga pasar desapercibido.

Un romántico de tu categoría debería conocer el árbol de las delicias, el hueco perfecto para vivir cada historia, llevar a tu amante a un oasis en el desierto, en Phoenix, y caminar de la mano entre naranjos en una noche de Luna llena, o cantarle una serenata a la moza de un bar en Malta, o sacar un *wok* de la galera, prepararte una paella en medio de la nada y ofrecer tus talentos o tu carne, como lo hizo Buda en una de sus vidas anteriores... O dejarte acariciar sin pronunciar palabra en un harén afrodisíaco, o simplemente, contando tus propios viajes...

A la hora de saltar, deja los "por las dudas" en algún tejado. No los necesitas.

Dragón

*"En este cuerpo están los ríos sagrados; aquí están el Sol
y la Luna y los lugares de peregrinaje... No he encontrado
otro templo tan bienaventurado como mi propio cuerpo".*

Saraha

Dragón es mi hijo, niño índigo, ser superior. Viajó quién sabe desde dónde para reencarnar en semejante dios de la dicha, espíritu de vigilia, ojos benévolos que hablan, que conmueven, palabras de principito para un hombre como yo, que esperaba su llegada junto a mi avión averiado.

Salvador, maestro, poeta, como Lennon, como Neruda. Mago, como Pelé, como Dalí. Demasiado, como Al Pacino o Sandra Bullock, o como Yu el Grande.

Con tu mochila pequeña unes mundos y borras densidades, con amor, creyendo en la paz, inspirando, reflejando poder e independencia. Sobre ti fluyen las aguas hacia la humanidad.

Por el dragón el mono inventará rutas y abrirá caminos con machete y dejará mensajes en cada pueblo para que ya lo conozcan antes de su arribo.

Para el dragón habrá siempre ovejas, aunque sea dentro de una caja con agujeritos. Podrá sobrevolar los paisajes con su imaginación, hacer tomas aéreas de rebaños pastando en los campos de Oregon, en acantilados junto al Pacífico, o recorrer la Ruta 40, desde Abra Pampa hasta Punta Loyola, uniendo pueblos, culturas, volcanes, bosques y salares, deslizándose por enormes dunas de arena en Tatón, en nuestra increíble Catamarca, cruzar los Andes a caballo, y siempre protegido como un canguro en el saco de su madre...

Alquimista y sensible, podrías viajar con Coelho a cualquier montaña mágica o peregrinar hacia sitios sin huella y disfrutar de los oficios, y ser venerado como un ángel mitológico. Porque el paraíso es un gran lienzo blanco donde tu creatividad no descansa hasta inventar archipiélagos, y túneles, y poner vías en el cielo, como el Tren de las Nubes. Porque justamente hoy hacen falta mitos positivos, rituales de permiso, agradecimiento, perdón y respeto, y ejemplos que nos den esperanza. Y porque la verdadera sabiduría no duerme jamás.

Pero estás en la Tierra, candombe violento, y tus utopías dependerán en gran parte del sincronismo que encuentres en tu andar ambicioso.

Te imagino en el mar, nadando entre delfines, haciendo *snorkeling*, sonriendo en County Line, Malibu, o viviendo en las montañas, o visitando a tus amigos chinos, para quienes eres el creador de la felicidad.

Te imagino corriendo en un campo lleno de girasoles en Cañuelas, saltando de rama en rama en un morro celestial en La Cumbre, seduciendo a morir en un mar de mil azules, siendo soberbio donde el calor es perpetuo, o enroscado con una diosa en una pileta natural de aguas termales en Victorsville.

Te imagino viajando en el tiempo, hacia Serbia, o visitando a tus parientes celtas, hasta los límites del Otro Mundo.

Donde sea, aprovecha para trabajar tu parte espiritual y metafísica, o tu inseguridad podrá llevarte a desperdiciar tu potencial en mundos de vicios y ego-centros inestables.
Cuida la naturaleza, y te expandirás en ella.

Serpiente

"Hice mi mundo, y es un mundo mucho mejor de los que he visto afuera".

Louise Nevelson

Las pérdidas se deben soportar con fortaleza. La serpiente va constantemente en busca de un nuevo destino. El tuyo es un viaje en busca de una vida digna, un futuro más humano y rico en experiencias. Silenciosamente. Serenamente. Introvertidamente. Inmersa en tu universo.

Sakara, Babilonia, arena y piedras, viento y refugio, grandeza, espacio para arrastrarte. O para nadar en tu mar, como en la Isla de Niue, en la Polinesia.

Fuiste Basuki, la gran serpiente de Bali. Y fuiste testigo de tantos misterios. Eres más romántica en la imaginación. De frente hasta Tor sucumbe a tu veneno.

Con tu cabeza en el cielo, tu cola en las aguas, enroscas amigos, mendigos, sirenas, luciérnagas y sabios. Yo te vi pasar muy cerca en tu camino hacia el arroyo del mar. ¿Estarás ahí todavía? ¿O estás emplumada, como Quetzacóatl?

Más bien te veo en Ayers Rock, Australia, cambiando tu piel lejos de donde se queman cauchos. Engendrar cuando lo sientas, mientras tanto estirarte sin prisa.

Sigues siendo diosa de la tierra y la fertilidad. Los navajos lo sabían.

No te detienes en tu camino. Como si estuvieras en un *express lane*, llegando sin querer a Canadá. O de Los Ángeles a Nuevo México sin escalas, atravesando una tormenta de nieve en Santa Fe y visitando la casa de Georgia O'Keefe.

Siempre alerta, eligiendo bien, con sutil fuerza, estás en varios lados a la vez. Aunque trabajes obsesivamente, estás arriba de un avión, o en tu casa www.minimalista.com, o tienes pasaje en mano para eyectar hacia Brasil, o estás armando algún trueque pintoresco que te lleve de feria en feria.

Como Ghandi, de pasos cortos y grandes campañas, también podrías aprovechar tu naturaleza para expresarte de otro modo. Y por tu devoción al control, mejor el intercambio, compartir tu tiempo relacionándote con otra gente.

La generosidad conlleva su recompensa. Así que si no te atrapan tus *moods* desconcertantes, podrás disfrutar. En Holanda, en Londres, en la última exposición de diseño, en el Marché de Papeete en Tahití, en viajes interactivos o enroscada en tu almohada... Pero más allá de tu presencia en la megaferia de Dinamarca, te veo preguntándote porqué el *blackbird* es el pájaro más común allí. Al margen de tu presencia en los espectáculos, el teatro, el cine, te veo buscando un pueblo de casas blancas y bajitas, con macetas llenas de flores colgando de sus balcones, como Ovidos, en aquel paraisito llamado Portugal. Güimaraes, Sintra, Porto... rutas costeras, tiempos barrocos tapados por la selva y curtidos por el mar. Paz, romanticismo, largas horas durmiendo, y despertando, y volviendo a despertar.

El movimiento continuo te altera, así que *no rush*, *baby*. Si quieres calma, el arte azteca puede llevarte a recordar tu origen de pircas y dioses.

Viajar como Milan Kundera, con la leve insoportabilidad del ser. Viajar a la mente de John Malkovich. Viajar en un convertible con Alicia Silverstone, viviendo un *aerotrip* mientras suena Moby, alucinado. Bellas serpientes.

Lleven su *glamour* adonde no lo hay.

Y reciban con humildad todo lo que sí hay.

Caballo

"Cada brizna de pasto tiene su Ángel que se inclina y le susurra: 'Crece, crece'".

El Talmud

¿Cuál es tu viaje? ¿El del progreso, el de la felicidad, el de la juventud, el de la belleza, el de la riqueza, el poder? ¿En qué tierras mitológicas podrás galopar con tus crines al viento?

En Santa Cruz, tal vez. En Córdoba, tierra de Comechingones, tal vez...

Tienes más de Robinson Crusoe que de gordo panzón. Continentes como islas para correr, para parir, para cruzar ríos y montañas, para que las tranqueras no te frenen, campo traviesa, luna y cielo no te hacen sombra.

Kalki, décimo y futuro avatar, figura milenaria que inaugurará una nueva era. Eres más guerrero que el guerrero. Vayan yeguas a Euristeo, de la mano de Hércules. Vayan a buscar su vellocino de oro con los argonautas. Vayan a Lemmos, a Cícico, al país de los Bébrices, al Mar Negro, a Cólquide, por la ruta del Argo.

Atracción fatal, déjate algún títere con cabeza. Turismo carretera, relinchos transgresores, golpes certeros en tu andar decidido. Como buen líder, encabezas la *troupe* hacia el lecho del río, caravana del milenio, para acampar en libertad. Ya sea cruzando el Champaquí, o cargado de cuarzos en tu lomo, en el Uritorco, con tu nave espacial conquistas el horizonte, como Mancha y Gato, como Tschiffely, dos años sin cambiar de montura... ¿Qué es el tiempo?

Animal rebelde, enérgico, guardián del hogar. Tu mejor viaje es el de la comunicación, transmitiendo. Por eso es bueno que trabajes en equipo, sin tanto capricho. Con fusta, con rebenque, con ramita, con onda telepática, como quieras, puedes cambiar el paso, arrancar como un pájaro sin espuelas ni tropezones. Avanzas, pides, te gustan los caprichos. Un poncho, una piedra, una flor. Senderos de montaña, península Valdés, Atacama, llamas, vicuñas, desierto y mar.

Como fuiste instrumento para grandes batallas, solían llamarte dios de los combates. Sin embargo, aunque no sepas de límites, ir al choque puede convertir tu viaje en una lucha inconducente. Así que huye del fusil, toca la armónica y aliméntate bien. Sitios pacíficos, entornos amables, tu 4x4 te lleva más allá del concreto. En tu travesía idealista no hará falta ofrendar sacrificios al océano. Simplemente el respeto te servirá de *travelpass*. Sueñas con tu Mar de las Pampas, vida salvaje, dunas desprendidas del mundo. Sueñas con tu península, tu Yucatán, tu España, tu isla de Madagascar...

Viaja en el tiempo. Viaja a los cuadros de Rembrandt. Viaja con los ojos de Cindy, con la voz de Sinead, con las curvas de Kim. Viaja con tus manos, haciendo velas, ordenando el crepúsculo, curando, tocando el barro, creando djambes para que dancen todos. Como en Brasil, como en la Puna.

Tu espíritu salvaje ya te permitió dejar huellas para que no sigas dando vueltas en círculo. Ahora empieza un nuevo tiempo para que te consolides en tu arte y no pierdas nada en tu galope. Recuerda que el caballo es sinónimo de libertad.

Paso a paso. No te compliques. Tú designas que abunden los pastos.

Cabra

"Uno no descubre nuevos territorios a menos que consienta perder de vista la costa por un largo tiempo".

Andre Gide

Gustos variados. ¡Y caros!
La cabra representa el "no todavía", el tiempo de la espera, LA PACIENCIA.
Vi tantos rebaños inspiradores de vidas de montaña, de paz, de pastores...

Con tu gran habilidad de captar las oportunidades dadas y esquivar las piedras, la intemperie no te resulta obstáculo alguno. Con tu canto de coro te asientas en valles de oración y sabiduría, como Krisnamurti, o como Osho. Y predicas acerca de los nuevos mortales que tienen compasión.

Si te queda a tiro, marche un viaje por los Alpes Suizos. Un festín de aquellos. Ahí puedes somatizar tranquilamente, codearte con gente más fuerte que te estimule y te lleve por caminos reenergizantes, por laberintos y cornisas donde balar sin culpa. O puedes hacerte un *road movie* por el noroeste americano, campos sobre acantilados, graneros colorados, pastos verdes y agradecidos, paisajes eternos de Washington State, cruzando puentes colgantes y encontrando refugio en un mágico *bed & breakfast*.

Preguntando todo, preguntando de todo, más que una guía necesitas una enciclopedia. Mientras no cargues con una mochila muy pesada podrás actuar sobre tierra firme y llegar a puerto sin problemas. Y como tiendes a depender de la sobreprotección familiar, mejor un viaje de libertad, lejos de la rutina y las obligaciones. Uruguay, el bosque de ombúes de Rocha, o Aguasverdes, camino a San Carlos, para dormir, para estar en soledad, para ser sin testigos.

Y en la guía de la cabra, infaltable una completa sección de actividades al aire libre y deportes. Dónde caminar, dónde nadar, dónde jugar al golf, al polo, dónde recorrer ruinas arqueológicas.

En América del Sur abundan los infinitos y tu sensibilidad podrá entrar fácilmente en sintonía con la naturaleza. Neuquén, Río Negro, Chubut, Santa Cruz, Tierra del Fuego, ¡la Patagonia!. Tierras de rebaños mapuches y araucanos, de estancias argentinas, de pioneros universales. Cruzar a tierras vecinas, de Bolivia a Chile, de Perú a Ecuador, de Brasil a Paraguay, de Colombia a Venezuela.

Volviendo-te América, tierra de la tierra, justicia aprendida y bien emancipada.

En Egipto, renaciendo junto al Nilo, o en Grecia, cocinando en tu casa sin ventanas, mar Mediterráneo donde zambullirte, callecitas sin relojes para moverte en bicicleta. O en Sri Lanka, o en Hengshan, o en Lhasa, con tu rebaño espiritual.

Después de semejante año que nos regalaste, supongo que no será difícil dejarte un lugar en la camioneta.

Tu espíritu abre puertas. Tu cuerpo atraviesa cielos. Aliviana tu carga.

Mono

> *"Deja de pensar y hablar acerca de ello, y no hay nada que no puedas llegar a conocer".*
>
> *Paradigma zen*

Clima interno, ritmo, caminos. Primeros ítems de la guía del mono.

¿Será como el cuento del Tigre y la Ogresa, que todos descendemos de ti? ¿Será por eso que los monos estamos atraídos a la cultura tibetana, a los maestros, a la sabiduría oriental? ¿Vamos camino al Nirvana?

Con imaginación desbordante, el mono se cae de los mapas, inventa otras rutas y circuitos y jamás se detiene. El mar de Praia do Rosa, la majestuosidad de San Petesburgo, la historia de Constantinopla, los rostros y contrastes de Fez, el desierto de Er Chebi, la inmensidad de los Highlands en Escocia, la ciudad vieja de Sevilla, la Alhambra de Granada, los Amish de Lancaster, la adrenalina de New York, las termas de Fiambalá, el color de Belén... con tu flexibilidad y la mejor adaptabilidad de la especie, cada sitio es una rama desde donde contemplar el mundo de los mortales.

El mono va adonde le late el corazón. Donde siente que hay seres con evoluciones y vibraciones especiales. Donde la música lo invita a bailar. Donde se siente libre de estereotipos y sistemas convencionales. Ama la naturaleza. Le divierte embarrarse, volver del paseo con rastros visibles, piel curtida, hamacarse de rama en rama, o en hamaca paraguaya, suco en mano, escuchando los truenos, observando la lluvia que cubre la selva...

Éste es tu año. Nuestro año. Es tiempo de *show up*. Tiempo de hacer lo que mejor sepamos hacer. Sin depender de terceros. Hacer equilibrio. Subirnos a los árboles a limpiar el clavel del aire. Escribir diarios de viaje. Comunicar. Observar el vuelo de los cóndores. Viajar mucho. Viajar al éxito y arriesgarnos hacia territorios desconocidos. Invitar a otros a aventuras de ciencia ficción. Tomar carrera para que no nos mate la ansiedad. Ir más allá de donde se gestan los comienzos y crear y avanzar hasta en los peores momentos, contra viento y marea. La ayuda está concedida.

El mono está aquí y ahora. Viaja con su mente pero siempre retoma el camino que lo lleva. Su originalidad y su suerte le presentan variadas alternativas posibles a la hora de elegir un rumbo. Sabe liderar y también sabe metamorfosearse con las mágicas causalidades que lo llevan a destino.

El viaje de la incertidumbre, del desapego, de la virtud que se halla en la inseguridad. El viaje por las lianas existenciales, saltando, unidos de la mano al cielo. Tu ego se derrite ante el éxtasis que te provocan los paisajes, los libros, los amores, la experiencia.

El "con qué" viene solo; no te faltará un trabajo donde sea que vayas.

Tu *beat* al compás de la mano y la voz de Bob Marley te lleva a estados jamaiquinos de conciencia, mundos de palmeras, islas, islotes, saltando a Centroamérica, mimetizándote con los templos, en Guatemala, en El Salvador, *surfeando* en Costa Rica, o en Nicaragua, a bordo de un jeep, o acampando con sabios espíritus en el Shinkal de Quimivil, o atravesando el telón como Truman, o corriendo como Forrest Gump...

Sí, posiblemente salgas disparado de la ciudad hasta cruzar el desierto, y aunque por un momento creas no tener una clara razón para hacerlo, estarás dejando atrás la línea de largada, y ésa es una buena decisión.

El mono se siente bien donde la ley deja vivir, donde el prójimo no contamina los climas y los intérpretes comprenden rápidamente de qué se trata.

Por eso, a rodearse bien, a viajar por el oeste, por tierras lejanas de gente mansa.

Gallo

"Lo más importante es saber con qué espíritu llegas, no dónde llegas".

Séneca

Gallo, símbolo de la vigilancia y la actividad. Éste es tu tiempo para explorar posibilidades más allá de tu gallinero. Tiempo de celebrar y agradecer por los sucesos victoriosos. Tiempo de sorprenderte y dejar a tu ego *game over*.

Disfruta de los cambios, de salir de la rutina. Florencia, Baden Baden, Disney...

Al gallo le gusta el *Diners Time*. Probar comidas regionales, salir a descubrir, llenarse de universos paralelos, mezclarse con todo tipo de gente. Y si es en otoño o en primavera, mejor. Nada de lugares húmedos ni fríos polares.

Viajante coqueto, no descuidarás tu imagen aunque debas pedir prestado.

Hacia el oeste, de frente, con orgullo, avanzas como gallo de riña indicando combates y ganando terreno mientras piensas en tu porvenir.

Como detestas los extremos, buscarás climas templados donde puedas sentirte a gusto y mandar entre los tuyos, viajar hasta los trópicos, indagar hasta las raíces, investigar hasta el aprendizaje, nadar hasta el olvido...

Aunque gallo no es igual a galo, en Francia te tratarán como local, un poco de París o la Costa Azul, un poco de derroche, buena ropa, perfumes y *chocolat*, todo lo que sea necesario para saciar tu sed refinada y tu especialidad por el buen gusto.

Y si madrugas, y nadie se despierta, igual haz tu camino y madura, que de tus viajes también se alimentará tu costumbrismo y evolucionará tu especie.

Viaja al interior de tu país, al interior de tu alma, al interior de tus miedos. Aprovecha esa virtud que tienes para discriminar entre tus actividades cotidianas y tus metas, o entre los proyectos para comer y los proyectos para soñar. Un poco de familia y otro poco de soledad, un poco de tradición y otro poco de intuición. Y todo te resultará mucho, y mucho podrás vivir. Y si te late, no hay empresa que no puedas realizar. Alquilar un gran colectivo y llenarlo de amigos, primos, hijos, amantes, para salir a navegar tu tierra tirando papelitos y levantando ermitaños del camino, sintiéndote el gran animador de tu familia universal.

No por nada se te adjudica la prosperidad. Porque quien celebra es próspero. Y como gozas de buena salud, y te gustan los deportes o las terapias alternativas, por qué no darte el gusto y hacerte un *tour* de salud física y mental. Solo o acompañado, el gallo estará feliz en el bosque, montado en un caballo, leyendo a Parravicini, o inmerso en un baño de sales aromáticas. Córdoba, Salta, los Valles calchaquíes, Termas de Reyes, cerros multicolores para regocijarte en familia, y sentirte merecedor de tanta dicha.

O puedes hacer un poco de turismo rural, aprendiendo de la vida campestre, de la siembra y la cosecha, de los viñedos, de la gente de campo. En España o en Italia, a lo largo del paralelo cuarenta. O por la Ruta del Vino, en Mendoza, de oasis en oasis, respirando el aire limpio de la cordillera argentina.

Y si te tira el hogar, sólo ocúpate de que haya suficiente leña.

Perro

"Vende tu inteligencia y compra asombro".

Jalal Ud-Din Rumi

Perro querido, cómo ladraste cuando tuve que partir. Confundes tristeza con decepción, y entonces olvidas que para un amigo fiel y noble como tú, siempre habrá un lugar en cualquier travesía. Sólo intenta fijarte más en las virtudes de las personas que en sus defectos, y comprende que la vida es cambio.

Como te gusta tu cucha, y como viajar no es una prioridad para ti, ladras y ladras cuando despegan los aviones. Pero como el coyote, puedes caminar desde Alaska hasta Costa Rica cuando te plazca. O puedes subirte a una reciclada catramina y convertirla en jauría de seducción y deseos, como Maribel Verdú renacida en *road movie* mexicana, viajando hacia la libertad, en estado de celo, inventando playas, amores y siestas de sol y romance.

Especialista en respetar las señales del tiempo, en presentir terremotos, en usar tus instintos y tu olfato mejor que nadie, sabrás perfectamente bien cuándo viajar y cuándo quedarte cuidando tu ganado.

Como trabajas duro por tus obras y emprendimientos, consideras muy bien el costo de tus viajes, evitando derrochar más de la cuenta. Y aunque te sobren unos dinerillos, prefieres ser previsor para las épocas de vacas flacas.

Renace y evita ponerte negativo. Es tiempo de aullar de felicidad. Es tiempo de danzar en la noche y entregarte. No hace falta mostrar los colmillos para saberte fuerte y guardián. Tu viaje es armar tu rancho, hacerte generoso, participar en tu comunidad, expandir tu territorio lentamente cuidando que no falte el agua, diseñando políticas vanguardistas para proteger el medio ambiente, reciclar la basura, y convertir tu microcosmos en un paraíso canino.

Y si no, te zafarás de la correa que te ata a ti mismo, y, con enorme integridad y discreción, llegarás a otros pueblos cercanos a trabajar en lo tuyo, y a dejar huellas aquí y allá hasta que te sientas conforme. De todos modos es muy probable que tus viajes resulten de invitaciones sorpresivas, o que una extraña intención o búsqueda espiritual te lleven *Out of a limb*, como a Shirley Mclaine, y llegues hasta Machu Pichu a encontrar tu verdad, y transites el camino del Inca de la mano de tu alma gemela.

Y si te pinta una luna de miel o un viaje a puro mimo, dos pasajes a las Islas Salomón y que Dios te bendiga.

Yo viajé con un perro y me divertí a lo grande, y abundaron los amigos y los encuentros mágicos. Yo viajé con una perra y no pude dejar de amarla.

No es necesario morirse de tristeza para renacer.

Chancho

"Existe un riesgo que no puedes permitirte correr, y existe un riesgo que no puedes no permitirte correr".

Peter Drucker

Luz, cámara, acción. Chancho querido, cabeza dura, deja de reaccionar mal con tus amigos e interlocutores, o vas a quedarte sin protagonismo.

Y no es recomendable que te resignes a ser un mero espectador en soledad.

Este año, tu espíritu curioso más bien te abrirá nuevas puertas dimensionales y podrás salir de gira como Diego Torres o compartir tu sabiduría como el Dalai Lama.

Tu refinamiento de exportación, tus ideas de vanguardia, tu reservada sinceridad, serán como tener la *green card*, el pasaporte europeo y tu pasaje a la India, gastos incluidos. Y como tienes una gran capacidad de analizar, almacenar y procesar experiencias, podrás desarrollarte mientras viajas y agrandar tu portfolio con historias inolvidables e irreproducibles.

Pero aunque viajar te gusta, siempre estás deseando volver a casa y quedarte allí perfeccionando tu arte. Lo que hay afuera ya lo viste. Sólo te falta mirar un poco más adentro. ¡Lo bueno que hay adentro!

Y si no tenemos que rescatarte de alguna trasnoche en Casablanca, tal vez puedas construir un hogar a prueba de lobos y ocuparte del bienestar de tus amores.

Pagas muy caro tus vicios ocultos, por eso no te recomiendo viajar con los reyes de la noche ni confiar en tu soberbia. Mejor viajes cortos, con amigos, o en familia, y cuidando que tu carácter represor no arruine la travesía.

Mar del Plata, Cataratas del Iguazú, Bariloche, para desintoxicarte en la naturaleza. Japón, para conocer otras mentes brillantes como la tuya. África, para los saltos al vacío y las arenas del olvido. Bhubaneswar, o Tikal, para sorprenderte y para ampliar tu sentido de la compasión. Y para fluir al ritmo de la bossanova o el candombe, Trancoso, en Brasil, o José Ignacio, en Uruguay.

Viajar con gente con la cual tengas gran afinidad, por lugares desconocidos, y en contacto con la naturaleza. Ser exageradamente hedonista, improvisar en relación con lo que te provoque el lugar donde estás o la gente que conoces. Recuerda que viajando te mueves con menos prejuicios, y tu percepción te regala velas para que navegues por donde quieras.

El tiempo pasa y nos vamos haciendo viejos. Así que no te resignes a tu suerte despareja. Mientras ayudas a otros a llegar a buen puerto, otros animalitos preguntarán por ti en la fiesta. Te estamos esperando.

Salta, y te crecerán las alas.

Ilustraciones **Juliana Ceci**

Producción: Renata Schussheim

Fotografía: Eduardo Martí

Predicciones 2004

Mono de madera

Predicciones para el año del Mono de madera
basadas en la intuición, la cosmovisión y el I-Ching

El I-Ching dice

		Hexagrama principal
		2. K'un/Lo Receptivo

EL DICTAMEN

Lo receptivo obra elevado éxito,
propiciante por la perseverancia de una yegua.
Cuando el noble ha de emprender algo y quiere avanzar,
se extravía; mas si va en seguimiento encuentra conducción.
Es propicio encontrar amigos al Oeste y al Sur,
evitar los amigos al Este y al Norte.
Una tranquila perseverancia trae ventura.

Las cuatro direcciones fundamentales de lo Creativo: "Elevado éxito propiciante para la perseverancia", se encuentran también como calificación de lo Receptivo. Sólo que la perseverancia se define aquí con mayor precisión como perseverancia de una yegua. Lo Receptivo designa la realidad espacial frente a la posibilidad espiritual de lo creativo. Lo posible se vuelve real y lo espiritual espacial merced a un designio individual. Esto queda indicado en el uso de la expresión "perseverancia" y "una yegua". El caballo le corresponde a la tierra, como el dragón al cielo: su infatigable movimiento a través de la planicie simboliza la vasta espacialidad de la tierra. Al usar el término "yegua" se combinan la fuerza y la velocidad con la suavidad y la docilidad.

La naturaleza puede realizar aquello a lo que lo Creativo la incita gracias a su riqueza (alimentar a todos los seres) y a su grandeza (otorgar belleza y magnificencia a las cosas): da así origen a la prosperidad de todo lo viviente.

Mientras que lo Creativo engendra las cosas, éstas son paridas por lo Receptivo. Traducido a circunstancias humanas, se trata de conducirse de acuerdo con la situación dada. No se trata de conducir, sino de dejarse conducir: en eso consiste la tarea. Adoptando frente al destino una actitud de entrega se encuentra la conducción. El noble se deja guiar, deduce qué es lo que se espera de él y obedece su destino.

El Sur y el Oeste significan el sitio en que se juntan fuerzas para realizar las labores, como el verano y el otoño para la naturaleza; es bueno contar con amistades y ayuda. El Este y el Norte son los sitios de recibir órdenes y rendir cuentas: es necesario permanecer solo para ser objetivo y que no se enturbie la pureza.

LA IMAGEN
El estado de la Tierra es la receptiva entrega.
Así el noble, de naturaleza amplia, sostiene al mundo externo.

Así como existe un solo Cielo, también existe una sola Tierra. Pero mientras que en el caso del cielo la duplicación del signo significa duración temporal, en el caso de la tierra equivale a extensión espacial y a la firmeza con que ésta sostiene y mantiene todo lo que vive y actúa. Sin exclusiones, la tierra en su ferviente entrega, sostiene el bien y el mal. Así el noble cultiva su carácter haciéndolo amplio, sólido y capaz de dar sostén de modo que pueda portar y soportar a los hombres y las cosas.

Mensaje tántrico

Desperté envuelta en texturas de sueños continuos de personas que quiero mucho. La luz del día y las ganas de celebrar el año nuevo maya, que siempre comienza el día BAATZ 8 según la tradición del linaje MAM, el más antiguo del mundo maya, conectaron mi centro al de HUNAB-KÚ, el gran sol del cual todos venimos y dependemos, para hilvanar mis deseos de armonía, equilibrio, paz y amor en este ciclo que tiene especial importancia para los terrestres, pues es para la civilización un cambio de rumbo en la configuración planetaria que influenciará el destino de la especie humana.

El mensaje para el año del mono, que va desde el 22-1-04 hasta el 8-2-05, es saber que sin amor nada se logrará ni será posible, ni encontrará solución.

"*All we need is love*", cantaron los Beatles y es cierto; el mundo se transforma cada día y nosotros con él, aunque no nos demos cuenta.

Al alejarnos del origen, de nuestra misión esencial como seres de luz y mensajeros del cosmos, estamos perdidos, sin rumbo ni guía ni brújula para dilucidar este tránsito planetario donde la claridad interior es la prioridad para adaptarnos a los cambios drásticos anunciados en las profecías y que se están cumpliendo inexorablemente.

El año del mono de madera cambia el rumbo esencial de nuestra vida.

Hay que dar examen en cada situación y aceptar la nota, pues quien crea que vivir es tarea fácil está errado; la vida es una gran responsabilidad y tenemos que apreciarla si queremos seguir en este planeta en transmutación.

Estamos intoxicados de mensajes que se largan como misiles para desorientarnos y sacarnos del TAO (camino). Por eso es fundamental prepararse; entrenarse con lo que cada uno intuya que es adecuado para seguir evolucionando y aportando con conciencia en esta etapa crítica de conmoción espiritual donde, como en el arca de Noé, todos quieren subir antes del diluvio que viene.

salvarte.com

El mono es un signo mental, impulsivo, lúcido y eficaz.

No pierde el tiempo cuando tiene que tomar decisiones, actúa guiado por su intuición y ejecuta mandatos.

Nadie tendrá paciencia para esperar al otro y menos Oriente a Occidente, donde las cuentas kármicas crecen como una bola de nieve y la sed de venganza por no entender la ley de causa y efecto está devastando desde los recursos naturales hasta la vida en el reino mineral, vegetal y animal, alcanzando el humano.

El mono intentará unificar, conciliar lo imposible, a través de su diplomacia, sentido común y grandeza de espíritu. Apelará a su sentido de convocatoria para intermediar entre la G7 y los países del tercer mundo.

África, Asia, América y Oceanía entrarán en fuertes crisis sociales, políticas y económicas defendiendo sus derechos con la pluma, la palabra, las armas, al estilo *La virgen de los sicarios*.

Reinará el caos y la confusión y sólo apelando al sentido común, con guías, maestros, antorchas que orienten a la gente, se podrá establecer el rumbo de la sociedad.

OJO POR OJO, DIENTE POR DIENTE es el *leit motiv* del *slogan* simio.

Por eso es necesario el trabajo interior para no llegar a un punto sin retorno en nuestro devenir.

La energía madera ayudará a resolver problemas y a encontrar salidas solidarias, creativas y originales

Se multiplicarán los encuentros para la paz, los derechos humanos, la ecología y el medio ambiente que, debido a los depredadores físicos y psíquicos, aumentarán notablemente.

Es fundamental que sepamos que nos debemos brindar incondicionalmente para enfrentar el dolor, el sufrimiento, la miseria, el odio, la demencia y el caos que nos devora.

Tendremos que ser sabios y descartar los espejismos, triturar el *egotrip* en una licuadora y seguir con la pulpa haciendo *zapping* con la ciclotimia digna del año simio.

AGUDIZAR EL RADAR EN LA SELVA ANTES DE QUE NOS DEVOREN.

Es un tiempo de convergencia espiritual; grandes llamados de paz y amor golpearán nuestros corazones produciendo un cambio radical en nuestra vida.

En el mundo habrá alerta rojo por amenazas.

La guerra de las religiones explotará y no habrá retorno. Será una purificación planetaria a un costo humano sin precedentes.

La economía mundial tambaleará y la bolsa pasará un mal año, pues las apuestas oscilarán entre los yens, euros y el alicaído dólar.

Renacerá el trueque, el servicio, la mano de obra artesanal y no habrá liquidez ni *cash* en el mercado. Esto permitirá el nacimiento de nuevos emprendimientos y formas de sobrevivencia.

Habrá un retorno a lo natural, a la tierra, al mar, ríos y lagos y se alcanzará un buen nivel de vida.

Fenómenos celestes, meteoritos y satélites irrumpirán en el cielo y los expertos dirán qué posibilidades de riesgo hay en la Tierra.

La degeneración sexual llegará a la cúspide. Habrá que enfrentar situaciones absurdas entre el varón y la mujer y sus crisis.

La mente será un laberinto que se deberá decodificar para buscar la salida.

El I-CHING aconseja que seamos receptivos. A pesar de la dureza del tiempo habrá recompensas para quienes apuesten a las utopías y a los sueños.

Tranformaremos lo negativo en arte, amor y celebración.

Volveremos a las ceremonias. A sentir que la vida es una oportunidad para aprender y evolucionar en nuestro retorno al reino del cielo interior.

Profecías mayas

por Carlos Barrios

"No son nuestras posesiones, ni nuestras acciones lo que determinan lo que somos, son nuestras decisiones las que lo hacen y, si en esta realidad con el divino don de la vida que te ha sido dado, estás indefinido, el destino de tu vida está marcado por la intrascendencia".

Don Isidro
Sabio Maya Kekchi

El mundo maya tradicional a través de miles de años ha preservado el conocimiento ancestral, este legado se ha transmitido en los diferentes clanes o grupos que siguen la alta espiritualidad maya, en donde se ha mantenido la pureza de esta sabiduría milenaria.

Hoy estamos viviendo momentos proféticos, varias profecías mayas y de otras tradiciones apuntan hacia estas fechas. Ésta es una época trascendente en donde se están cimentando los cambios. La humanidad tiene que retomar el camino del respeto hacia sí misma y hacia el entorno, hacia la sagrada Madre Tierra; estamos en las puertas de cambios en las estructuras del sistema que conocemos, tanto en lo económico como en lo social, que tienen que transformarse en dirección a algo más humano, justo y equilibrado.

Las profecías mayas son una mezcla del conocimiento científico tecnológico basado en el Calendario sagrado TZOLKIN y los poderes visionarios de los Chilanes Balanes (chamanes-profetas). Hasta la fecha, todas las profecías de ellos se han cumplido con una extrema precisión.

El hecho profético es la base del mundo maya, que se apoya en el Calendario Sagrado, pues para el mundo maya esta realidad existe dentro del NAJT (espacio-tiempo) y ésta es una infinita espiral en donde los ciclos o eventos son repetitivos con cierto grado de similitud en un período anterior o posterior correspondiente, es así como cada persona tiene un signo dentro de los ciclos de los Winales, (período de 20 días) y éste marcará su destino en cuanto a tendencias, capacidades, aspectos positivos y negativos, así como la predeterminación de los acontecimientos trascendentes en los diferentes ciclos de la vida. Cada ser humano trae una energía, un propósito de vida.

"Cuando un sabio habla, no lo hace para convencer a los incrédulos, lo hace para orientar y despertar la conciencia de aquellos que siguen un sendero hacia la conciencia.

Sus palabras no son sólo para el debate intelectual, o alimento del espíritu, pues en la actualidad la espiritualidad de estos tiempos proféticos no se limita a la contemplación y meditación, hoy la espiritualidad es sinónimo de acción...
Y la acción es cada acto de tu vida, en armonía con la Madre Naturaleza y, lo más importante, en armonía con uno mismo, en relación con el entorno en que se vive".
Don Pascual
Sabio Maya-Mam

Encontrándonos con los abuelos y Aj'kij'ab Maya-Quiches en el cerro Turkaj de Chichicastenango en el altiplano guatemalteco, el 31 de diciembre de 2002, al comienzo de la celebración del inicio del Ciclo Sagrado del TZOLKIN, conocido como el Calendario Sagrado Maya de 260 días, recibimos una llamada de un hermano espiritual, el Doctor Marco Sagastume G., quien transmitiera las palabras del más anciano de los sabios del pueblo Mam, miembro del Consejo de de la Gran Confederación de Aj'kij'ab, sabios, ancianos y principales mayas. En su llamado con las palabras sencillas pero fuertes, había un tono desesperado, de incredulidad, su fuerza deseaba sacudirnos de la inconsciencia y decirnos: "¡BASTA, ES SUFICIENTE!".

¿Acaso no nos damos cuenta del daño que hacemos a nuestro hogar? ¿A qué·horas perdimos la razón? ¿A qué horas perdimos el respeto a nuestra Madre Tierra?, se preguntaba; ¿Cómo es que no tomamos acciones, ante la implacable destrucción que hacemos cada día, ante la contaminación? ¿Cómo es que podemos dormir tranquilos, es que acaso nosotros no tenemos responsabilidad por lo que sucede?

Pues sí que la tenemos y muy grande, porque al permitir que unos cuantos, por insospechados intereses económicos, hagan lo que les dé la gana sin que les pongamos un alto, somos tan responsables como ellos. ¿Acaso no nos basta ver cómo cambió el clima, cómo la tierra está contaminada al igual que el aire, cómo los ríos están envenenados? ¿Y qué decir de los océanos, en dónde están nuestras montañas verdes? ¿A dónde fueron los espíritus guardianes de los bosques, en donde moraran los jaguares, los pájaros, las flores y demás hermanos que dan alegría y balance a la vida? ¿Por qué dejamos que se seque la Madre Tierra? Luego nos asustamos de la sequía, de las inundaciones, las plagas y terremotos. Y todo esto, ¿por qué?.

Ustedes saben la respuesta, pues ya sólo se vive el momento, sólo se vive para obtener ilusiones materiales, el consumo incontrolado de cosas que no nos sirven, satisfactores y distractores que nos hacen sentir que somos alguien....

Y qué decir de los guías espirituales; el llamado es principalmente para ellos y todos los seres que trabajan del lado de la Luz. Hagamos conciencia, es la hora de tomar el papel que les corresponde, y todo se puede reducir a una sencilla palabra ¡UNIDAD!, que nos lleve a la armonía ¡AL RETORNO A LA CONCIENCIA!, armonía con la Madre Tierra, respeto por nuestros semejantes, nuestros hermanos animales y plantas y, ante todo, por nosotros mismos.

Pregunta a tu abuelo, a tu abuela a los mayores, ellos tienen la paz la sabiduría, la conciencia, escucha al viento, abraza a los ancianos árboles y pregúntales, escucha al río o simplemente acalla tu mente, pues la respuesta, la verdad está dentro de ti, en lo profundo de tu corazón. Y entonces sabrás que eres un guerrero de la luz, de la paz, del amor, de la armonía y así levanta tu voz, sin violencia pero con firmeza y todos UNIDOS reconstruyamos la maravilla de la vida.

¡Por favor, volvamos a ser humanos! Hoy, un año (TZOLKIN) después de este llamado, luego de la advertencia profética que se hiciera de la guerra y lo que ella encierra con su carga de violencia y muerte.

Por suerte esta desafortunada historia comenzó en marzo y no en abril, pues esto hubiese traído consecuencias impredecibles. Sin embargo antes del comienzo de la guerra, los sabios visionarios y profetas han vuelto a hablar, hemos recibido al mensajero de XIBALBAY el llamado INFRAMUNDO (éste no tiene nada que ver con el llamado infierno de otras tradiciones) es el mundo subterráneo en donde vivió por mucho tiempo la humanidad, luego de un cataclismo que hizo imposible vivir en la faz de la tierra.

Y aun quedan algunos de los Señores de XIBALBAY, poderosos magos, que viven en la profundidad de ese mundo, ellos han enviado a su mensajero.

Este mensajero se llama KABLICOT; su origen es tan antiguo como la noche de los tiempos, tiene por compañero a KAMALZOTZ, el primero es el Búho de dos Cabezas y el segundo el Murciélago de dos Cabezas, hoy vino el KABLICOT, su palabra es grave, de advertencia. Es de la memoria profética para estos tiempos en que convergen varias de las profecías, tanto mayas como de otras tradiciones, su palabra vino con la guerra, como un preámbulo, como su propia naturaleza, la de la dualidad.

Especial mensajero éste, que ve en la oscuridad, que gira su cabeza 360 grados y que cada una de sus caras mira indistintamente hacia las dos polaridades, su palabra trae el llamado, sin carga, solo, como un recordatorio, su misma esencia de polaridad es el mensaje…

Las profecías Mayas nos hablan del cambio hacia el 5° AJAW (Quinto Sol) El de la famosa fecha del 21 de diciembre de 2012, este día comienza un período de 5.200 años. Es un ciclo de sabiduría, de armonía, de paz, amor, de conciencia y retorno al orden natural, no es el fin del mundo como lo han mal utilizado personas fuera de la Tradición Maya. El primer ciclo, 1er AJAW-SOL, fue de energía femenina y su energía regente fue el Fuego.

El segundo ciclo, 2° AJAW-SOL, fue de energía masculina y su energía regente la Tierra.

El tercer ciclo, 3er AJAW-SOL, fue de energía femenina y su energía regente el Aire; el cuarto ciclo, 4° AJAW-SOL, es de energía masculina y su energía regente es el Agua. El quinto ciclo o 5° AJAW-SOL será una fusión de las dos energías, Femenina y Masculina, es decir una transición en la que no habrá más confrontación de las polaridades. Se encontrará el balance y no habrá supremacía de la una sobre la otra, es decir que las dos fuerzas se apoyarán la una en la otra, por eso se ha llamado a este período "de armonía, el reino del amor, el Retorno a la Conciencia". Su energía regente será el ÉTER.

Este quinto AJAW-SOL viene con un poder de transmutación, claro que para lograr este estadio de suprema armonía, será necesario crear el balance entre las fuerzas de la Luz y la Oscuridad, es aquí donde adquiere importancia el llamado del abuelo MAM, la búsqueda de la UNIDAD, del retorno al ORDEN NATURAL. El llamado ante los acontecimientos proféticos que estamos viviendo es urgente, ante todo a los guías espirituales y a todas las personas conscientes, pues en este momento se trata de la unidad de crear un Cinturón de Luz, que contrarreste la negatividad.

Los del lado negativo están claros en su propósito, son dueños, amos y señores del mundo material, reinan con su poder y con las ilusiones que crean, tienen adormecida a casi toda la humanidad, el ser humano se volvió un objeto con capacidad de producción, de generar una cantidad "x" en su vida, hoy es un número, es un objeto al que se le crean necesidades y satisfactores inútiles que llenan el vacío de su inconsciencia... Pues bien, estos señores están claros en su papel, no discuten jerarquías, saben quién es el Gran Jefe y los diferentes estratos o niveles de poder y hacen su trabajo a la perfección.

Todo lo contrario sucede en el lado de la Luz, aquí no hay ni idea de las jerarquías, cada quien jala por su lado, cada quien, en su inconmensurable ego, cree ser el dueño de la verdad, la sabiduría y en ese egoísmo grita a los cuatro vientos ser el camino y la salvación.

Muchos no tiene sentido de lo que está sucediendo, han mercantilizado el conocimiento que les ha sido dado, pero lo más delicado es que han surgido muchas sectas y movimientos llamados Nueva Era, aclaramos que no estamos en contra de su trabajo, pero les sugerimos que retomen el origen de donde surgieron sus técnicas, pues muchas de éstas fueron tomadas de las tradiciones ancestrales y son sólo una parte de ellas y aunque funcionen para aspectos específicos se deja de lado lo más esencial, el desarrollo integral y armónico. Sabemos que son un paso necesario para el desarrollo y que son un puente o un camino hacia la esencia de las Grandes Tradiciones, pero es importante reconocer el origen de sus técnicas y orientar a las personas hacia la profundidad de la Alta Espiritualidad.

El llamado es hacia la unidad, a dejar de lado las diferencias, a encontrar el respeto, la tolerancia, a crear el balance, si bien es cierto que cada vez que nace un Mago Blanco, nace uno Negro, estos últimos no están perdiendo el tiempo y su premisa es clara. Ellos prefieren destruir el planeta como ser vivo (algo que no podemos negar y cerrar los ojos) antes que llegar al momento de la fusión, pues siendo los actuales dueños del mundo material, no les interesa perder ese poder y son capaces de llegar a las últimas consecuencias antes de compartir su poder. Y nosotros de brazos cruzados.

Mi maestro Don Pascual me decía: "Momentos peligrosos estos que vivimos, hijo mío; si no hay claridad, si no hay unidad, si no se retoma el Orden Natural, si no logramos la armonía entre nosotros, estamos condenados como especie a desaparecer por nuestra misma locura"...

Éste es pues el llamado a difundir, el grito de esperanza, el de volver a ser hermanos, crear el balance en base de la conciencia, del amor, de la entrega y, ante todo, de la claridad para ver que no tenemos tiempo para jugar, ¡es el momento de la acción!.

Cuando hablo de que no hay tiempo, hago referencia a las proyecciones proféticas de la ciencia ancestral del Mundo Maya, y de nuestros propios dones en los que se ha trabajado conjuntamente con los visionarios, los adivinadores y éstos aunados al mensaje de KABLICOT. Ellos nos hacen prever un futuro cercano altamente peligroso: un ciclo que comprende desde mediados de agosto a mediados de diciembre del año 2003 y desde enero a marzo de 2004, este período es de suma inestabilidad, de destrucción y de confrontación, asimismo pueden surgir catástrofes naturales, sequías, inundaciones, terremotos, huracanes nunca antes vistos, con su consiguiente carga de hambruna y muerte.

Pero lo más difícil aquí es la confrontación por la intolerancia, por los intereses económicos. Y lo más delicado es la confrontación religiosa fundamentalista guiada por las fuerzas de la negatividad que pueden provocar un conflicto bélico de grandes proporciones.

Ahora bien, esta tendencia es una energía que se está gestando, lo cual no quiere decir que no podamos cambiar o minimizar el grado en que nos afecte; en este momento los ancianos, sabios, chamanes, taitas del Mundo Maya, que cada día y sin parar hacen ceremonias de fuego, así como los nativos americanos (América como continente) están trabajando duro. Tanto los hermanos hoppies, los abuelos guicholes, los poderosos taitas a lo largo del Amazonas, los grandes sabios de las nieves eternas de los Andes, los aymaras, los hermanos de la Sierra Nevada, los sabios abuelos tibetanos y todos los demás que no tienen una fase visible, cada quien en su tradición, en su conocimiento místico científico, están trabajando arduamente para crear ese balance al que han denominado "El Camino de la Energía Positiva", EL KU'XAAJ SAQ' BE (El Camino Blanco de Buen Corazón) que atraviesa los dos Polos sobre la costa oeste del continente americano, tocando los centros energéticos del Continente, para reactivar conjuntamente la energía positiva.

El llamado es para que conjuntamente con los ancianos, chamanes y sabios, las personas con conciencia, cambiemos la fuerza negativa; se trata de transmitir a todas las personas la urgencia de contrarrestar los eventos que se avecinan para este período de agosto a diciembre de este año 2003 y enero febrero de 2004. Los ancianos hacen un llamado pues dentro del balance que debe existir, lo ingente es convocar tanto a líderes como a toda persona con el deseo de lograr el balance.

Como acción inmediata es importante meditar al atardecer, a la caída del sol y, si por el trabajo no es posible, lo más cerca de esa hora, poniendo el foco en la armonía, retomando el contacto con la Madre Tierra, pidiendo perdón por el daño que se le ha hecho, por la parte que nos corresponde individualmente y por aquellas personas o instituciones que permanentemente la destrozan.

Luego nuestra atención se deberá centrar en enviar un mensaje hacia la negatividad para que sepan que estamos activos, que hay un despertar, que hay una unidad que no estamos dispuestos a permitir la destrucción de la Madre Tierra ni de la humanidad y que estamos conscientes de la importancia del momento y la proyección a la transición el 21 de diciembre de 2012. Para esto se sugiere encender una vela de color blanco y una de color rojo: la primera represeenta la paz, la armonía, el pensamiento positivo y la segunda representa la fuerza, la luz, la energía, el nuevo amanecer, la acción. La razón de hacerlo al atardecer es para que coincida con el momento de la transición entre el día y la noche: es el momento de crear ese balance y enviar una energía de positividad.

Como herederos de una civilización milenaria, los abuelos mayas nos hacen la reflexión de la extrema necesidad y de la urgencia de crear este Camino de la Energía Positiva para formar esa fuerza de paz, armonía y balance entre la Madre Tierra y nosotros, los humanos, pues si no, de los eventos del ciclo de agosto a diciembre de este año podemos esperar que las plagas, los fenómenos naturales como huracanes, terremotos, inundaciones, sequías, el sobrecalentamiento y el deshielo nos afecten de una manera extrema; también la posibilidad enorme de crear un conflicto bélico de mayores proporciones.

Estos ciclos han sucedido en el pasado y también a los finales de los períodos de los ciclos del AJAW, ciclos de 5.200 años. Estamos en el final del 4° AJAW, que termina el 20 de diciembre de 2012 y entramos en el 5° AJAW el 21 de diciembre de 2012, fecha que ha sido difundida como catastrófica por personas fuera de la tradición maya; pero en realidad marca el inicio de los cambios de la forma de vida que conocemos y los orienta hacia la armonía, palabra clave de la existencia en esta realidad.

El año 2004

Desde febrero, si no antes, han dicho los libros sagrados, el sagrado TZITE, las proyecciones de los sabios visionarios, es un año extremamente delicado, año en el que si no encontramos la armonía, desde ya las economías se pueden deteriorar, pues están basadas en una ilusión, en donde los valores reales hace años desaparecieron; hoy el valor económico, el dinero, es una fantasía electrónica, y si los sistemas socioeconómicos no se humanizan y retornan a valores reales, el actual sistema está condenado a desparecer. Ésa es la inconsciente y desenfrenada carrera de todo el mundo para no ir a ningún lado, ése es el escapismo de vivir aceleradamente cualquier experiencia, drogas, libertinaje, etcétera, pues el temor de la destrucción y los satisfactores vanales a la órden del día, permiten sobrellevar la existencia o vivir enajenados.

Este año será duro en cuanto a catástrofes naturales, confrontaciones bélicas y desastres en la economía mundial, al igual que todas las profecías y visiones del futuro son una tendencia que se puede minimizar y en contados casos cambiar. Aunque este año es preocupante, es más importante el actual momento, pues ahora se define el balance, claro que en todo este período, de aquí a fines de 2007, es importante mantener el balance; estamos viviendo un momento de extremo peligro, como jamás vivó la presente humanidad. Está en cada uno de nosotros lograr el balance, y el cambio.

El foco reside en hacer que la energía estancada por el corte que se hizo en Panamá al construir el canal no se traslade al Sur, será lo más relevante de esta jornada que no es sólo del 4 al 7 de diciembre de 2003, urge activar la base de la espina dorsal del continente, la cordillera de los Andes y las milenarias montañas de Córdoba, el cambio y, como dijo el sabio anciano MAM: "Por favor, volvamos a ser humanos".

A continuación se presentan algunas predicciones referentes a Latinoamérica, las cuales han sido proyectadas en relación al año 2004.

Las predicciones tratadas en este documento se refieren solamente a aquellos hechos relevantes que se prevé ocurrirán en el período, hechos de menor trascendencia regional no serán tratados por la multiplicidad y su poca relevancia.

Lectura del futuro regional

LATINOAMÉRICA

El 2004 será, para el pueblo latinoamericano, un año en el que los motivos de celebración, de alegría, de fiesta, serán muy pocos y poco intensos. La problemática económica alcanzará niveles que rozarán lo dramático. Si bien, desafortunadamente, algunos de nuestros países se encuentran instalados ya en esta terrible realidad, las presiones en el tema de impuestos generadas por organismos financieros internacionales, las reales consecuencias de los TLC y el PPP, así como lo relativo al tema de la globalización, serán detonantes que afectarán a las empresas locales, (pequeñas y medianas empresas principalmente) con el consecuente impacto en los niveles de desempleo.

Se avisoran jornadas de violencia, jornadas de protesta de diferentes grupos de la sociedad civil. Desde México a la Argentina se vivirán estas jornadas.

Algunos desastres naturales causados por el exceso de agua en Centro América y México. Temblores de tierra causarán pánico en América del Sur. Un tipo indeterminado de neumonía causará crisis en los sistemas de salud pública.

El liderazgo de Fidel Castro se verá seriamente afectado por un estado grave de salud con seria posibilidad de muerte.

El 2004 será un año complicado para Latinoamérica, pero al iniciarse éste en AQ´AB´AL, representa el amanecer, la aurora, renovación de las etapas de la vida.

Es señal de que está aclarando, que la luz del sol está cerca para un nuevo día, una nueva era, una nueva vida que existirá perdurable sobre la bendita faz de la tierra. Símbolo de los primeros rayos del sol que se asoman radiantes en el horizonte, ahuyentando a las tinieblas y a la oscuridad de la noche.

La lectura conceptual de lo anterior es que, todas las realidades que se están sucediendo en nuestra Latinoamérica, básicamente como consecuencia de las presiones extrañas, ajenas, extranjeras, en forma indefectible y paralelamente están obligando a los pueblos latinoamericanos a unirse en una causa común para salir al unísono de esta realidad de vida actual ya apuntada.

Latinoamérica encontrará un oasis, en el cual reflexionará sobre su pasado, presente y futuro. De ser todo corazón pasará a usar lo racional, del corazón al cerebro, del ser dirigido a la autodeterminación. La necesidad de sobrevivir nos está orillando felizmente a esta acción, que consecuentemente nos llevará a la dignificación y preservación de nuestra portentosa riqueza cultural.

ARGENTINA

La crisis económica en la que se ha visto sumida en los últimos años encontrará un paliativo con una reactivación económica poco perceptible, pero que aliviará la tasa de desempleo, no así la del subempleo; esto especialmente a inicios de 2004.

A mediados del mismo año los organismos financieros internacionales ejercerán presión sobre el tema de impuestos, lo que generará masivas protestas que terminarán en actos de represión a la población, violencia.

Posibilidades de una propuesta a un importante reconocimiento internacional, para una persona o agrupación argentina.

CHILE

Movimientos de tierra generarán pánico en amplia extensión del territorio.

Importantes logros en el campo de la educación que se convertirán en modelo para otros países en el área.

A finales del período se reportarán indicios de un deterioro en la estabilidad que el modelo económico chileno ha generado en los últimos años.

PERÚ

Intensas jornadas de protestas antigubernamentales a lo largo del año. Deterioro económico.

COLOMBIA

A mediados del año se avisoran fases de entendimiento entre el gobierno y las FARC, el inicio de un año violento contrasta con su final, en el que un "alto al fuego" da pie a negociaciones para el logro de una paz firme y duradera en este país. En el ínterin, atentados contra intereses transnacionales.

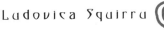
VENEZUELA

La tónica del 2004 será similar a la de los últimos 2 años, con enfrentamientos entre miembros de la iniciativa privada y el gobierno de Chávez. Se avisora algún atentado que ponga en peligro de muerte a este gobernante.

Desastres naturales en el segundo semestre del período son previsibles para este país.

BRASIL

Grandes movimientos de protesta sobre todo por el tema ecológico. La moneda se verá sometida a presiones para su devaluación. Ambiente de tensión social. Atentados a intereses transnacionales.

CENTRO AMÉRICA

En Costa Rica saldrán a luz datos sobre corrupción gubernamental. Clima de tensión.

En Nicaragua un movimiento de corte insurgente realizará apariciones esporádicas creando temor entre la población. Desastre natural al mediar el año. El alza continua en el costo de los combustibles hará crisis al promediar el año.

MÉXICO

Los altos índices de violencia social y la crisis económica provocarán graves problemas de gobernabilidad. Este año estará marcado por un grave incidente relativo al tráfico aéreo. El segundo semestre del año traerá problemas de inundaciones en amplias áreas del territorio.

Cosmovisión mapuche

por Juan Namuncurá

Tren-Tren y Kai-Kai
Para reflexionar sobre la vida, enseñanzas, amor, valentía, espiritualidad, futuro y pasado

Antes de que llegaran ellos y lo mataran en el espíritu del hombre, Dios tenía nombres diferentes, que cada grupo de sus hijos le daba afectivamente de acuerdo con su propia legua. Ocurría del mismo modo en que llaman los niños a su madre o su padre, y ellos, por el timbre y la expresión de la voz distinguen a cada uno de sus hijos entre otros niños.

Los mapuches aun conservamos varios de los nombres con el que desde siempre nos dirigimos a Dios, uno de ellos es, por ejemplo, "Futa Chao" (Gran Padre), otro "Nguenechen" (Creador del Hombre, o Creador en general). A veces también nos referimos a Él comparándolo con lo más bello que podemos ver, con la intención de lo más divino.

La historia que me enseñaron mis abuelos dice así:

Futa Chao creó el Cielo, con todas sus nubes y estrellas..., y la Tierra, con gigantescas montañas. Hizo correr los ríos, crecer los bosques y entreabrió sus enormes dedos para sembrar aquí y allá los animales y los mapuches (gente de la tierra).

Desde el Cielo observaba sus creaciones, iluminando con Antü (Sol) durante el día, protegiendo, desarrollando vida con su luz y calor. Y por las noches con Killen (Luna), que cuidaba el sueño de todas las criaturas.

Antü y Killen formaron una familia astral y, como todos los hijos, crecieron también los de ellos. Poco a poco quisieron ser como su Padre y crear ellos también nuevos seres y cosas. Los dos mayores empezaron a murmurar: "¿No será hora de que reinemos nosotros?".

Futa Chao sufría por el deseo de sus hijos. Pero ellos no desistían, comenzaron a azuzar a sus hermanos mas jóvenes y a confabularse. "Por lo menos deberíamos mandar sobre la Tierra", decían, y se prepararon para bajar con sus enormes pasos la escalera de nubes.

Futa Chao, limitando la situación y protegiendo al resto de la Creación, tomó a sus hijos uno con cada mano, los asió por el mechón de príncipes que colgaba de sus coronillas. Y con todas sus fuerzas los sacudió de arriba hacia abajo, dejándolos caer desde lo alto sobre las lejanas montañas rocosas. La cordillera tembló con los impactos y los cuerpos gigantescos se hundieron en la piedra formando dos inmensos agujeros.

Mientras el Cielo se deshacía en rayos de fuego, Killen se precipitó entre las nubes y se puso a llorar enormes lágrimas que caían sobre las montañas, lavaban de una vez las paredes de piedra e inundaban rápidamente los profundos hoyos. Así se formaron los lagos Lolog y Lácar, brillantes como la misma cara de Killen, y profundos como su pena.

Futa Chao, atenuando su castigo, permitió que la vida volviera a los cuerpos convirtiéndolos en una enorme serpiente alada, encargada de llenar los mares y los lagos. Y se llamó Kai Kai Filu.

Pero, príncipes o serpiente, seguían albergando el deseo de reinar de una vez por todas sobre todas las cosas. Llena de ira e impotencia, Kai-Kai Filu descargó su odio contra su padre Antü y los mapuches, sus protegidos. Y por eso azotó el agua de los lagos con su enorme cola, levantando olas espumosas, se revolvió hasta formar remolinos devoradores, empujó la marea contra los flancos de las montañas queriendo alcanzar los refugios de los hombres y animales, reptando por debajo de la tierra, provocó terremotos con la agitación enloquecida de sus alas rojas.

Al darse cuenta Futa Chao de que sus criaturas corrían grave peligro, buscó arcilla especial y modeló una serpiente buena. Y dijo: "Tren-Tren, ése será tu nombre –con esas palabras le dio vida. Y antes de dejarla bajar a la Tierra, agregó– Tu misión es vigilar a Kai-Kai Filu. Cuando veas que comienza a agitar el agua del lago o del mar tienes que prevenir al mapuche para que busque refugio y se ponga a salvo...".

Pasó el tiempo y Futa Chao decidió enviar a otros de sus hijos a la Tierra, para tener noticias de lo que sucedía y llevar sus instrucciones a los mapuches. Y al fin él mismo quiso bajar y observar los frutos de su obra.

Futa Chao apareció un día entre los mapuches como si fuera uno más, de piel oscura, cubierto con un cuero y con la cabeza desnuda. Les enseñó a "cumplir los trabajos", "respetar el tiempo", "el arte de la siembra y la cosecha", "la elección de la semilla y la conservación de los alimentos". Les hizo un gran regalo: "el fuego".

Así fue como el mapuche encontró un nuevo nombre de Futa Chao: Kme Wenu "la bondad del cielo".

Futa Chao volvió al cielo, pasó otro tiempo, uno muy largo, tan largo que los mapuches se fueron olvidando muchas de las enseñazas que habían recibido, dejaron de ser buenos y empezaron a pelearse entre ellos. Ya no había quien hiciese escuchar los consejos de Futa Chao, los propios descendientes de sus hijos hablaban de sus antepasados sin ningún respeto. Y mientras se quejaban de todo e insultaban mirando al cielo, los hombres robaban y se asesinaban entre ellos.

Cada vez que Futa Chao se asomaba a contemplar su creación, se daba vuelta enseguida y apretaba los labios con amargura. Decidió recurrir a Kai-

Kai Filu. Y a ésta le dijo "Quiero que agites el agua del lago, que la superficie se ponga oscura, que chasqueen las olas unas contra otras y salte la espuma blanca, a ver si un buen susto hace que los hombres cambien su conducta".

Pero esto también lo escuchó Tren-Tren, la serpiente buena que vivía en la montaña de la salvación y que, conociendo las malas intenciones de Kai-Kai Filu, lanzó su silbido de alerta que se coló por todas las quebradas como si fuera un viento, convocando a todos los mapuches al cerro Tren-Tren, pues Kai-Kai Filu secretamente aprovecharía la orden de Futa Chao para intentar destruir aquello sobre lo que en otro momento no había podido reinar y, por encima de la destrucción, tratar de hacerlo esta vez.

Los mapuches, llenos de miedo, comenzaron la escalada. Pero el agua los perseguía y, bajo sus pies, las escarpadas laderas se movían, agitadas por los terribles movimientos de Kai-Kai Filu.

De modo que los hombres, mujeres y niños rodaban como pequeñas piedras hacia el fondo cuando más atacaba Kai-Kai Filu. Tren-Tren se encorvaba haciendo elevar el cerro y protegiendo a todos los mapuches que podía. Mientras rayos de fuego aniquilaban a los que lograban sostenerse, otros, que los soportaban, perdían el pelo hasta quedar pelados a medida que ascendían. Y todos murieron, menos un niño y una niña que sobrevivieron en el abismo profundo de una grieta, protegidos por Tren-Tren.

Únicos seres humanos sobre la Tierra, estos niños crecieron sin madre y sin padre, desabrigados de palabras y amamantados por una zorra y una puma, comiendo los yokone que crecían en las alturas. De ese niño y esa niña descienden todos los mapuches.

Al ver lo que había hecho Kai-Kai Filu, Futa Chao debió de haber muerto un poco con sus criaturas, porque desde ese momento se mostró pocas veces.

Desde entonces la Tierra ya no es lo que era, las semillas no brotan como antes y las cosechas son escasas, proliferan las enfermedades, pues no nos abrigan las palabras de antaño, hubo que aprender nuevas, esta vez solos, poco a poco, sin nadie que nos enseñe como antes. Todavía hoy se sigue aprendiendo. Hay que descubrirlas a nuestro alrededor.

En el Cielo las cosas no marchan mucho mejor, rota la alianza entre los astros, la madre Luna esconde entre las nubes su cara magullada y escapa, escapa siempre perseguida por un Sol muerto.

Es muy importante poder leer varias veces esta historia, pues ella encierra muchos misterios y emana enseñanzas en una forma increíble. Hay que dejarse atravesar por esta luz en la oscuridad de la ignorancia que poseemos sobre nosotros mismos. Sería muy hermoso compartir con todos los que lean esta ancestral historia de mi pueblo las diferentes sensaciones que les produce a cada uno, pues hay que recordar que las respuestas están en dos pensamientos generales "Unión en la Diversidad" y "La Convivencia es Sagrada" para poder comunicarnos, o mejor dicho ingresar en un estado de comunión espiritual, y entender con el corazón el latido cósmico del Universo.

Pal-Purrun
(Danza de las Estrellas)

Danza de las estrellas, el ritmo del cosmos, la música universal de la vida, ésta es la síntesis a grandes rasgos de una interpretación superficial, para entender el ritmo divino y cómo es que danza con nuestra vida, cómo danzan nuestros espíritus y, aunque seamos ignorantes de cómo danza la vida en nuestro interior, lo que he estado describiendo desde el año pasado sobre la Percepción Universal Mapuche.

Es un camino para encontrarse, pero no individualmente con uno mismo como dicen en todos lados, sino encontrarse con todos los hermanos, en principio de nuestra especie humana, luego con nuestros diferentes hermanos en la naturaleza, más tarde con los cielos, y así eternamente, solamente encontrándonos, hasta el fin de los tiempos y la comunión de los espíritus.

Recuerden todo lo que les escribí el año pasado, los que no lo han hecho, traten por todos los medios de conseguir el libro de Ludovica del año de la Cabra, o sea el del año 2003. De otra forma va a ser un poquito "enrollado" entender el siguiente cuadro, y no podría empezar escribiendo lo que ya hice, sino continuar.

El año tiene (4) cuatro estaciones, y los días son variables de acuerdo con la época del año, Antü aparece en la mañana todos los días, pero a una hora diferente, y se va también en diferentes horas. Por lo tanto el ritmo energético del día va cambiando durante todo el año.

Se reúnen (4) cuatro años, y cada año tiene el tenor de cada estación, recuerden que a cada estación se la representa con:

Pukem: Tiempo de las Lluvias
Rimünguen: Tiempo de los Rastrojos
Pewü: Tiempo de los Brotes
Walüng: Tiempo de la Abundancia

Entonces el primer año es el "Año de las Lluvias", el segundo es el "Año de los Rastrojos", el tercero el "Año de los Brotes" y el cuarto, el "Año de la Abundancia.

Pero a su vez se reúnen 4 grupos de cuatro años y se dice sucesivamente, "Tiempo de las Lluvias", "Tiempo de los Rastrojos", "Tiempo de los Brotes" y "Tiempo de la Abundancia".

Así se continúa reuniendo 4 grupos de 16 años y se dice también consecutivamente que son "Época de las Lluvias", "Época de los Rastrojos", "Época de los Brotes" y "Época de la Abundancia".

Nuevamente se reúnen 4 grupos de 64 años con el mismo tenor de las estaciones.

Y ésta es la medida, hasta llegar a una unidad equivalente a "uno" dividido en cuatro, que es la comunión espiritual con todos los seres y elementos del Universo, pero eso está distante de nuestra mente, por el momento. Un pensamiento mapuche dice: "Si no lo ves, si no lo puedes tocar, si no lo puedes sentir, todavía no es el momento".

Ahora, interpretando los tiempos que estamos viviendo: Para empezar, otro pensamiento "Nada de lo que se cruza por el camino es porque no lo puedas abordar y no ir a su encuentro" y recordando nuestra filosofía de la existencia de las cosas, nada está porque sí, la existencia de las cosas es única, universalmente hablando; que nosotros, los humanos, ignoremos para qué existe, es porque todavía no estamos preparados para entenderlo, los motivos son superiores y muy importantes. Recuerden que la existencia de los demás seres y elementos equilibra el Universo, son parte de la Convivencia Sagrada.

El año 2000 fue un año de Lluvias, el 2001 año de Rastrojos, el 2002 año de Brotes y el 2003 año de Abundancia. Y ustedes me preguntarán: "¿Abundancia de qué?" y yo les digo: "Abundancia de esperanzas".

Y entender que estos primeros 4 años del nuevo milenio son un "Tiempo de Lluvias". Es fundamental interpretar el ritmo de la naturaleza: "La lluvia" no es la culpable de que yo me moje, por algo tengo piernas y pensamientos, no es para detener la lluvia sino para cubrirme y no enfermarme.

En la Naturaleza llueve por muchas cosas más de las que uno se imagina desde una apreciación tan vulgar como la de decir "es para regar las plantas".

Es muy importante participar de la gran danza estelar y no perder el ritmo, pues se toca en ritmos que están especialmente ejecutados para todos los seres, los elementos y, por supuesto, nosotros.

Vamos a tener, a partir de 2005 hasta 2008 "Tiempo de los Rastrojos", es un tiempo meditativo, de hibernación de acumulación de energía para el "Tiempo de los Brotes" (2009 a 2012), cuando cada uno de nuestros brotes surgirá con el poder proporcional al que hayamos incubado y, finalmente, "Tiempo la Abundancia" (2013 al 2016), aquí hay que cuidarse de no ser un derrochón.

Es importante pensar "Nada que no puedan hacer, el Cosmos se los va a proponer" y "Nada que no puedan enfrentar va a aparecer". Todo, absolutamente todo, es un Círculo de Amor.

Así que a sacar coraje, aventura, valentía y Amor, sobre todo mucho Amor. Para que realmente podamos Amarnos.

Los Amo, con todo lo que puede concebir mi corazón humano, siendo parte de todo el Amor que motiva la existencia de este libro y que la naturaleza dice "Existe también tú, hijo Libro".

Su hermano,
Juan.

Predicciones
para la Argentina basadas en el I-Ching

El país soñado

Faltan pocas horas para que la Luna de septiembre esté llena.

Disfruto viéndola crecer entre las sierras lilas y ocres del atardecer, despidiendo al sol sobre el Lago de la Viña.

Atravesamos el DOYO, la estación intermedia entre el invierno y la primavera donde todo es imprevisible, fugaz e inestable. El viento sur golpea fuerte mientras los aromos y los ciruelos en flor despabilan los sentidos.

Ya se aproxima el equinoccio donde algunas personas sentimos su influencia en la conciencia de lo que nos animemos a ofrendar.

Mi entusiasmo crece día a día mientras me preparo para la idea o sueño que tuve hace un tiempo de fundar astrológicamente el país donde encarné, vivo y siento parte de mi crecimiento humano, espiritual y evolutivo.

Idea que creció como miles de afluentes al mar o al lago.

Mi experiencia, viajes y situaciones personales me llevaron a buscar una fecha que fuera propicia en este NAJT (tiempo-espacio).

Convoqué a los nahuales (espíritus protectores), y guiada por Osho, cabra de metal Sagitario, solté las redes al espacio sideral para que los expertos en las cosmovisiones MAYA, MAPUCHE, ORIENTAL y SOLAR dieran su opinión al respecto.

La Argentina necesita una inyección de vida, aliento, esperanza, que provenga de una buena aspectación cósmico telúrica. Y el proyecto existe en cada persona de cualquier lugar del país y del mundo que crea que somos parte del universo, que nuestros destinos están relacionados con una memoria planetaria y celeste además de la influencia terrestre, genética, social y material que nos permite desenvolvernos en el mundo.

El cambio ocurre a pesar de nosotros: en nuestras almas cansadas de repetidas promesas de terceros que nos atrasaron en el karma y dejaron daños irreparables a veces y posibles de reparar si tenemos el coraje de sacarlos de raíz como un yuyo venenoso que crece en medio de flores silvestres en las vías del tren.

Estamos arando nuestra tierra para sembrar un presente donde sintamos que TODO SUEÑO ES POSIBLE.

NO ECHAREMOS MÁS CULPAS NI MENDIGAREMOS LIMOSNAS. Es el tiempo propicio para vivir en el mundo y en esta privilegiada geografía que nos contiene con abundancia de recursos naturales y, sobre todo, humanos.

La conciencia, brecha, rendija de luz que vislumbraremos, es la de contar con cada uno y los que se arrimen al fogón para quemarse en él y salir purificados.

No hay escapatoria. Los extremos se tocan y reconocen.

La energía está desbordada, descolocada, sin rumbo. Nuestra sabiduría radicará en armonizarnos, buscar el equilibrio desde quienes somos y trabajar interiormente sin esperar resultados.

Es propicio el cambio de actitud para seguir en este planeta azul que está perdiendo sus recursos naturales por nuestra culpa y que sin tregua nos castiga con catástrofes climáticas, sísmicas y ambientales.

Argentina, este exótico paraje donde vivir es un entrenamiento acelerado de metamorfosis y aprendizaje sin diplomas, nos da la posibilidad de diseñar una vida similar a la de las tribus primitivas y la de la Matrix, en un abanico de posibilidades.

Esta idea de renacer o sentir que estamos bajo un cielo protector debido a que en la tierra no tenemos a nadie que nos garantice ninguna seguridad, es una buena señal.

Descuidar el origen de un pueblo, nación o país es un karma muy difícil de revertir.

Se necesita gente con conciencia planetaria y humana, con ganas de apostar a la vida antes que a la muerte y con vocación se servicio.

Es propicio desestructurarnos, olvidarnos y desaprender lo que nos atrasó en la evolución de la especie, de la raza planetaria que somos, aunque no la recordemos, y que nos miremos a los ojos por primera vez.

Para algunos, estamos en el inicio del camino; para otros, en el medio y, para los fatalistas deterministas, en la curva final.

Todo depende de la nutrición de cada argentino. Y me refiero no sólo a a la del cuerpo sino también a la del alma. Los argentinos estamos desnutridos de ambas.

Han pasado guadañas, trenes balas, sepultureros, caravanas de ambulancias con gente agonizando sin despedirse de sus seres queridos, sin saber por qué nacieron en un país que tenía todo y no lo daba o lo sacaba para gente que lo conocía mejor que nosotros.

Necesidad de saber de qué se trata lo que nunca nos explicaron por miedo a perder lo que no se puede comprar, que es el conocimiento de lo esencial.

Venimos anestesiados de "allá lejos y hace tiempo" cuando la mayoría de los historiadores resolvió que el inicio de este país es a partir de la llegada de Juan Díaz de Solís, Pedro de Mendoza y, después, de la Primera Junta o el Triunvirato, que decidirían el destino nacional hasta la eternidad.

¿Quién determina cuándo nace un puelo, nación o país?

El cronos o quienes son huéspedes en un territorio que estaba habitado miles de años antes por los indígenas.

Es por eso que podemos elegir con qué tendencia nos quedamos o qué campana escuchamos cuando nos toquen el gong.

A esta altura del viaje en el que estamos los seres humanos en la Tierra y en el país donde nos toque vivir, lo más sensato es aceptar lo que estuvo en el origen, el inicio, y fue borrado de un certero golpe en la memoria genética, pero no universal, para seguir dilucidando esta ecuación de intuir el futuro o poder hacer una predicción.

Argentina es un espacio en la tierra que tiene una vibración que determina su presente. Y esta onda depende de todos los seres inanimados y animados que lo habitamos; desde una roca del segundo plegamiento hasta el más bello ser humano.

Desde ahí podemos sentirnos un todo, una frecuencia que late al unísono y que atraviesa invisible un MANDALA.

Esta cosmovisión es compartida por quienes viven en este suelo hace miles de años, en equilibrio y armonía con los ciclos lunares, solares, planetarios, y respetan cada manifestación de vida.

Valorizar esta creencia es nuestra responsabilidad ante un mundo que se desintegra a cada instante; donde los depredadores de la tierra se debaten con los del alma por mezquindades anquilosadas en las entrañas.

Vivir en nuestro país es una oportunidad que en este tiempo debemos sobrevaluar.

Lo dijo Solari Parravicini y quienes desarrollaron a través del arte videncias que indican que seremos los encargados de abrir las fronteras al mundo ardido, en llamas, que vemos a diario por televisión tratando de creer que es una pesadilla.

Me pregunto en estos días cuál es el origen cósmico del país.

¿ALGUIEN HABRÁ PENSADO, AL DECLARAR LA INDEPENDENCIA COMO INICIO DE DESTINO, EN NUESTRO ORIGEN GALÁCTICO, EN LA INFLUENCIA DE LAS ESTRELLAS, PLANETAS, CICLOS DEL TIEMPO PARA INICIAR UN RUMBO COMO NACIÓN?

El 9 de julio de 1816 la aspectación solar de Luna llena en oposición al Sol determinó, entre otras cosas, la eterna lucha del pueblo (la Luna) con el poder, gobierno de turno (el Sol).

Y en ese círculo estamos desde entonces tratando a duras penas de revertir este karma de nacer al sur. Las grandes civilizaciones y las más modestas de la antigüedad fueron fundadas conscientemente por los astrólogos y sacerdotes que asesoraban a los reyes o mandatarios que estaban en el poder. Y el pueblo participaba activa o pasivamente, sabían que se iniciaba una nueva era para ese pueblo o nación.

Por eso, para que algo cambie en la Argentina, debemos empezar por nosotros y en cada uno aparecerá ese rayito de luz opacado por siglos de oscuridad.

Mi idea es proponer la fundación espiritual de la Argentina para transmutar el pasado estar en el presente conscientes, y sentirnos capaces de reinventar el país a partir de nuestro *click*, cambio interior, actitud y alineación y balanceo cósmico.

LA FECHA ES EL 4 DE DICIEMBRE DE 2003. Las razones están desarrolladas por cada especialista en su campo: astrología asirio caldea solar, cosmovisiones maya y mapuche, y astrología oriental basada en el I-CHING, la iluminación de Osho, que es cabra y Sagitario, que me sopló al oído la idea de compartir una celebración para quienes apostamos al cambio energético de la biósfera planetaria y de conciencia a partir del camino que estamos transitando.

Estoy envuelta en un halo desde que supe que seríamos más de dos los que compartiremos esta fecha, en el lugar donde estemos, con quienes tengan la misma sintonía, de la mejor manera posible. Meditando, bailando, cantando, haciendo las paces con el mundo, integrando lo que somos y traemos, sin expectativas milagrosas, de las que debemos desapegarnos para siempre, para conectarnos con la realidad de una existencia llena de milagros que no vemos pues estamos ciegos, sordos y mudos. Intoxicados por malas influencias, ondas que contaminan nuestro espíritu, psiquis y cabeza, alejados del origen al cual retornaremos si nos desprendemos, en un acto de fe, de lo que nos atrasa en la evolución y el camino hacia la verdad, que es una, y apenas la intuimos cuando nos aquietamos en medio de la vorágine en la que nos enredamos sin darnos cuenta.

LLEGAR A ESTA FECHA ES EL CAMINO DE TODA MI VIDA.

Es un sueño compartido nacido en las visitas que hago mirando y sintiendo el cielo de los lugares que conocí gracias a ustedes, que me alentaron en la misión de empleada del cosmos con varias sucursales en la Tierra donde dejo mis experiencias tatuadas en sus corazones siempre dispuestos a escuchar y compartir lo que nadie se anima, por miedo, prejuicios o desconocimiento de nuestra raza humana.

Tengo la Luna llena enfrente, dándome su bendición para seguir invocando lo que tenemos guardado, trabado, postergado, estrangulado, en nuestra memoria ancestral, en nuestros corazones de plástico, descartables, que gimen por una caricia, un abrazo, una irrigación nueva de fe, por dar un salto para encontrar la liana que nos cobije, alimente, inspire en esta selva donde nos debatimos entre la vida y la muerte.

Osho, el hombre que con su sabiduría nos conmueve y transforma, es mi compañero de travesuras cósmicas.

Nació bajo el signo de la cabra de metal, generador de maestros innatos portadores de luz y transformación para quienes tienen el coraje de intuirlos y seguirlos en sus originales enseñanzas, aceptando el reto; Sagitario signo zodiacal lleno de fuerza, valor, lealtad, coraje para disparar la certera flecha que apunta al corazón. La influencia en mi vida fue y es constante; desde amores que cambiaron mi visión del mundo hasta los viajes exteriores e interiores que bajo su influencia hice y hago, colmada de amigos en el lugar del mundo donde aterrice, tesoros de conocimiento y buenas semillas que me acompañan y guían en cada inhalación y exhalación.

El KI NUEVE ESTRELLAS es 6 metal blanco, ideal para concretar desde lo inmaterial y etéreo hacia lo concreto y sólido. Energía agrupante y llena de intenciones benéficas para quienes se dejen influenciar por ella.

Tiempo de convergencia armónica entre varias civilizaciones: china, maya y mapuche.

ES SIMPLE LA PROPUESTA, TAN SIMPLE QUE POR ESO ASUSTA.

Es dejarse llevar por el WU-WEI (no acción de lo que se hace, dice y piensa). Ofrendarlo a la energía superior para que la escuche y luego hacerse cargo… Cuidado con lo que piden, pues el universo cumple y no siempre estamos preparados para recibir su pedido.

Es una cadena de amor que sentiremos desde los chakras y expandiremos al universo.

Están todos invitados a la cita.

En esta transición planetaria me cuesta anclarme en una predicción para la Argentina. El mundo gira y gira y somos parte del todo.

Lo que les conté es la esencia del tiempo, ahora les daré ciertos ornamentos.

Es un año que sacará afuera lo mejor y lo peor de cada uno, potenciándolo a la millonésima, como una dosis homeopática.

La energía 4 es madera, combinada con el astuto estratega del zoo chino, el mono, que tiene recursos en la galera para hacer magia blanca o negra, según la ocasión.

El egoísmo, el cinismo, serán tan potentes como el altruismo y la solidaridad, que saldrán a la luz en situaciones que nos pondrán a prueba las jerarquías.

Cada acción (karma) será recompensada al instante, pues la aceleración planetaria así lo requiere, y nadie estará exento.

El entusiasmo crece a través del arte, el campo y sus múltiples actividades y emprendimientos.

El turismo estallará como el *boom* nacional.

La entrada de divisas fortalecerá al país y permitirá crear una infraestructura modelo en Latinoamérica.

Inversores de Oriente, capitales europeos y gringos pondrán la mira en la Argentina, reactivando puestos de trabajo nacionales e internacionales.

Nuestro recóndito, misterioso y mágico territorio saldrá del letargo y comenzará a reactivar sus recursos naturales.

Viñedos, campos de oliva y producciones agropecuarias tendrán un año de fortuna y saldrán a competir en el mundo.

El trueque seguirá en ascenso como posibilidad de intercambio humano, artístico y original abriendo nuevas sucursales en todo el país.

Predicciones

La gente ofrecerá nuevas ideas y propuestas y crecerán las redes en América latina, Europa y Medio Oriente.

Se reactivarán los planes de estudio en las escuelas de nivel primario, secundario y terciario.

Nuevos métodos y especialistas darán un giro a la educación desde lo esencial poniendo el acento en el arte, la ecología, las transformaciones generacionales, la prevención de enfermedades y los problemas esenciales del tercer milenio.

Surgirán grupos de investigación y estudio independientes donde habrá máximo interés en las ciencias ocultas y las terapias alternativas: meditación, yoga, chamanismo, terapias florales y lo relacionado con la búsqueda interior.

El mono alentará el intelecto, la innovación, los cambios en las decisiones de rumbo, la audacia con determinación en las metas, objetivos claros y el trabajo de equipo.

Las regiones geográficas estarán interconectadas, el norte con el noroeste, centro, Cuyo, litoral y Patagonia y sentiremos que estamos receptivos a lo que piensa y siente un hermano sin ver televisión ni usar Internet.

ARGENTINA FLORECERÁ COMO UN LOTO.

Nuestra meditación ayudará a su florecimiento. Cultivaremos la tierra por el hambre que azotará a todo el mundo. Esta laborterapia será muy positiva, pues se activará el 70 por ciento de lugares vírgenes con buenos resultados y se revertirá EL TRABAJO EN LO ECHADO A PEDER, hexagrama que marcó el destino argentino del último katún.

Continuará el éxodo al interior del país por problemas de desempleo, inseguridad y calidad de vida. Se poblarán regiones con baja densidad demográfica y se instalarán en ellas pequeñas y medianas empresas.

Una ola inmigratoria asiática aumentará notablemente al promediar el año.

En poco tiempo seremos un lugar cosmopolita muy codiciado para vivir con factores climáticos y naturales propicios.

Argentina experimentará fenómenos de gran magnitud, desde chubascos metereológicos, inundaciones y sequías hasta visitas de naves E. T. con mayor afluencia y receptividad.

Costará encontrar armonía en la clase dirigente, que saciará su ansia de poder desenmascarándose y con un precio alto en la gente humilde y marginada.

Atentos a las cáscaras de bananas para no perder el equilibrio.

La traición flotará en cámara lenta en los lugares menos pensados. Habrá que agudizar la intuición para no quedar atrapados.

El año del mono nos tomará examen en lo personal y en lo humano.

Dependerá de las ganas de pasar por la inspección de los monos que tienen una navaja escondida entre las ligas.

SABIDURÍA Y SENTIDO DEL HUMOR SON LAS RECETAS PARA LA MEDICINA PREVENTIVA QUE NOS DEPARA EL RENACIMIENTO NACIONAL Y UNIVERSAL DEL IMPREDICIBLE AÑO SIMIO.

El I-Ching dice

Hexagrama principal
45. Ts´ui/La Reunión (La Recolección)

EL DICTAMEN

La Reunión. Éxito.
El rey se acerca a su templo.
Es propicio ver al gran hombre.
Esto trae éxito. Es propicia la perseverancia.
Ofrendar grandes sacrificios engendra ventura.
Es propicio emprender algo.

La reunión que forman los hombres en sociedades mayores es ora natural, como sucede en el seno de la familia, ora artificial, como ocurre en el Estado. La familia se reúne en torno del padre como jefe. La continuidad de esta reunión tiene efecto en razón de las ofrendas a los antepasados, celebraciones durante las cuales se reúne todo el clan. En virtud de un acto de piadoso recogimiento los antepasados se concentran en el espíritu de los deudos, para no dispersarse y disolverse.

Donde es cuestión de reunir a los hombres, se requieren las fuerzas religiosas. Pero también ha de existir una cabeza humana como centro de la reunión. Para poder reunir a otros, ese centro de la reunión debe primero concentrarse en sí mismo. Sólo mediante una concentrada fuerza moral es posible unificar al mundo. En tal caso, grandes épocas de unificación como ésta dejarán también el legado de grandes obras. Es éste el sentido de los grandes sacrificios ofrendados. Por cierto también en el terreno mundano las épocas de reunión exigen grandes obras.

LA IMAGEN

El lago está por sobre la tierra:
la imagen de la reunión.
Así el noble renueva sus armas
para afrontar lo imprevisto.

Cuando el agua se reúne en el lago elevándose por sobre la tierra, existe la amenaza de un desbordamiento. Hay que tomar medidas de precaución contra ello. Así también donde se juntan hombres en gran número surgen fácilmente querellas; donde se juntan bienes se produce fácilmente un robo. Por eso es preciso en épocas de reunión, armarse a tiempo, con el fin de defenderse de lo inesperado. La aflicción terrenal se presenta en la mayoría de los casos a causa de acontecimientos inesperados para los que uno no está preparado. Si uno se halla preparado y en guardia, la aflicción puede evitarse.

Cosmovisiones para la fundación espiritual de la Argentina

Cosmovisión maya

por Carlos Barrios

DEL 4 AL 7 DE DICIEMBRE DE 2003

Dentro de la carga de los ciclos de cambio hay un vórtice que abre un espacio (luego que el planeta rojo aleja su carga), hay una sutil convergencia entre la corriente cósmica y la telúrica, un momento que dura 4 días. Esta apertura nos da la oportunidad de crear la fuerza, el balance, es un sublime espacio que nos permitirá acceder a JUN'AB'KU, al CORAZÓN DEL CIELO, y así armonizar y pedir la fuerza interna, la fuerza comunitaria, la conciencia, y sintetizar el balance, momento preciso que requiere del esfuerzo conjunto de todos los seres de Luz.

Se pide a todos hacer ayuno en la medida de lo posible (comer frutas), abstinencia sexual por lo menos 4 días antes, y hacer ceremonias al amanecer y en especial al atardecer; es importante trabajar el día 4 desde el amanecer hasta el atardecer, al igual que el día 7, pues éstos son la apertura y el cierre. Es crear el ansiado despertar del Sur, desde la Sierra Nevada de Santa Marta, el Amazonas, la cordillera de las eternas nieves en los Andes y llevar la energía hacia las más antiguas montañas de esta parte del mundo en Córdoba, Argentina. La trascendencia de este momento es de suma importancia para nuestra amada Madre Pachamama; también es la sobrevivencia de esta "cuarta humanidad".

El día 4 trae la energía del NAWAL TZIKIN, el gran intermediario entre el Cielo y la Tierra, el mensajero, el Águila-Quetzal-Cóndor que creará la unidad del Norte y el Sur, que permitirá, si juntamos la fuerza necesaria a todo lo largo del continente y el mundo, el despertar del SAQ'BE, el Camino Blanco. La atención está centralizada este día sobre el mensajero divino que lleva nuestra petición, nuestro sentimiento, el latido de nuestro corazón que este día será un solo latido, un sonido de tambor llamando a las cuatro esquinas del universo y encontrando al Gran Padre. En el Norte es el Águila, en el centro es el Quetzal y en el Sur es el Cóndor, ancestrales mensajeros entre lo humano y lo divino. Hagamos, pues, un solo latido, un solo fuego, una ceremonia sencilla pero majestuosa. ¡¡¡Vayamos a los sitios sagrados y retomemos la Armonía!!!

El día 5 trae la energía del NAWAL AJMAK, el Portador del Pecado y el Perdón, día para reflexionar sobre nuestra vida, para en silencio manifestarnos hacia nosotros mismos, para revisar el daño que hemos realizado consciente o inconscientemente, para perdonar y perdonarnos y sobre todo para pedir perdón sobre el daño que hemos hecho a la Madre Tierra. Y también pedir perdón por esos inconscientes que la destrozan sin misericordia, sólo por la locura y su vanidad de acumular riqueza. La ceremonia es interna, aunque los abuelos y sabios harán sus fuegos, sus temascales, su conexión. Va dirigido a canalizar y despertar la fuerza del Sur, el retorno de la sabiduría del Cóndor; éste es el momento del retorno del reino del TIHUANTISUYO, la gigantesca Pantera, del actualmente llamado REINO DEL INCARI. Como día de dualidad la energía es la que da paso al balance entre las polaridades y en eso debemos enfocarnos.

El día 6 trae la energía del NAWAL NOJ, el portador de la sabiduría, el balance, la armonía, la comprensión, el poder de la mente y la imaginación. Día de usar la energía mental para crear la fuerza del balance; este día debe trabajarse la paz tanto interna, personal, como comunitaria, pues la polarización, sobre todo la basada en el fundamentalismo religioso, está llegando a límites insostenibles y depende de los seres que estén comprometidos con la esencia de la espiritualidad real, con la sobrevivencia de la raza humana y la Madre Tierra, que se logre detener esta energía. Recordemos que esto que llamamos realidad es mental, la llamada gran ilusión y el NAWAL NOJ es quien comanda esta fuerza, lo recomendable es prender velas blancas y crear cadenas de meditación para elevar nuestra palabra al Corazón del Cielo, al Gran Padre. Es purificarnos internamente, revisar nuestra existencia y quitarnos todo lo que no nos sirve y asimismo liberar las fuerzas antagónicas y crear la convivencia de la fuerza que debe comandar el universo en este momento: la ARMONÍA.

El día 7 trae la energía del NAWAL TIJAX, este día es la culminación de este ciclo que abre con el intermediario entre la Tierra y el Cielo, sigue con el Perdón-Pecado, y prosigue con la purificación de la mente, creadora de todas las ilusiones, pues NAWAL TIJAX es el cuchillo de doble filo, es la energía que abre las dimensiones y este vórtice en este día, crea un espacio extremadamente sutil y sólo perceptible para aquellos espíritus sensibles. Pero que nos da a todos los seres humanos la oportunidad de cortar la negatividad, de soltar las amarras que nos atan a las vanas ilusiones, permite que abramos el corazón, que despertemos y podamos crear el balance entre las polaridades.

Hay que pedir mucho por los guías espirituales, para que dejen su importancia personal, para que sepan guiarnos sin entrar en competencia, y que se encuentre una unidad, que recuerden que no son portadores de la verdad, pues cada uno trae su fuerza y su don y todas las verdades son sólo parte de una manifestación de la realidad. Así podremos enfrentar el cambio que estamos a punto de vivir para poder llegar en armonía al 21 de diciembre de 2012, lo cual es el propósito de TZACOL, el planeta como ser vivo, para así trascender al 5° AJAW.

Cosmovisión transcultural

por Ana Tarántola

El "Símbolo del Alma de por vida" para este nacimiento del 4 de diciembre de 2003 está representado por el Arcano 12 (4+12+2003) que es "El Colgado" y que simboliza el principio de rendirse, rompiendo antiguos patrones. En esencia, simboliza el despertar y reconocer los patrones repetitivos que atan, limitan y restringen el crecimiento y la evolución.

Ponernos "boca abajo" como "El Colgado" me suena a una toma de posición verdaderamente diferente, osada y singular, una posibilidad de ver desde un lugar nunca antes experimentado. Esto es salirse de una visión "unívoca" (la de ver todo desde la posición de pie, con la cabeza como "directora de orquesta") y aventurarnos en la búsqueda de nueva visión y sabiduría.

Este símbolo también nos enseña que siempre hay muchas más opciones, soluciones y perspectivas a tener en consideración que sólo aquellas en las que estamos interesados corrientemente.

También se lo considera símbolo de la "crucifixión del ego" o de aquellos patrones egocéntricos que ya no resultan constructivos.

Como símbolo de muerte y resurrección, sincroniza perfectamente con el Sol de la carta en Casa 8 en Sagitario.

El Colgado está deseoso de sacrificar (hacer sagradas) las necesidades egocéntricas para rendirse a una expresión del amor y la sabiduría naturales dentro de sí que necesitan ser expresadas en el mundo de maneras ilimitadas y no distorsionadas.

El Colgado es capaz de salir del laberinto de las restricciones propias de la única manera que se sale de los laberintos, mirando hacia el cielo. No olvidemos la posición de El Colgado, ni al centauro de Sagitario con la flecha disparada hacia el cielo.

"La Emperatriz", Arcano 3, también representa a este nacimiento, y simboliza el principio de la Madre Tierra y el Amor con Sabiduría.

Se refiere a la habilidad innata que posee la humanidad de brindar y recibir amor. Este símbolo también es Venus, la Diosa del Amor, la Belleza y el Poder Creativo.

El Ascendente de esta carta es Tauro, por consiguiente el Regente Natural de la carta es Venus, que se encuentra en Capricornio, también en la Casa 8. Vemos aquí un Venus en la tierra más evolucionada, madura y fértil, consistente y sostenible. (Tener en cuenta los aspectos favorables del Señor del karma: Saturno).

Esta expresión del amor representa el corazón confiado y equilibrado que brinda de manera apropiada mental, emocional, física y espiritualmente.

La Emperatriz representa el Curativo Poder del Amor, que es nutritivo, confortable, sostenible y sanador.

La Emperatriz es la energía motivante interna para expresar amor en el mundo y para romper patrones destructivos que atan y reprimen nuestro amor hacia nosotros mismos y nuestra expresión de amor hacia otros.

"El Universo", Arcano 21, también es un aspecto del Colgado, ya que representa el principio de individuación, completud y totalidad.

Este arquetipo nos habla de las habilidades del visionario natural, el aventurero, el explorador y constructor de nuevos mundos. Aquí es sumamente importante el concepto de libertad.

Este símbolo refuerza el entendimiento universal y el conocimiento global.

Es la expresión de los talentos naturales como una contribución al mundo.

Cosmovisión mapuche
por Juan Namuncurá

Los primeros 4 años, a partir de lo que se marca hoy como nuevo milenio pertenece a una etapa de "Lluvias", dentro de ello el período 2003 a 2004 es un año de característica otoñal, el 4 de diciembre está contenido en la última etapa de la primavera, esta etapa tiene la característica del otoño.

¿Cómo se puede interpretar esto? La primavera es tiempo de concreción, de consumación y confirmación de los nuevos brotes, listos para empezar a convertirse en frutos en la etapa siguiente.

¿Cómo se entiende una característica otoñal dentro de una primavera? Personalmente interpreto que hay que asumir y proteger lo que se ha desarrollado y consolidado hasta ese momento; en otras palabras todo lo adecuado para convertirse en fruta. Todo lo no desarrollado hasta ese momento hay que dejarlo para una etapa siguiente pues no está preparado para madurar y convertirse en fruta, no es momentáneamente un alimento adecuado para la existencia física y espiritual.

La madre Tierra en el período alrededor del 4 de diciembre transita un momento de definiciones respecto a cambiar, a asumir y a los elementos que participan de ese cambio. No hay que olvidar que estamos en un período meditativo previo al del crecimiento o de elevación, el escalón que sigue es muy bello y muy tierno pues es una etapa de expansión espiritual.

Predicciones
preventivas para la Rata
basadas en el I-Ching

Sabiduría
para dosificar el Chi

Ratas, que conozco tanto por afinidad, los mágicos tácitos, sobreentendidos que nos unen en el telar de la vida, dicen los eruditos que el año del mono, el signo de la *atracción fatal* con que se electrocutan y hechizan, es potencialmente el que más posibilidades les brinda para dar un salto cuántico digno de Batman o de David Copperfield en lo que se les antoje: aventurarse en nuevas cañerías que las lleven a los *sac bec* o caminos blancos sutiles que están dentro de la Tierra, para extraer el elixir de la inmortalidad y regalarlo a su amor inconfesable, pues ustedes son un secreto a develar.

En el año del mono la rata decidirá sacarse el velo o la máscara y entregarlo al simio guía de destino para recorrer una nueva experiencia digna de *National Geographic*.

Los riesgos y las trampas serán cotidianas, pues LO QUE VALE CUESTA; por eso, roedora: ¡¡¡CUIDADO!!!, podés perder todo en un instante, desde el honor hasta la caja fuerte escondida en los zócalos o en las paredes de adobe del rancho. Atención en cada señal que te envíe la vida; a agudizar la percepción, el sexto sentido, la brújula y no arremeter ni acelerar, pues en LA PREPONDERANCIA DE LO PEQUEÑO está la clave del progreso o evolución que te toca atravesar.

Es una buena advertencia para la rata que no se exceda cuando sienta deseos de doblar la apuesta en la ruleta, porque puede convertirse en un *arma mortal* y sin retorno.

El año comienza con brindis y muy arriba, casi en un viaje espacial lleno de aventuras, romances, flechazos dignos de la liviandad del mono, que la incita a perder los principios éticos y la moral.

El espíritu del tiempo será el motor del viaje: propuestas profesionales llevarán a la roedora a los más recónditos lugares del planeta y más de una vez quedará hipnotizada por los espejitos de colores y la danza del vientre. Sentirá vértigo por lo desconocido. Experiencias relacionadas con lo místico, espiritual y transpersonal la sacudirán desde las entrañas, dejándola a la intemperie.

Le aconsejo buscar asesores, gente especializada que la supervise para evitar así el abismo, pues las caídas durante el reinado del mono pueden ser graves y definitivas.

El tiempo para ir del caos al orden dependerá de su inteligencia y sensibilidad para encauzar los proyectos, dando prioridad a los afectos, que serán protagonistas durante este año.

Los roedores solteros tendrán posibilidades de ser privilegiados VIP debido al acoso del zoo que los mantendrá en buen estado físico y mental; deberán elegir a veces relaciones paralelas para colmar sus apetitos y fantasías eróticas. Los "cazados" estarán muy activos, imaginativos, inspirados y llenos de planes para compartir. Sus parejas deberán tomarlos con pinzas de depilar pues harán *promesas sobre el bidet.*

El tiempo demanda acción en lo exterior y quietud en lo interior. Meditar, leer a Osho, participar en ceremonias chamánicas o viajes espirituales es muy recomendable, pues la adrenalina y sobreexcitación del año la mantendrán más nerviosa y estresada de lo habitual.

El mono es velocidad, por eso este tiempo a la rata le parecerá un *glim*, una ráfaga, un rayo luminoso que quema o enciende.

No es momento propicio para conquistar otros reinos, es mejor cultivar el propio y consolidar una posición frente a los testigos que la acompañarán en el DÍA A DÍA alimentando los recursos del espíritu.

La salud deberá ser atendida con medicina preventiva, pues los excesos y vicios pueden jugarle una mala pasada.

Respetar los mandatos de los ancestros y cumplirlos será benéfico, porque tendrá experiencias que la sobrepasarán psíquicamente.

Encuentros importantes del corazón marcarán el rumbo del año dando paso a casamientos y nacimientos. En la familia habrá que aliarse o separarse. Reinará un clima hostil, de ciberespacio, que puede provocar rupturas drásticas e irreversibles. Convendrá condimentar con romanticismo los momentos en los que siente que su pareja estalla con su indiferencia.

El mono apreciará la búsqueda, la lucha por los ideales y el sentido del humor de la roedora.

CONSEJO: UN AÑO PARA TRANSMUTAR EL TENER POR EL SER, LO SUPERFLUO EN LO ESENCIAL Y FLUIR CON EL WU-WEI.

El I-Ching te aconseja

Hexagrama principal
62. Hsiao Kuo/La Preponderancia de lo Pequeño

EL DICTAMEN

Preponderancia de lo Pequeño. Éxito.
Es propicia la perseverancia.
Pueden hacerse cosas pequeñas, no deben hacerse cosas grandes.
El pájaro volador trae el mensaje:
no es bueno aspirar hacia lo alto,
es bueno permanecer abajo. ¡Gran ventura!

Una extraordinaria modestia y escrupulosidad se verá sin duda recompensada por el éxito; sólo es importante que tales virtudes no se conviertan en huera fórmula y en un modo de ser rastrero; que antes bien se observen acompañadas por la debida dignidad en el comportamiento personal, de modo que uno no se envilezca. Es preciso comprender cuáles son las exigencias del tiempo a fin de poder encontrar la debida compensación para las carencias y los daños que afligen este tiempo. De todas maneras, no deben esperarse grandes éxitos, puesto que para obtenerlos falta la fuerza necesaria. Por eso es tan importante el mensaje que aconseja no aspirar a cosas elevadas, sino atenerse más bien a las de abajo. El hecho de que este mensaje sea traído por un pájaro se desprende de la figura del signo. Los cuatro trazos livianos en el exterior dan la imagen de un pájaro que planea. Pero el pájaro no debe soberbiamente pretender volar hacia el sol, antes bien ha de descender hacia la tierra donde se halla su nido. Con ello da el mensaje que enuncia el signo.

LA IMAGEN

Sobre la montaña está el trueno:
La imagen de La Preponderancia de lo Pequeño.
Así el noble en su conducta
da preponderancia a la veneración.
En casos de duelo da preponderancia al duelo.
En sus gastos da preponderancia
a la economía.

El trueno sobre la montaña es distinto al de la planicie. En las montañas el trueno es mucho más cercano, mientras que fuera de las regiones montañosas es menos audible que el trueno de una tormenta común. Por eso el noble extrae de esta imagen la exhortación de examinar cuál es el deber en todas las ocasiones, más de cerca y en forma más directa que la gente sumida en la vida cotidiana, a pesar de que, por esa razón, vista de afuera su conducta puede parecer mezquina. Él es particularmente escrupuloso en sus actos. En casos de duelo lo afecta mucho más el sobrecogimiento interior que todo formalismo pequeño y externo, y en las expensas destinadas a su propia persona se muestra sencillo y sin pretensiones, de manera extraordinaria. A causa de todo esto, a los ojos de la mayoría de la gente aparece como un fenómeno de excepción. Pero lo esencial de esta excepción radica en el hecho de que en su manifestación exterior se ubica del lado del hombre común.

LAS DIFERENTES LÍNEAS
SEIS EN EL SEGUNDO PUESTO SIGNIFICA:
Ella pasa de largo junto a su antepasado y
encuentra a antepasada.
Él no llega hasta su príncipe y encuentra al funcionario.
No hay falla.

Se mencionan aquí dos casos de excepción: en el templo consagrado a los antepasados, donde transcurre la alternancia de las generaciones, el nieto se coloca del mismo lado que el abuelo; por eso guarda con él la relación más estrecha. Aquí se alude a la esposa del nieto, que en el servicio sacrificial pasa junto al antepasado y se dirige hacia la antepasada. No obstante, esta conducta extraordinaria es expresión de su modestia. Ella se atreve más bien a presentarse ante la antepasada, hacia la cual siente el parentesco del sexo; de ahí que esta desviación de la regla no constituye una falta.

Otra representación es la del funcionario que, conforme las reglas, solicita en primer lugar una audiencia con su príncipe. Pero si no logra ver a éste, no trata de forzar las cosas violentamente, sino que se aviene a un escrupuloso cumplimiento de su deber, y a ocupar el lugar que le corresponde en las filas de los funcionarios. Tampoco esta extraordinaria discreción es una falta en épocas de excepción.

NUEVE EN EL TERCER PUESTO SIGNIFICA:
Si uno no toma precauciones extraordinarias,
acaso llegue alguien de atrás y le pegue.
¡Desventura!

Hay tiempos en que se hace absolutamente imprescindible una extraordinaria cautela. Pero precisamente en tales situaciones de la vida hay personalidades rectas y fuertes que, conscientes de su buen derecho desdeñan precaverse, pues lo consideran una mezquindad. Más bien, orgullosos y despreocupados, prosiguen su camino. Pero esta confianza en sí mismo los engaña. Hay peligros que los acechan desde una emboscada y que ellos no están en condiciones de afrontar.

De todos modos, se trata de un peligro al que uno no se ve en forma ineludible expuesto; podrá evitarse si se comprende la situación del momento tal como está dada, una situación que exige que se preste extraordinaria atención a lo pequeño, a lo insignificante.

AL TOPE UN SEIS SIGNIFICA:
Sin encontrarlo, pasa de largo junto a él.
El pájaro volador lo abandona. ¡Desventura!
Esto significa desdicha y daño.

Cuando uno apunta y tira más allá del blanco, no podrá alcanzarlo. Cuando el pájaro no quiere ir a su nido y pretende volar cada vez más alto, caerá finalmente en la red del cazador. Quien, en tiempos de lo extraordinario, no sabe detenerse en lo pequeño e inquietamente pretende avanzar cada vez más, atrae sobre sí el infortunio que procede tanto de los dioses como de los hombres, puesto que se aparta del orden de la naturaleza.

Hexagrama complementario
64. Wei Chi/Antes de la Consumación

EL DICTAMEN

Antes de la Consumación. Logro.
Pero si al pequeño zorro,
cuando casi se ha consumado la travesía,
se le hunde la cola en el agua,
no hay nada que sea propicio.

Las circunstancias son difíciles. La tarea es grande y llena de responsabilidad. Se trata nada menos que de conducir al mundo para sacarlo de la confusión y hacerlo volver al orden. Sin embargo, es una tarea que promete éxito, puesto que hay una meta capaz de reunir las fuerzas divergentes. Sólo que, por el momento, todavía hay que proceder con sigilo y cautela. Es preciso proceder como lo hace un viejo zorro al atravesar el hielo. En la China es proverbial la cautela con que el zorro camina sobre el hielo. Atentamente ausculta el crujido y elige cuidadosamente y con circunspección los puntos más seguros. Un zorro joven que todavía no conoce esa precaución, arremete con audacia, y entonces puede suceder que caiga al agua cuando ya casi la ha atravesado, y se le moje la cola. En tal caso, naturalmente, todo el esfuerzo ha sido en vano.

En forma análoga, en tiempos anteriores a la consumación, la reflexión y la cautela constituyen la condición fundamental del éxito.

LA IMAGEN

El fuego está por encima del agua:
la imagen del estado anterior a la transición.
Así el noble es cauteloso en la discriminación de las cosas,
a fin de que cada uno llegue a ocupar su lugar.

Cuando el fuego, que de todas maneras puja hacia lo alto, se halla arriba, y el agua, cuyo movimiento es descendente, se halla abajo, sus efectos divergen y quedan sin mutua relación. Si se desea obtener un efecto, es necesario investigar en primer lugar cuál es la naturaleza de las fuerzas que deben tomarse en consideración y cuál es el sitio que les corresponde. Cuando a las fuerzas se las hace actuar en el sitio correcto, surtirán el efecto deseado y se alcanzará la consumación. Pero a fin de poder manejar debidamente las fuerzas exteriores, es menester ante todo que uno mismo adopte un punto de vista correcto, pues sólo desde esa mira podrá actuar adecuadamente.

Predicciones para la Rata y su energía

RATA DE MADERA (1924-1984)

Durante el año del mono el aprendizaje estará enfocado a elegir cuidadosamente las oportunidades que se presenten, poniendo el corazón más que la razón.

Estará eufórica, estimulada y muy abierta a recibir enseñanzas espirituales y emprender un viaje iniciático.

En su profesión recibirá un ascenso o premio que le abrirá puertas en el exterior: deberá deshojar la margarita.

Promediando el año se enamorará y seguirá al amado por el mundo, siendo discípula y maestra simultáneamente.

Conocerá gente influyente que la guiará en su vocación o estudio regando su caudal creativo e imaginativo.

Deberá cuidar su hígado y sistema digestivo, pues las presiones y el estrés del año pueden causarle cierto malestar. Será la reina del trueque y aumentará su nivel de vida.

Hará inversiones altamente redituables en bienes raíces y arte.

RATA DE FUEGO (1936-1996)

Sentirá que tiene alas y que EL CIELO ES EL LÍMITE. Radiante, hiperactiva, ambiciosa y con proyectos de otra época que concretará con sobresaltos, logrará afianzar su profesión y darle un nuevo rumbo o sentido.

En la familia habrá reencuentros y despedidas. Tendrá que tener el corazón entrenado para resistir el flechazo que le depara la vida. Un amor holístico la acompañará en este ciclo de viajes interiores y exteriores.

Deberá enfrentar juicios familiares o con socios; busque mediar sin que llegue la sangre al río.

Un impulso proveniente del círculo de amigos la inspirará para comprar un terreno, lote o propiedad en las sierras o el mar e iniciar una vida más contemplativa.

Tendrá suerte en el azar y en los juegos de salón, donde pasará horas de *glamour*.

Cuide su salud, haga chequeos médicos y busque terapias alternativas para dosificar el CHI.

UN REENCUENTRO CASUAL PUEDE CAMBIAR SU DESTINO.

RATA DE TIERRA (1948)

"SIN MOVERSE SE PUEDE CONOCER EL MUNDO". Este proverbio es una metáfora para dilucidar en el año simio.

Necesitará nuevos estímulos para reactivar su vocación y profesión. Encontrará amigos o socios con ideas originales y de vanguardia que la alentarán a animarse a dar un salto en su carrera a la fama.

Conocerá un maestro o guía espiritual que le abrirá nuevas percepciones. Sentirá un deseo profundo de radicarse cerca de la naturaleza, echar raíces e iniciar una labor solidaria y comunitaria.

La gran cita es consigo misma, sin testigos que la distraigan de sus objetivos.

Invertirá en sueños posibles y tendrá *feed back* con personas sabias.

TIEMPO DE *INSIDE* Y DE PASOS FIRMES Y SEGUROS CON ALINEACIÓN Y BALANCEO CÓSMICO.

RATA DE METAL (1900-1960)

Es recomendable que utilice los recursos reales para conseguir sus metas y no abarcar más de lo que su CHI (energía) pueda.

El tiempo requiere intuición y precaución antes de definir contratos, ofertas laborales o sociedades.

Tendrá que dosificar salidas, invitaciones y acosos de todos los frentes. Estará más seductora que de costumbre y tendrá una lista de amores *stand by* esperándola a la salida de la madriguera.

Sus prioridades serán afectivas; en la pareja habrá definiciones y nuevos rumbos para compartir: un nuevo lugar, casa, trabajo, la mantendrán dinámica y creativa. Estará con espíritu sociable, buscará tener encuentros con personas nuevas que le abrirán nuevos mundos y será la primera en llegar a eventos culturales y artísticos.

Viajará al exterior por trabajo o estudio y encontrará gente solidaria y con afinidad para emprender nuevas sociedades o proyectos.

Estará receptiva al cambio, a la búsqueda interior y a *esos raros peinados nuevos*.

RATA DE AGUA (1912-1972)

Estará preparada como una astronauta para recibir lo que el cielo le mande como premio a su perseverancia.

Rodeada de gente con ideas renovadoras, con empuje y ejecución podrá integrar un equipo de estudio, investigación y trabajo que le dará adrenalina, un aumento notable en su profesión y experiencia.

Sentirá deseos de expansión: invertirá en bienes raíces, hará inversiones arriesgadas de trueque y consolidará su patrimonio.

En su corazón soplarán aires nuevos y muy estimulantes.

Una pareja *new age* le dará lo que siempre soñó, y no se asuste si engendra quintillizos.

Con la familia habrá reencuentros, una nueva etapa de diálogo, acercamiento e indexación de deudas pendientes.

UN TIEMPO DE CAMBIOS DESDE LA DERMIS HACIA EL ESPACIO SIDERAL.

Si en vez de otra guerra
(incuestionable derrota de la humanidad)
Lanzáramos poemas sobre el enemigo
En botellas en el mar,
Palomas mensajeras,
Alas delta,
Almas en pena,
Vagabundeando por el cosmos,
Y dejáramos que entraran
Como misiles al corazón
Habríamos ganado la guerra.

L. S. D.

Escribe tu propia predicción

Predicciones
preventivas para el Búfalo
basadas en el I-Ching

El cielo es el límite

Sopla fuerte el viento sur barriendo los intentos de un falso veranillo que nos visitó en Traslasierra.

Me sumerjo en la experiencia de ser el FENG (viento) y sacar afuera la furia, ira, malestar que como el polvillo de las chimeneas se acumula en el chakra del corazón nublando la visión.

Me siento búfalo, dejando al toro que soy identificarse con el voltaje del buey cuando arremete caiga quien caiga y produce temblores a su alrededor, desde las entrañas de la Pachamama hasta el suave pétalo de una rosa que se despide del mundo en un suspiro.

Siento la potencia de LO CREATIVO, hexagrama inicial del I-CHING, lleno de significados, y lo dejo fluir al dragón en todas sus gamas y escalas entre el cielo y la tierra, en un tobogán de jade, para que inspire y llene de bendiciones al buey en el año del simio.

Salto, corro, brinco, grito al cielo lo que siento para que los abrace, acaricie y abarque en su inmensidad, haciéndoles un nido de nubes y constelaciones similares a las pircas cordobesas.

El tiempo de LO CRETIVO es propicio para trazar una ruta clara en el cielo y en la tierra afirmando los deseos, proyectos, ideas y planes que tienen en mente.

El buey consigue afianzar su posición laboral y profesional con creces. Sólido como una roca del plegamiento caledónico tendrá la convicción de sus ideas reforzadas con su eficacia, responsabilidad, perseverancia y talento. Llegan ofertas por los cuatro vientos y su corazón palpita al ritmo de un tambor africano.

El año de la cabra lo convirtió en un ser diferente; las pruebas fueron cruciales, profundas y sanadoras. El cambio se produjo desde la dermis a la epidermis, y durante este año los resultados son tangibles.

El I-CHING aconseja claridad, rectitud y firmeza para que la sincronicidad se produzca en cada intención y acción acompañado de una lluvia de estrellas fugaces.

Deberá tomar las riendas de la familia y cambiar de rol.

Necesitará más tiempo para sí mismo; se ocupará desde su *look* hasta su alma iniciando laborterapia relacionada con el arte, el deporte, la búsqueda espiritual y los viajes.

Consolidará una posición económica a través de una herencia o donación, echará raíces en nuevos lugares y tendrá comunión con la naturaleza.

Su curiosidad buscará nuevas rutas del alma donde captará mensajes telepáticos y se entregará física, mental y espiritualmente a la odisea. EL CIELO ESTARÁ DESPEJADO, SIN NUBES NI TURBULENCIAS PARA ACEPTAR SU DESIGNIO.

La entrega es fundamental para atravesar el año simio, pues el mono lo pondrá a prueba varias veces, demostrando su entereza y dignidad ante situaciones tramposas y bizarras.

La inocencia del buey despertará entusiasmo y admiración en el resto del zoo chino. Su fortaleza será como la de la ceiba; raíces profundas, tronco sólido y ramas que se pierden en la inmensidad para albergar flores y frutos exóticos.

El mono, amor secreto del buey, le contagiará su sentido del humor, agilidad y versatilidad.

Será un meteoro para tomar decisiones, transbordar corazones, romper barreras de sonido y desafiar a *la armada Brancaleone*.

El buey se animará a rumiar utopías. Necesitará desprenderse de mandatos, lazos y karmas que le imposibilitan el crecimiento y lo bloquean emocionalmente.

Un amigo de la infancia le ofrecerá una salida laboral o un cambio de vida que le abrirá un nuevo horizonte. Estará más receptivo para escuchar consejos, modificar hábitos de ermitaño, y emprender sociedades con personas de distintas tendencias y filosofías.

El amor será el premio a tanta constancia. Al fin, el elegido caerá en sus brazos y podrán formar una pareja abierta e independiente.

Es un año para salir de viaje, darle vacaciones al cónyuge y a los hijos e inventar nuevas distracciones.

La gente lo buscará para pedirle consejos y asesoramiento.

Estará más sabio, liviano de equipaje y sutil.

SUS LIMITACIONES CAERÁN COMO EL MURO DE BERLÍN, SENTIRÁ UN RENACIMIENTO EXISTENCIAL Y FORTALECERÁ SU AUTOESTIMA.

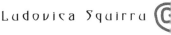
El I-Ching te aconseja

Hexagrama principal

═══════ 1. Ch'ien/Lo Creativo

EL DICTAMEN

Lo Creativo obra elevado logro
propiciando por la perseverancia.

De acuerdo con su sentido primitivo, los atributos aparecen agrupados por pares. Para el que obtiene este oráculo, ello significa que el logro será otorgado desde las profundidades primordiales del acontecer universal, y que todo dependerá de que sólo mediante la perseverancia en lo recto busque su propia dicha y la de los demás.

El comienzo de todas las cosas reside todavía, por así decirlo, en el más allá, en forma de ideas que aún deben llegar a realizarse. Pero en lo creativo reside también la fuerza destinada a dar forma a estas imágenes primarias de las ideas. Transferidas al terreno humano, estas cualidades muestran al grande hombre en camino hacia el gran éxito. Como camino hacia el logro aparece aquí el reconocimiento y la realización del sentido del universo que, en cuanto ley perenne, y a través de fines y comienzos, origina todos los fenómenos condicionados por el tiempo. De este modo toda etapa alcanzada se convierte a la vez en preparatoria para la siguiente, y así el tiempo ya no constituye un obstáculo, sino el medio para la realización de lo posible. El gran hombre, mediante su actividad ordenadora, trae al mundo paz y seguridad.

LA IMAGEN

Pleno de fuerza es el movimiento del Cielo.
Así el noble se hace fuerte e infatigable.

La duplicación del signo Ch'ien, cuya imagen es el cielo, indica, puesto que existe un solo cielo, el movimiento del cielo. Un movimiento circular completo del cielo es un día. La duplicación del signo implica que a cada día sigue otro día, lo cual engendra la representación del tiempo y, simultáneamente, puesto que se trata del mismo cielo que se mueve con fuerza, en el tiempo y más allá del tiempo, de un movimiento que jamás se detiene ni se paraliza, así como los días se siguen unos a otros con perpetuidad. Esta duración en el tiempo da la imagen de la fuerza tal como le es propicia a lo Creativo.

El sabio extrae de ello el modelo según el cual deberá evolucionar hacia una acción duradera. Ha de hacerse íntegramente fuerte, eliminando a conciencia todo lo degradante, todo lo vulgar. Así adquiere la infatigabilidad que se basa en ciclos completos de actividad.

LAS DIFERENTES LÍNEAS

NUEVE EN EL SEGUNDO PUESTO SIGNIFICA:
Dragón que aparece sobre el campo.
Es propicio ver al gran hombre.

Aquí comienzan a mostrarse los efectos de la fuerza luminosa. Aplicado a circunstancias humanas, esto significa que el gran hombre aparece en el campo de su actividad; todavía no ocupa ninguna posición gobernante, todavía se halla entre sus iguales, pero lo que lo distingue ante los demás es su seriedad, su absoluta responsabilidad y el influjo que sin esfuerzo consciente alguno ejerce sobre quienes lo rodean. Un hombre tal está predestinado a llegar a tener gran influencia y a conducir el mundo hacia el orden. Por eso es propicio verlo.

NUEVE EN EL TERCER PUESTO SIGNIFICA:
El noble es creativamente activo todo el día.
Aun por la noche lo embarga la preocupación interior.
Peligro. Ninguna tacha.

Al hombre importante se le abre un círculo de acción. Comienza a difundirse su fama. Las multitudes se vuelcan a él. Su fuerza interior se halla a la altura de la incrementada actividad exterior. Hay muchísimo que hacer y aun hacia la noche, cuando ya otros descansan, se acumulan los planes y las preocupaciones. En este momento del tránsito desde los bajos y hacia las alturas aparece un peligro. Ya más de un hombre grande encontró su perdición en el hecho de que las masas se volcaran a él y lo arrastraran hacia sus propias vicisitudes. En tales casos la ambición corrompe la pureza interior. Pero las tentaciones no hacen mella a una verdadera grandeza. Si uno permanece alerta, en empatía con los gérmenes del tiempo nuevo y sensible frente a sus requerimientos, tendrá la suficiente cautela como para cuidarse de desviaciones y así quedará sin tacha, sin defecto.

Hexagrama complementario
25. Wu Wang/La Inocencia (Lo Inesperado)

EL DICTAMEN

La Inocencia. Elevado éxito.
Es propicia la perseverancia.
Si alguien no es recto tendrá desdicha,
y no será propicio emprender algo.

El hombre ha recibido desde el Cielo su naturaleza originalmente buena, inocente, con el designio de que ésta lo guíe en todos sus movimientos. Al entregarse a esta índole divina que tiene dentro de sí, alcanza una límpida inocencia, la cual, sin segundas intenciones en cuanto a recompensas y ventajas, hace sencillamente y con instintiva certeza lo que es recto. Esta certeza instintiva obra elevado éxito, y es propicia mediante la perseverancia. Pero no todo es naturaleza instintiva en ese elevado sentido de la palabra, sino que lo es tan sólo lo recto, aquello que concuerda con la voluntad del Cielo. Sin observar lo recto en este sentido, un modo de obrar instintivo e irreflexivo, tan sólo acarreará desgracia. El Maestro Kung dijo al respecto: "El que se aparta de la inocencia, ¿a dónde irá a llegar?. La voluntad y la bendición del Cielo no acompañan sus acciones".

LA IMAGEN

Bajo el cielo va el trueno:
Todas las cosas alcanzan el estado natural de la inocencia.
Así, ricos en virtud y en correspondencia con el tiempo,
cultivaban y alimentaban los antiguos reyes a todos los seres.

Cuando el trueno –la energía vital– vuelve a agitarse bajo el cielo durante la primavera, todo brota y crece y todas las criaturas reciben de la naturaleza creadora la inocencia infantil de la esencia primigenia. Así obran también los buenos gobernantes de los hombres: con la riqueza interior de su ser cuidan ellos de todo lo que vive, y de toda cultura, y realizan a su debido tiempo todo lo que es necesario para su cultivo.

Predicciones para el Búfalo y su energía

BÚFALO DE MADERA (1925-1985)

Durante este año sentirá que llegan las recompensas y las disfrutará con su familia. Un volcán afectivo lo transformará existencialmente.

Se pagarán cuentas kármicas y podrá recibir un trueque inmobiliario que despertará interés, por ejemplo, un cambio de vivienda.

En los estudios habrá estímulos, premios y becas, viajes y nuevos maestros para evolucinar en su cosmovisión de la vida.

Es fundamental que haga chequeos de medicina preventiva para evitar recaídas.

Aumentarán las salidas en grupo a movimientos artísticos y literarios.

La inocencia es parte fundamental de su esencia, tendrá que atravesar pruebas para llegar al Nirvana.

Un gran amor sacudirá su estabilidad aportándole magia, imaginación y suerte.

AÑO LÚDICO.

BÚFALO DE FUEGO (1937-1997)

Este año será el de la transmutación y el desapego.

Estará rodeado de gente joven, artistas y nuevos amigos que despertarán una vocación oculta o abandonada.

Tendrá la fuerza de un roble y podrá iniciar nuevos emprendimientos profesionales. Estará eufórico, dinámico y lleno de ideas originales y de vanguardia.

Su espíritu de conquistador crecerá día a día y conocerá nuevos oficios, tareas y estudios relacionados con el FENG-SHUI, el arte y la ciencia.

Su pareja sentirá que renace después de un largo alejamiento. Lo impulsará a salir de su microclima en busca de nuevas experiencias.

Su estado físico mejorará y atraerá nuevas personas a su vida. Una persona joven despertará un interés y una pasión tales que recorrerá senderos inspirados por los dioses.

UN ALMA GEMELA HACE SINTONÍA, DESPIERTA SU KUNDALINI Y LO DEJA MIRANDO AL SUDESTE.

BÚFALO DE TIERRA (1949)

Este año será de transformaciones y alquimia en su vida. Sentirá ganas de rebelarse, dejar todas las responsabilidades y ser un *hippie*.

En la profesión habrá exámenes que le darán la pauta de su capacidad y fortaleza, abriéndole nuevas percepciones.

En el matrimonio o la pareja habrá rupturas y alejamientos. Un tercero o un nuevo amor irrumpirá alborotando su equilirio.

Comenzará una nueva etapa en un lugar que lo mantendrá ocupado con la comuna.

Sentirá deseos de libertad y de iniciar un viaje por el mundo, sólo con su diario de viajes y experiencia.

El estrés se combate con reposo, naturaleza, laborterapia y practicando EL TAO DEL AMOR Y DEL SEXO.

BÚFALO DE METAL (1901-1961)

Cae la armadura del *heavy* del zoo chino y llega el mono a hacerle cosquillas. Reirá a las carcajadas de la mañana a la noche y estará ligero de karma y equipaje.

Le lloverán propuestas y ofertas laborales y deberá deshojar la margarita para no quedar mal con los *sponsors*.

Fortalecerá la autoestima y enfrentará trances familiares de modificación de roles.

Parte del año cambiará de domicilio y estará eufórico con su nueva vida. Triunfará en otras tierras y sentirá que su labor es valorizada y muy cotizada.

Despertará curiosidad entre sus colegas al inventar o refundar un estilo de vida o artístico.

Tendrá que apelar a su fortaleza y sentido práctico para atravesar pruebas en su vida íntima que no lo desborden emocionalmente, pues este año será clave para encauzar su futuro afectivo y profesional. Tendrá invitaciones de privilegio para acrecentar su vocación compartiendo seminarios, *workshops*, y cursos de especialización.

LOS HIJOS SERÁN EL MOTOR DE SU VIDA Y DE SUS APUESTAS AL AÑO DE ACROBACIAS DEL MONO.

BÚFALO DE AGUA (1913-1973)

El agua riega a la madera, y el mono ampara al búfalo pues lo quiere y admira.

Será un tiempo de cambios mágicos e inesperados. Estará en estado de alineación y balanceo cósmico. Todo lo que toque lo transformará en oro.

Sentirá que tiene el motor de un jumbo que lo inspira para realizar obras titánicas.

Su corazón recibirá más latidos que los habituales al conocer a una persona que le marcará el ritmo de su vida. Viajarán por lianas nuevas y clorofílicas despertando un nuevo enfoque en la relación hombre-mujer, al estilo Osho.

Tendrá un ascenso en su carrera y recibirá ofertas para cambiar de profesión temporalmente.

En la familia habrá rupturas, despedidas y reencuentros.

Participará de eventos estudiantiles o seminarios artísticos que le brindarán nuevos amigos y posibilidades de intercambio por el mundo.

UN AÑO DE LIVIANDAD DEL SER. ¡¡BASTANTE PARA UN BÚFALO!!

Miro al futuro
Y le cuento al lago
Que tuve un amor
Cuando era joven
Que no pudo estar
Cuando lo llamaba.

L. S. D.

Escribe tu propia predicción

Predicciones
preventivas para el Tigre
basadas en el I-Ching

Alineación
y balanceo cósmico

Llegó, llegó el año del mono. Opuesto complementario, amor-odio, *atracción fatal* inevitable que sólo se transmuta cuando el espejo amplificado se acepta con humor y grandes dosis de amor que el felino paga en cómodas e incómodas cuotas.

Es un año de progreso si el tigre escucha las señales cósmicas y sigue sólo su intuición, que es su gran patrimonio, y desecha la ilusión, las coartadas, los riesgos inútiles a los que se expone para demostrar su elasticidad física y mental, sus reflejos de Bruce Lee, audacia, coraje y valentía ante lo injusto.

Es un tiempo de cambios, de ruptura con los fantasmas del pasado que lo atormentan y de desmonte de la maleza para ver claro en el horizonte.

La fuerza del tigre está en la convicción de sus ideas, la planificación de su estrategia, la amplitud de miras, el WU-WEI (fluir sin forzar la acción) y en la sincronicidad del NAJT (tiempo-espacio).

Hay trampas y pruebas en las rutas para pegar el zarpazo y obtener los frutos sabrosos y exóticos de la selva.

El mono lo provoca desde la copa de los árboles y le tira cocos en la cabeza riéndose y disfrutando del desconcierto del felino, hasta que se aquieten los sonidos subterráneos y ambos se encuentren abrazados como enredaderas del Mato Grosso.

Durante el año del mono habrá en el tigre sed de aventuras, ganas de salir de la rutina o de la apacible quietud del hogar.

Cualquier excusa es buena para salir de cacería y olvidar el reloj y la agenda. Aparecerán nuevas propuestas laborales que despertarán su curiosidad y espíritu competitivo. Sociedades con extranjeros que valorizarán su imaginación, destreza, habilidad y sentido común lo tendrán entre los socios VIP.

Estará radiante, hiperactivo, *sexy* y muy solicitado por ambos sexos. Tendrá una lista *stand by* esperando tener una de las mil noches o siestas de placer y lujuria, gozar de sus caricias, mimos y arañazos, escuchar sus cuentos de amor y locura en un colchón de hojas de parra y bambú en noches de luna llena esperando una declaración de amor histórica…

Y a no perder las esperanzas: todo llega, de golpe o de a poco como un barco que deja el muelle y se desliza por el océano.

Hay consejos para la buena racha del progreso si aprende de la experiencia y no cae en pozos negros o escape al futuro.

La gente que lo rodea, el entorno, la influencia es el punto G del año; por eso el tigre correrá leguas y ganará millas en el año del mono para llegar primero y disfrutar de *la fiesta de Babette*.

Ocupar el lugar correcto es el dictamen del I-CHING, en la familia sobre todo, tener claro el rol y respetar las jerarquías. El tigre siempre pasa los límites, la raya, no obedece, hace su propia jugada a un costo altísimo.

Durante el 2004 los riesgos se atenuarán, pues la energía madera, que es la del tigre en su esencia, lo fortificará y le dará un envión para volar en *zeppelin*.

Estará inspirado, iluminado para concretar trueques cósmico telúricos relacionados con el hábitat, terrenos, bienes raíces o islas exóticas.

La gente lo consultará y seguirá sus sabios consejos matizados con salidas, eventos sociales y artísticos y grandes asados al aire libre.

Estará en estado atlético, impecable; retomará el deporte, *gym, fitness* y, como siempre, hará el amor a toda hora y lugar alborotando el sistema circulatorio, que le puede deparar alguna *sorpresatta*.

El amor, los romances o *affaires* no faltarán durante el año simio. Sentirá que Cupido lo eligió como el responsable Don Juan y Mesalina del zoo chino; romperá corazones y a veces relaciones cercanas. ¡¡¡CUIDADO!!! Puede pagar caro tanta promiscuidad. Use preservativos e induzca a su *partenaire* a seguirlo en el *Kamasutra*.

Abra el tercer ojo y distinga entre la pasión, el amor, la amistad y la liviandad del ser.

El mono apreciará su buena administración energética y le regalará *bonus tracks*.

CONSEJO: NO DEJE PARA MAÑANA LO QUE PUEDE HACER PASADO MAÑANA.

El I-Ching te aconseja

Hexagrama principal
53. Chien/La Evolución (Progreso paulatino)

EL DICTAMEN
La Evolución. Casan a la muchacha. ¡Ventura!
Es propicia la perseverancia.

Es vacilante la evolución que conduce a que la muchacha siga al hombre a su hogar. Es necesario cumplir las diversas formalidades antes de que se realice la boda. Esta paulatina evolución puede transferirse también a otras circunstancias, siempre que se trate de relaciones correctas de cooperación, por ejemplo cuando se designa a un funcionario. En tales casos hay que esperar que las cosas se desarrollen correctamente. Un procedimiento precipitado no sería bueno. Lo mismo ocurre finalmente cuando se pretende ejercer influencia sobre otros. También en este caso se trata de una vía evolutiva correcta lograda mediante el cultivo de la propia personalidad. Todo el influjo ejercido a la manera de los agitadores carece de efecto duradero.

También en lo interior la evolución ha de emprender el mismo camino, si se aspira a obtener resultados duraderos.

Lo suave, lo que se adapta, y que sin embargo al mismo tiempo penetra, es lo externo, que debe surgir de la tranquilidad interna.

Precisamente lo paulatino de la evolución hace necesaria la constancia. Pues únicamente la constancia logra que a pesar de todo el lento progreso no se pierda en la arena.

LA IMAGEN
Sobre la montaña hay un árbol: la imagen de la evolución.
Así permanece el noble en digna virtud
a fin de mejorar las costumbres.

El árbol sobre la montaña es visible a lo lejos y su evolución influye en la imagen del paisaje de toda la comarca. No emerge rápidamente hacia arriba como las plantas de pantano, antes bien su crecimiento se produce paulatinamente. También el efecto que se ejerce sobre los hombres tan sólo puede ser paulatino. Ningún influjo o despertar repentino tiene efecto persistente. Y para lograr este progreso en la opinión pública, en las costumbres públicas, es preciso que la personalidad adquiera gravitación e influencia. Esto se logra mediante un cuidadoso y constante trabajo dedicado al propio desarrollo moral.

LAS DIFERENTES LÍNEAS
AL COMIENZO UN SEIS SIGNIFICA:
La oca avanza poco a poco

En su vuelo hacia la ribera.
El joven hijo está en peligro.
Hay habladurías. Ningún defecto.

Las diferentes líneas individuales tienen todas por símbolo el vuelo paulatino de la oca. La oca es el símbolo de la fidelidad conyugal. Se dice de ella que luego de la muerte del cónyuge no se une con otros.

La primera línea muestra la primera estación en el vuelo de las aves acuáticas que parten del agua hacia las alturas. La situación es la de una persona joven, solitaria, que quiere comenzar a realizarse en la vida. Como no tiene a nadie que salga a su encuentro, sus primeros pasos son lentos y vacilantes, y se ve rodeada de peligros. Naturalmente, la critican de múltiples maneras. Pero precisamente las dificultades contribuyen a que no se precipite, y así logra progresar.

SEIS EN EL SEGUNDO PUESTO SIGNIFICA:
La oca avanza poco a poco hacia la roca.
Comer y beber en paz y concordia. ¡Ventura!

La roca es un sitio seguro. La evolución ha dado un paso más. Uno ha superado la incertidumbre inicial, encontrando una situación segura para su vida, gracias a la cual se tiene un pasar aceptable. Este primer éxito confiere al ánimo cierto regocijo, y uno avanza tranquilizado hacia el porvenir.

Se dice de la oca que llama a sus compañeras cuando encuentra alimento: no tiende uno a conservar su felicidad para sí solo, sino que se muestra dispuesto a compartirla con otros.

AL TOPE UN NUEVE SIGNIFICA:
La oca avanza poco a poco hacia las altas nubes.
Sus plumas pueden utilizarse en la danza sagrada.
¡Ventura!

Aquí la vida parece concluida. La obra tiene perfección cabal. Su senda avanza hacia lo alto, hacia el cielo, como el vuelo de las ocas una vez que han abandonado del todo el suelo terrenal.

Así la vida de un hombre perfecto es una luminaria para los hombres de la tierra que levantan hacia él la mirada y lo toman por modelo.

Hexagrama complementario
5. Hsü / La Espera (La Alimentación)

EL DICTAMEN

La Espera.
Si eres veraz, tendrás luz y éxito.

La perseverancia trae ventura.
Es propicio atravesar las grandes aguas.

La espera no es una esperanza vacua. Alberga la certidumbre interior de alcanzar su meta. Sólo tal certidumbre interior confiere la luz, que es lo único que conduce al logro y finalmente a la perseverancia que trae ventura y provee la fuerza necesaria para cruzar las grandes aguas.

Alguien afronta un peligro y debe superarlo. La debilidad y la impaciencia no logran nada. Únicamente quien posee fortaleza domina su destino, pues merced a su seguridad interior es capaz de aguardar. Esta fortaleza se manifiesta a través de una veracidad implacable. Únicamente cuando uno es capaz de mirar las cosas de frente y verlas como son, sin ninguna clase de autoengaño ni ilusión, va desarrollándose a partir de los acontecimientos la claridad que permite reconocer el camino hacia el éxito.

Consecuencia de esta comprensión ha de ser una decidida actuación perseverante; pues sólo cuando uno va resueltamente al encuentro de su destino, podrá dominarlo. Podrá entonces atravesar las grandes aguas, vale decir tomar una decisión y triunfar sobre el peligro.

LA IMAGEN
En el cielo se elevan nubes: la imagen de La Espera.
Así come y bebe el noble y permanece sereno y de buen humor.

Cuando las nubes se elevan en el cielo es señal de que va a llover. En tales circunstancias no puede hacerse ninguna otra cosa más que esperar, hasta que se precipite la lluvia. Lo mismo ocurre en la vida, en momentos en que se va preparando el cumplimiento de un designio. Mientas no se cumpla el plazo no hay que preocuparse pretendiendo configurar el porvenir con intervenciones y maquinaciones personales; antes bien es menester concentrar tranquilamente, mediante el acto de comer y beber, las energías necesarias al cuerpo, y mediante la serenidad y el buen humor, las que requiere el espíritu. El destino se cumple enteramente por sí solo y para entonces uno se encuentra dispuesto.

Predicciones para el Tigre y su energía

TIGRE DE MADERA (1914-1984)

Durante este año aceitará las garras y los colmillos para obtener presas codiciadas y trofeos merecidos por su verdad interior.

Su agudeza de espíritu, inspiración y constancia lo colocarán entre los *winners* y podrá encontrar el rumbo de su vida afectiva y profesional sin esfuerzo.

Una relación amistosa se consolidará y le provocará deseos de traer monitos al planeta; los roces vendrán con su pareja por la educación del simio; deberán conciliar para no usar al hijo de rehén.

Cuide su salud: medite, haga chi-kung, natación, equitación y transmute la energía en proyectos comunitarios relacionados con el agro y el arte.

AÑO INOLVIDABLE POR LA COSECHA DE SUS APUESTAS.

TIGRE DE FUEGO (1926-1986)

Encenderá la mecha de ambos lados y volará a las Tres Marías sin escala en la Luna.

Su energía, buen humor, coraje, fuerza y perseverancia se agudizarán y logrará metas añoradas y altamente cotizadas en el mercado.

Desplegará *glamour, sex appeal*, tendrá que hacer citas a escondidas para que no lo descubra el harén.

Un éxito profesional lo mantendrá en el candelero y estará pletórico.

Año para practicar la medicina preventiva y EL TAO DEL AMOR Y DEL SEXO.

Estará muy inspirado por gente joven, visitantes y maestros con los que iniciará una etapa de trabajo, amor y conocimiento.

TIGRE DE TIERRA (1938-1998)

Durante el año del mono EL CIELO ES EL LÍMITE. Apostará a lo grande y tendrá una buena cosecha en su oficio o profesión, inspirado por maestros, amores y amigos.

Viajará lejos y encontrará un hogar para quedarse cómodo y divertido.

Resucitará de un largo letargo y sentirá nuevos estímulos.

Conocerá gente joven que le abrirá nuevas percepciones y le propondrá sociedades humanistas y ecológicas. Iniciará estudios sobre arte, filosofía, religión, ecología y FENG-SHUI diseñando o decorando su casa.

Enseñará sus experiencias como Don Juan y recibirá gratitud y altas recompensas.

UN AÑO DE ORO EN SU CARRERA METEÓRICA POR LA SELVA.

TIGRE DE METAL (1950)

El impulso del año estará basado en un gran cambio de vida; puede ser un nuevo país, ciudad o planeta acompañado de su zoo y de una merecida propuesta laboral.

Saldrá de cacería con escudos y armas nobles para conseguir presas codiciadas en la selva y el mercado de Hong-Kong.

Despertará el KUNDALINI, viajará por razones espirituales al Lejano Oriente o a las rutas mayas, incas o calchaquíes compartiendo amor, trabajo y conocimiento con viajeros de turno.

En la familia habrá serios cambios de roles. Deberá tener claro el suyo para no limitar con exigencias micromambo a su entorno.

Golpes de suerte en los negocios y en la profesión lo mantendrán con alineación y balanceo, *sex appeal* y *glamour*, y será protagonista de episodios de la *belle époque*.

MESURA Y COMPASIÓN SON LOS CONSEJOS A SEGUIR DURANTE EL AÑO SIMIO.

TIGRE DE AGUA (1902-1962)

Durante este año dejará de lado los compromisos y formalidades y retornará a ser el aventurero, andariego y explorador innato.

Correrá riesgos en la búsqueda espiritual o afectiva pero se jugará íntegramente y saldrá fortalecido.

En la familia habrá crisis, separaciones temporales y peleas.

Es mejor que tome la distancia óptima y no se involucre en situaciones dolorosas e inevitables.

Retornará a un lugar o país amado y tendrá un reencuentro alucinante con amigos y parientes.

UN AÑO DE DIVERSIÓN, EVOLUCIÓN Y TRAVESURAS QUE LO CONVERTIRÁN EN UN TIGRE SABIO.

La calle húmeda. Junín. De noche.
Rush.
Ser porteña o intentarlo.
Escuchar el rugido del 60 sobre las venas sin tomarlo.
Imaginar viajes sentada al Tigre
Pensando en lo que hice y deshice
Que es mucho o casi nada.

L. S. D.

Escribe tu propia predicción

Predicciones
preventivas para el Conejo
basadas en el I-Ching

El tiempo de la inocencia

Al resto del zoo chino nos costará creer que el conejo, gato o liebre estará dispuesto durante el reinado simio a pasar una temporada entregado a lo inesperado, al azar, a la suerte, al WU-WEI (no forzar la acción de las cosas) sin segundas intenciones, ni especulaciones, ni expectativas.

La fascinación, hechizo y embrujo que tienen ambos pícaros es conocida, siempre y cuando no se involucren sentimentalmente y pidan refugio en la O.N.U.

El envión o trampolín obtenido en el año de la cabra le servirá al conejo para hacer *surf, snowboard,* tai-chi en cada área de su vida personal, vocacional y profesional con gracia, *charme,* libertad e imaginación, logrando columpiarse en clorofílicas lianas que lo conducirán a nuevos mundos, ideas y decisiones que lo asombrarán a él más que a otros.

Estará dispuesto a poner "un pleno" en su vida afectiva postergando al harén o teniéndolo *stand by* hasta nuevo aviso.

Renacerá la pasión, el deseo de posesión, los celos, las intrigas palaciegas, los arañazos en los tejados para obtener el trofeo del amante o elegido que, conociendo su punto G, logrará tenerlo en jaque todo el tiempo jugando a la escondida o a la silla vacía.

Sentirá deseos irrefrenables de pasión; pasará una larga temporada o estadía en celo, haciendo el amor en cada rincón de la casa o el jardín sin importarle los rumores de sus vecinos o de su familia que lo juzgará y le dictará sentencias.

Brotará el manantial de caricias, mimos, manjares inspirados en recetas afrodisíacas, clima de película de Bergman para cada cita, ardides dignos de Anaïs Nin y Henry Miller.

Lloverán llamados telefónicos, mails y palomas mensajeras invitando a encuentros en el desierto, mar y meseta. Por debajo y arriba de la tierra mensajes telepáticos, agudos, llenos de vida y alegría, optimismo y buen humor; adrenalina, vértigo, lubricación, risas histéricas y discusiones.

Será una antorcha encendida de los dos lados. Fogoso, atrevido e insolente.

Tendrá que recordar los buenos modales de los colegios ingleses o de la abuela cuando le daba lecciones de protocolo.

Sentirá ganas de pelear, enredarse en situaciones peligrosas por el placer de la disputa, y en el momento clave dar un salto al vacío y desaparecer como Fumanchú.

Su sensibilidad estará agudizada, sus sentidos amplificados y su cinismo en el Aconcagua junto a una exagerada susceptibilidad.

Se autoproclamará inocente hasta que demuestren lo contrario.

Su espíritu andariego encontrará postas donde apoltronarse; viajará por placer, amor y negocios descubriendo nuevos horizontes culturales y antropológicos que le despertarán curiosidad por hacer viajes a vidas pasadas con chamanes o sacerdotes del lugar.

Cosquillas en el ADN, cambio de dirección, intercambio de fluidos con LA MONADA DE ERKS.

Alto voltaje; será una antena parabólica de información extra e intraterrestre.

Estará en forma, retomará el deporte, el *gym*, el *fitness* y lucirá un katún menos.

Un amor que le dejó marcas indelebles tocará a su puerta el día menos pensado. Al estilo de *Los puentes de Madison* deberá decidir en un día si sigue adelante o retrocede. Esta elección, que deberá ser veraz y de corazón, marcará el rumbo del año simio.

En la familia habrá rupturas, enfrentamientos por herencia y dinero. Tendrá que asesorarse con buenos abogados para no ser víctimas de estafas y condenas.

Su profesión tendrá, como la Bolsa, momentos *up* y *down*. Deberá estar preparado para traiciones, imprevistos, cáscaras de bananas y mucho ruido y pocas nueces.

La magia del año dependerá de su intuición que estará en alineación y balanceo cósmico telúrico.

UN TIEMPO LÚDICO QUE LE COBRARÁ PEAJE POR SUS ACCIONES EN EL AQUÍ Y EL AHORA.

El I-Ching te aconseja

Hexagrama principal
25. Wu Wang/La Inocencia (Lo Inesperado)

EL DICTAMEN

La Inocencia. Elevado éxito.
Es propicia la perseverancia.
Si alguien no es recto tendrá desdicha,
y no será propicio emprender algo.

El hombre ha recibido desde el Cielo su naturaleza originalmente buena, inocente, con el designio de que ésta lo guíe en todos sus movimientos. Al entregarse a esta índole divina que tiene dentro de sí, alcanza una límpida inocencia, la cual, sin segundas intenciones en cuanto a recompensas y ventajas, hace sencillamente y con instintiva certeza lo que es recto. Esta certeza instintiva obra elevado éxito, y es propicia mediante la perseverancia. Pero no todo es naturaleza instintiva en ese elevado sentido de la palabra, sino que lo es tan sólo lo recto, aquello que concuerda con la voluntad del Cielo. Sin observar lo recto en este sentido, un modo de obrar instintivo e irreflexivo, tan sólo acarreará desgracia. El Maestro Kung dijo al respecto: "El que se aparta de la inocencia, ¿a dónde irá a llegar? La voluntad y la bendición del Cielo no acompañan sus acciones".

LA IMAGEN

Bajo el cielo va el trueno:
Todas las cosas alcanzan el estado natural de la inocencia.
Así, ricos en virtud y en correspondencia con el tiempo,
cultivaban y alimentaban los antiguos reyes a todos los seres.

Cuando el trueno –la energía vital– vuelve a agitarse bajo el cielo durante la primavera, todo brota y crece y todas las criaturas reciben de la naturaleza creadora la inocencia infantil de la esencia primigenia. Así obran también los buenos gobernantes de los hombres: con la riqueza interior de su ser cuidan ellos de todo lo que vive, y de toda cultura, y realizan a su debido tiempo todo lo que es necesario para su cultivo.

Predicciones para el Conejo y su energía

CONEJO DE MADERA (1915-1975)

Durante el tiempo simio estará expuesto a lo inesperado, al azar, a lo paranormal. Deberá agudizar su intuición y resolver en segundos grandes teoremas.

Estará ligero de equipaje, tendrá oportunidades fantásticas de conocer el mundo a través de su profesión y enamorarse de su *manager, sponsor* o socio.

La idea de formar una familia lo mantendrá entusiasmado, se adaptará a la nueva vida nómade y podrá movilizarse con su tití.

Despertará una vocación infantil o adolescente; sentirá deseos de jugar, estar en la vidriera y salir de cacería de noche por los tejados.

Un amor de otra época lo reclamará a su lado. Sentirá un tironeo que lo mantendrá joven y entusiasmado aportándole más *glamour, sex appeal* y *rock and roll*.

Habrá que resolver situaciones familiares kármicas. Una decisión de ruptura de padres, hermanos o cónyuge lo dejarán en el umbral de una nueva vida llena de matices y oportunidades.

Su aporte a la comuna, a la vida social y a sociedades grupales resultará muy benéfica. Será maestro y discípulo descubriendo nuevas maneras de trueque, mantención y crecimiento espiritual.

UN TIEMPO DE CAMBIOS PROFUNDOS EN EL RUMBO DE SU VIDA.

CONEJO DE FUEGO (1927-1987)

Sentirá deseos de cambio en su vida renunciando a la rutina. Dejará en orden los papeles, el trabajo y hará mutis por el foro.

Estará anhelando conocer nuevos mundos, culturas y civilizaciones. Volcará su experiencia de comunicador, político y artista al servicio de la comunidad.

Conocerá personas relacionadas con el arte y la ciencia que lo entusiasmarán para estudiar o investigar nuevas terapias alternativas: chamanismo, religión, ángeles, numerología y cábala. Su percepción se agudizará y tendrá contactos telepáticos asombrosos.

Retomará una relación con amigos del pasado de los que estaba alejado, ordenando el karma. Un amigo entrañable lo acompañará y le presentará gente que le aportará estimulantes razones de vida.

CONEJO DE TIERRA (1939-1999)

Para el conejo llegó un tiempo de recompensas en su vida afectiva y profesional.

Estará encendido, divertido, lleno de ideas originales y renovadoras que lo mantendrán dinámico, jovial, optimista y muy ocupado.

Renacerán la pasión, *EL TAO DEL AMOR Y DEL SEXO*, y no dejará pasar ninguna oportunidad para demostrar su vocación de líder o caudillo.

Deseará renovar el pasaporte, salir de viaje y conocer gente. Tendrá mecenas, *sponsors* y gran cantidad de discípulos que lo buscarán para escuchar sus consejos.

Tendrá turbulencias económicas: juicios, pleitos por herencias o separaciones lo mantendrán en vilo.

Trabaje el curso de los milagros, el desapego, lea a Osho y transforme lo material en una experiencia trascendental.

DISFRUTE LA EDAD DE LA INOCENCIA.

CONEJO DE METAL (1951)

Encontrará el camino para el retorno al origen. Dejará de lado lo social, superfluo y volará alto en sus sueños. Concretará un cambio de ciento ochenta grados en su vida personal y afectiva.

Retomará la vida bohemia, los viajes inesperados, los amigos de una noche y sentirá que sus garras se afilan al compás de un *blues*.

Estará dinámico, creativo, imaginativo y muy audaz. Le lloverán amores, oportunidades laborales y grandes banquetes.

Perderá la brújula por amor y tomará decisiones drásticas con su vida afectiva y familiar.

Un tiempo de renovación en el ADN y en la cosmovisión de sus aventuras.

Un amigo entrañable lo acompañará y le presentará gente que le aportará razones estimulantes de vida.

Crecerá profesionalmente y será nexo entre gente de distintas culturas.

TIEMPO DE ACCIÓN E INTROSPECCIÓN.

CONEJO DE AGUA (1903-1963)

Un gran viento llevará el pasado y renacerá en un nuevo mundo.

Estará preparado para un cambio de lugar, país, ciudad, solo o con su pareja, que lo estimulará para dar un salto cuántico en su vida.

Su imaginación será su patrimonio, pues estará abierto a nuevas experiencias y logrará plasmarlas.

Mantendrá al harén en celo; deberá jugar a la escondida e inventar fórmulas para desaparecer como por arte de magia.

Tendrá grandes golpes de suerte, oportunidades laborales, viajes al exterior y el interior.

Se enredará con alguien cercano; un intimo amigo, primo lejano y pagará alto el costo afectivo.

Empezará un proyecto en la naturaleza con amigos, amor, trabajo y conocimiento.

Despertará del letargo, su vocación renacerá y se hará tiempo para estudiar y resucitar una utopía.

Tiempo de inversión en bienes raíces, inmuebles y relaciones afectivas que crecerán como la ceiba sagrada.

Tengo maridos utópicos
En todos lados.
Cumplen funciones
Riegan la savia.
No me reclaman obligaciones
Saben que hago otras ecuaciones.
En Barcelona una mañana clara
Dscubrí que soy un árabe
Con muchas esposas.

L. S. D.

Escribe tu propia predicción

✒

Predicciones
preventivas para el Dragón
basadas en el I-Ching

Cautela y sabiduría
antes de tomar decisiones

No ser necio, soberbio e impulsivo es el consejo del I-CHING para el dragón en el año de su eterno amigo de aventuras mundanas y extragalácticas.

La atracción y magnetismo mutuos pueden confundir al rey celestial y llevarlo por laberínticas lianas sin retorno si no hace prevención al aluvión de ideas, planes, negocios y proyectos que aparecen con la abundancia de un banquete durante el reinado simio.

El *egotrip* estará en ascenso y cegado por la ambición, la ilusión y el poder. Entonces todo se evaporará como por arte de magia antes de comenzar; la energía estará congestionada, fuera de alineación y balanceo y tendrá que aceptar sus límites.

El mayor aprendizaje del tiempo será no abarcar más de lo posible y asumir cada etapa del camino como algo fundamental para alcanzar sus objetivos.

El dragón es famoso por su multidiversidad, su capacidad de trabajo, organización, intuición para transformar el barro en oro y ser líder en su área.

Lo más difícil será decir que no a la cantidad de ofertas que planearán en su cielo como estrellas fugaces, y en las que habrá de todo como en botica. Es por eso que necesita estar tranquilo, no precipitarse con impulsos, analizar cada situación y momento con lucidez para no sumergirse en un mar de confusiones que lo desvíen del TAO (camino).

Tendrá choques con su entorno laboral por discusiones que lo podrían convertir en alguien necio e insoportable.

Deberá practicar más de lo habitual; yoga, meditación, tai-chi, chi kung, ejercicios tántricos y taoístas para el control de las emociones; y le recomiendo tener un matafuegos cerca para apagar los incendios.

Es un tiempo fértil, rico en posibilidades, si es capaz de detectar el momento fatal del desvío.

Aterrizará sobre un colchón de plumas de pavo real y sentirá que todo fluye si está atento a las señales del tiempo y escucha los consejos de amigos y expertos en su especialidad.

El dragón abarcará todo lo que su vuelo e imaginación le permitan en el año del mono.

Soltará amarras, se sumergirá en locos amores, pasiones y relaciones que lo transformarán, lo humanizarán y le darán otro peso en la tierra, atrayendo como un imán a gente de diferentes sexos, religiones y culturas.

Necesitará un cambio radical en su vida: empezará por el ecosistema, su casa, que la renovará con FENG-SHUI, o se mudará, buscará espacios libres, naturaleza, lugares que lo inspiren para grandes hazañas: un centro holístico, huertas orgánicas, producción de eventos artísticos y espirituales.

Sentirá deseos imperiosos de expresarse y sacará a la luz sus dotes histriónicas de líder.

Hará ruido; habrá situaciones explosivas de choques ideológicos entre colegas y deberá pedir refugio en las Tres Marías y la Cruz del Sur para esconderse cuando lo busquen.

ES UN TIEMPO DE CARRERA VELOZ HACIA UN NUEVO PLAN DE VIDA.

En la familia habrá que tener sentido del humor para atajar los *banana splits*. Deberá asumir su rol de jefe o aceptar el exilio.

Sentirá deseos de iniciar una nueva etapa con su pareja: una luna de miel, una temporada en un ashram, un proyecto compartido, la llegada de más hijos propios o adoptivos que aportarán alegría, fuerza e inspiración para seguir en la lucha.

Será un pilar fundamental en su meteórica existencia, donde vivir resultará un lujo si no toma los recaudos necesarios.

Su salud pedirá una tregua a tantos excesos. Hará falta una dieta macrobiótica, análisis y chequeos para dosificar el CHI y estar en equilibrio y armonía.

Estará despierto, eufórico y despabilado, pues no querrá perder nada de lo que su amigo el mono le ofrezca como invitado especial del año.

Romperá sociedades por vanidad, orgullo y soberbia y no dará marcha atrás dejando un tendal de casos para terapia intensiva.

En cada lugar donde se encuentre buscará nuevos aliados sin importarle los valores éticos.

Sentirá que tiene en sus manos a personas ingenuas que entregarán su buena fe para proyectos e ideas.

Es un tiempo que puede ser de equilibrio, reparación de errores en su deuda kármica si es consciente de cada situación y la revierte o recicla.

EL AÑO DEL MONO DEJARÁ EN USTED UNA HUELLA PROFUNDA EN SU ALMA INVISIBLE Y QUIMÉRICA.

El I-Ching te aconseja

Hexagrama principal
4. Meng/La Necedad Juvenil

EL DICTAMEN

La Necedad Juvenil tiene éxito.
No soy yo quien busca al joven necio,
el joven necio me busca a mí.
Al primer oráculo doy razón.
Si pregunta dos, tres veces, es molestia.
Cuando molesta no doy información.
Es propicia la perseverancia.

En la juventud la necedad no es nada malo. A pesar de todo, puede incluso lograr el éxito. Sólo que es preciso dar con un maestro experto, y enfrentarse con él del modo debido. Para ello hace falta, en primer lugar, que uno mismo advierta su propia inexperiencia y emprenda la búsqueda de un maestro. Únicamente semejante modestia y diligencia acreditarán la necesaria disposición receptiva, que habrá de manifestarse en un devoto reconocimiento hacia el maestro.

Así, pues, el maestro debe esperar tranquilamente, hasta que se acuda a él. No debe brindarse espontáneamente. Sólo así la enseñanza podrá llevarse a cabo a su debido tiempo y del modo que corresponde.

La respuesta que da el maestro a las preguntas del discípulo ha de ser clara y concreta, como la respuesta que desea obtener del oráculo un consultante. Siendo así, la respuesta deberá aceptarse como solución de la duda, como decisión. Una desconfiada o irreflexiva insistencia en la pregunta sólo sirve para incomodar al maestro y lo mejor que éste podrá hacer es pasarla por alto en silencio, de modo parecido a como también el oráculo da una sola respuesta y se niega ante preguntas que denotan duda o que intentan ponerlo a prueba.

Cuando a ello se agrega la perseverancia, que no cesa hasta que uno se haya apropiado del saber punto por punto, se tendrá asegurado un hermoso éxito.

El signo da, pues, consejos tanto al que enseña como al que aprende.

LA IMAGEN

En lo bajo, al pie de la montaña, surge un manantial:
la imagen de la juventud.
Así el noble, mediante su actuación escrupulosa, sustenta su carácter.

El manantial logra fluir y superar la detención rellenando todos los sitios huecos que encuentra en el camino. Del mismo modo el camino hacia la formación del carácter es la escrupulosidad que no saltea nada sino que paulatina y constantemente rellena todos los huecos como el agua, logrando así avanzar.

LAS DIFERENTES LÍNEAS

AL COMIENZO UN SEIS SIGNIFICA:
Con el fin de desarrollar al necio
es propicio disciplinar al hombre.
Deben quitarse las trabas.
Continuar así trae humillación.

Al comienzo de la educación debe regir la ley. La inexperiencia de la juventud se inclina, por lo pronto, a tomar las cosas con negligencia y como si se tratara de un juego. Debe enseñársele entonces la seriedad de la vida. Una cierta autosujección obtenida por la fuerza con rígida disciplina, es adecuada. El que sólo juega con la vida nunca llega a buen término. Pero la disciplina no debe degenerar en un ejercicio de amaestramiento. El amaestramiento continuado resulta humillante y paraliza la energía.

SEIS EN EL CUARTO PUESTO SIGNIFICA:
Necedad con cortedad trae humillación.

Lo más desesperanzado para la necedad juvenil es enredarse en huecas fantasías. Cuanto mayor sea la terquedad con que se aferre a tales imaginaciones apartadas de la realidad, con tanta mayor certeza atraerá humillaciones sobre sí.

Frente a la necedad corta de alcances el educador no tendrá a menudo más remedio que abandonarla, durante un tiempo, a sí misma, sin ahorrarle la humillación que le acarreará su comportamiento. Éste será entonces el único camino para su salvación.

SEIS EN EL QUINTO PUESTO SIGNIFICA:
Necedad infantil aporta ventura.

Un hombre inexperto que de manera infantil y sin pretensiones busca enseñanza, tiene todo a su favor. Pues quien, libre de soberbia, se subordina al maestro, se verá estimulado con toda seguridad.

Hexagrama complementario
10. Lü/El Porte (La Pisada)

EL DICTAMEN

Pisar la cola del tigre.
Éste no muerde al hombre. Éxito.

La situación es en verdad difícil. Lo más fuerte y lo más débil se encuentran en contacto directo. Lo débil le pisa los talones a lo fuerte y se entretiene provocándolo. Pero lo fuerte lo deja hacer y no le hace daño alguno, pues el contacto es alegre y nada hiriente.

La situación humana es ésta: uno tiene que habérselas con personas salvajes, inabordables. En este caso el objetivo deseado se alcanza si en su porte, en su conducta, se atiene uno a las buenas costumbres. Las formas de conducta buenas y gratas conquistan el éxito aun en el caso de enfrentarse con gente irritable.

LA IMAGEN

Arriba el cielo, abajo el lago: la imagen del Porte.
Así distingue el noble entre lo alto y lo bajo
y afirma con ello el sentido del pueblo.

El cielo y el lago revelan una diferencia de altura que se ha producido por sí misma conforme a la naturaleza de ambos; por lo tanto ninguna forma de envidia enturbia esta relación. Así también en el seno de la humanidad tiene que haber diferencias de nivel. Es imposible lograr que la igualdad general sea una realidad. De lo que se trata es de que las diferencias de rango en la sociedad humana no sean arbitrarias e injustas, pues de otro modo la envidia y la lucha de clases será consecuencia inevitable. Si, en cambio, las diferencias de rango externas responden a una justificación interior, y si la dignidad interior forma la pauta para el rango externo, reinará la calma entre los hombres y la sociedad logrará el orden.

Predicciones para el Dragón y su energía

DRAGÓN DE MADERA (1904-1964)

La gran revolución del tiempo simio será en su vida afectiva.

Finalmente decidirá el sí frente al altar, en un templo o en una ceremonia chamánica para unir su vida con su pareja y traer monitos al planeta.

Sentirá deseos de unión con gente que compartirá ideas artísticas y filosóficas formando grupos de trabajo e investigación.

Un aviso o noticia del exterior lo movilizará en un viaje donde encontrará respuestas a sus dudas e inseguridades debiendo elegir entre su seguridad o un abismo de nuevas posibilidades.

En la familia habrá que pagar los descuidos con especias o trueque.

Una crisis existencial lo sacudirá y le permitirá reencontrarse con su vocación, amigos de la infancia, un gran amor o el lugar donde se establecerá y, de la mano del mono, vislumbrará un nuevo horizonte.

DRAGÓN DE FUEGO (1916-1976)

Tendrá que parar el acelerador y detenerse a contemplar la vida con calma.

Estará asediado de responsabilidades, personas que le exigirán que cumpla roles, mandatos y horarios.

Se rebelará y pagará las consecuencias. Debe tener contención: amigos, parientes, maestros y fundamentalmente su pareja, que tendrá que asumir el cambio.

Su ambición por la fama, el poder y el prestigio pasará pruebas de purificación y tendrá que aceptar su necedad juvenil para crecer y dar un salto cuántico en su vida.

Profesionalmente estará asediado y con diversidad de propuestas que oscilarán entre el arte, la informática, lo social y humano, desarrollando su vocación de servicio y altruismo.

Se enamorará perdidamente de su jefe, maestro o de alguien que jamás soñó y tendrá una historia de amor digna de admiración y ejemplo.

Sentirá deseos de emancipación económica y buscará nuevas maneras de sobrevivencia que inspirarán al prójimo.

UN TIEMPO DE CAMBIOS INTERNOS QUE LO MANTENDRÁN HIPERACTIVO, *SEXY* Y MÁS SABIO.

DRAGÓN DE TIERRA (1928-1988)

Durante este tiempo aprenderá a ser más paciente, obediente y respetuoso.

Sentirá ganas de rebelarse contra su familia, pareja, amigos y el mundo.

Aparecerán amigos que lo invitarán a viajar con una mochila y detenerse donde sienta que debe aprender algo, sin día de retorno.

Estará lleno de entusiasmo para estudiar arte, ecología, informática y ponerla al servicio de los demás.

Tendrá oportunidades de becas en el exterior, ascensos profesionales, premios y reconocimiento.

Lleno de ideas para compartir con la comuna, la escuela o la familia, deberá desarrollar técnicas de meditación y filosofía para transmitirlas con claridad.

VIVIRÁ EXPERIENCIAS QUE LO MARCARÁN A FUEGO.

Maestros, viajes chamánicos, rupturas afectivas y el encuentro de un alma gemela le despertarán la percepción y el KUNDALINI.

Un tiempo de logros si sabe graduar su ansiedad, ego y espíritu competitivo.

DRAGÓN DE METAL (1940-2000)

Durante este tiempo simio pondrá todas las fichas en el pleno y saldrá ganando.

Sentirá nuevos brotes de vida en las escamas: desde su piel hasta sus sueños dorados despertarán de un letargo, se activarán y saldrá a movilizar multitudes con su arte, encanto y talento.

Estará radiante, eufórico, con buen humor y un caudal creativo arrollador.

Viajará, conocerá gente célebre y apostará a nuevas utopías.

Se enamorará de un amigo o persona que jamás imaginó y despertará su curiosidad, interés, fascinación por la ciencia, el humanismo y las actividades ecológicas.

Conquistará nuevos públicos con su sabiduría y plan de vida. Aumentará su patrimonio, invertirá en bienes raíces y buscará un refugio a sus andanzas, rodeado de naturaleza y belleza.

Protagonizará escándalos memorables que lo mantendrán en el candelero.

TENDRÁ CUENTOS PARA NARRAR A SUS NIETOS DEL AÑO SIMIO.

DRAGÓN DE AGUA (1952)

SONARÁN CAMPANAS DE FENG-SHUI EN SU VIDA AFECTIVA Y FAMILIAR.

Seguirá en las nubes por un amor y con ganas de asentarse una temporada en la tierra.

Estará ardiente, voluptuoso, *sexy*, enigmático y lleno de ideas revolucionarias. Se destacará en su profesión; premios y viajes serán parte de su vida cotidiana.

Deseará largar llamaradas de reclamos de justicia, solidaridad y libertad de ideas. Será convocado para participar en reuniones sociales, políticas y humanistas inspirando a la gente.

En la familia habrá cambio de roles. Deberá asumir nuevas responsabilidades y sentar las bases de un nuevo plan que abarque lo afectivo, creativo y emocional.

Logrará afianzar su profesión nutriéndose de gente original, de vanguardia y con solvencia económica.

Estará en la cresta de la ola haciendo *surf* y participando de salidas muy divertidas con su amigo el mono tremendo.

Inunda la vida
El quinto sol de las profecías
Sobre mi cama
Mi ángel
Mi exilio
De horno de barro
Consumado.

L. S. D.

Escribe tu propia predicción

Predicciones
preventivas para la Serpiente
basadas en el I-Ching

La conmoción produce entusiasmo

Ha llegado el año del mono y para la serpiente es un tiempo de grandes transformaciones psíquicas y epidérmicas.

La relación entre el simio y la sierpe es de mutuo respeto, competencia y admiración. Es por eso que llega la conmoción en la vida del ofidio y lo sacude desde su mítica cabeza hasta la cola, provocando un sismo digno de sus múltiples muertes y nacimientos, produciendo un viaje desde el inframundo al supramundo con final feliz al terminar el año.

Hará catarsis desde los cimientos de su madriguera, atravesando cada etapa con valentía y entrega hasta purificarse.

La serpiente sabe que no puede "engañarse más", y es por eso que decide tomar las riendas de su vida y cortar con situaciones atávicas y negativas que la paralizan con un golpe certero y eficaz.

Estará decidida a actuar como una flecha que apunta al blanco. Reactivará su profesión aceptando nuevos desafíos y dejando que entren personas jóvenes, asesores y consejeros para nutrirse con su energía e imaginación.

Sentirá que es Quetzalcóatl con plumas para volar y tener una visión holística de la vida. No hará nada por compromiso ni por cuestiones sociales. Dejará de lado el protocolo y las convenciones; danzará desnuda como Shiva sin que le importen los comentarios y aprenderá a intercambiar energía en la misma proporción sin ser víctima ni victimaria.

Asumirá errores, afilará sus colmillos y anillos para atrapar un gran amor y devorarlo lentamente como una boa al sol.

Aprenderá a ser feliz con lo que da y recibe sin especular; disfrutará de las pequeñas cosas de la vida: una exquisita comida, un paseo por la Laguna del Sauce, un masaje shiatsu, un partido de canasta.

Tendrá que atender personalmente sus asuntos y no delegar responsabilidades.

LA CONMOCIÓN llegará por todos los frentes: su sabiduría, sentido del humor y practicidad la mantendrán alerta y podrá disecar cada situación hasta transmutarla.

La apuesta será un pleno de la ruleta y, como bien sabemos, el ofidio nació con suerte extragaláctica para acumular riquezas.

Durante este año estará generosa, distendida y abierta a escuchar opiniones diferentes y a aceptar otro menú de opciones.

Volverá a reinar en fiestas, centros de política y diplomacia, pues estará inspirada, muy seductora y locuaz.

Es bueno que sepa que el mono adora verla en apuros y le tenderá trampas en los lugares menos pensados.

Se dedicará al estudio de las ciencias ocultas, religiones y al arte en todas sus expresiones.

Sentirá que puede atravesar el mundo ligera de equipaje, y aceptará invitaciones del pueblo y de la nobleza por igual.

Tendrá que afrontar juicios, disputas legales y económicas; tambaleará su patrimonio y deberá buscar refugio en la O.N.U.

Saldrán a la luz viejos rencores, batallando entre enemigos íntimos.

Al promediar el año tendrá una sorpresa grata: un ascenso profesional, el reemplazo de alguien que salió o viajó le dará una gran oportunidad para desplegar su talento, destreza e inteligencia.

Durante el tiempo simio estará *stand by* y conseguirá afianzarse en puestos muy codiciados.

Su sensualidad y *sex appeal* estarán acentuados; invertirá divisas en tratamientos corporales y faciales y logrará deslumbrar por su *glamour*.

Estará alerta para enroscar gente de poder económico y político con rímel en sus pestañas y *lipstick*.

La sabiduría consiste en aceptar los retos; no desviarse del TAO (camino) y reciclar lo negativo.

Es un tiempo que le acelerará procesos, decantará otros y la transformará en un *homo sapiens* o en Eva antes de ser tentada por la serpiente.

El I-Ching te aconseja

Hexagrama principal
51. Chen/Lo Suscitativo (La Conmoción, El Trueno)

EL DICTAMEN

La Conmoción trae éxito.
Llega la conmoción: ¡Ju, ju!
Palabras rientes: ¡Ja, ja!
La conmoción aterra a cien millas,
y él no deja caer el cucharón sacrificial, ni el cáliz.

La conmoción que se levanta desde el interior de la tierra a causa de la manifestación de Dios, hace que el hombre sienta temor, pero este temor ante Dios es algo bueno, pues su efecto es que luego puedan surgir el regocijo y la alegría. Si uno ha aprendido interiormente qué es el temor y el temblor, se siente seguro frente al espanto causado por influjos externos. Aun cuando el trueno se enfurece al punto de aterrar a través de cien millas a la redonda, permanece uno interiormente tan sereno y devoto que no incurre en una interrupción el acto del sacrificio. Tan honda seriedad interior, que hace que todos los terrores externos reboten impotentes sobre ella, es la disposición espiritual que deben tener los conductores de los hombres y los gobernantes.

LA IMAGEN

Trueno continuado: la imagen de la conmoción.
Así el noble, bajo temor y temblor,
rectifica su vida
y se explora a sí mismo.

Con sus sacudidas el trueno continuo ocasiona temor y temblor. Así el noble permanece siempre en actitud de veneración ante la aparición de Dios, pone en orden su vida y escruta su corazón indagando si acaso, secretamente, hay algo en él que esté en contradicción con la voluntad de Dios. De tal modo, el temor devoto es el fundamento de la verdadera cultura de la vida.

LAS DIFERENTES LÍNEAS

Al comienzo un nueve significa:
Llega la conmoción: ¡Ju, ju!
Le siguen palabras rientes: ¡Ja, ja!
¡Ventura!

El temor y el temblor de la conmoción embargan a uno antes que a otros, de modo que se siente en posición de desventaja frente a los demás. Pero esto es sólo provisional. Una vez asumido y superado el enjuiciamiento, llega el alivio. Y así precisamente ese mismo terror en el cual uno de buenas a primeras tiene que sumergirse, en resumidas cuentas trae ventura.

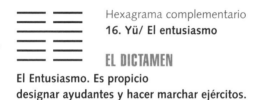 Hexagrama complementario
16. Yü/ El entusiasmo

EL DICTAMEN

El Entusiasmo. Es propicio
designar ayudantes y hacer marchar ejércitos.

El tiempo del Entusiasmo se funda en la presencia de un hombre importante que se halla en empatía con el alma del pueblo y actúa en concordancia con ella. Por tal motivo se le brinda una obediencia voluntaria y general. Con el fin de despertar el entusiasmo es necesario, por lo tanto, que en sus disposiciones se atenga a la índole de los conducidos. En esta regla del movimiento que sigue la línea de menor resistencia se funda la inviolabilidad de las leyes naturales. Éstas no constituyen algo externo a las cosas, sino la armonía del movimiento inmanente en las cosas. Por esta causa los cuerpos celestes no se desvían de sus órbitas y todo el acontecer natural tiene lugar con firme regularidad. De un modo parecido se presentan las cosas en la sociedad humana. También en su seno podrán imponerse únicamente aquellas leyes que se hallan arraigadas en el sentir del pueblo, pues las leyes que contradicen ese sentir sólo suscitan el resentimiento.

El Entusiasmo hace asimismo posible que se designen ayudantes para la ejecución de las tareas, sin que sea necesario prevenir reacciones secretas. Por otra parte, el Entusiasmo es capaz de unificar los movimientos de las masas, como en caso de guerra, al punto que obtengan la victoria.

LA IMAGEN

El trueno surge estruendoso de la tierra:
la imagen del Entusiasmo.
Así los antiguos reyes hacían música
para honrar los méritos,
y la ofrendaban con magnificencia al Dios supremo,
invitando a sus antepasados a presenciarlo.

Cuando al comenzar el verano, el trueno, la fuerza eléctrica, vuelve a surgir rugiendo de la tierra y la primera tormenta refresca la naturaleza, se disuelve una prolongada tensión. Se instalan el alivio y la alegría. De un modo parecido, la música posee el poder de disolver las tensiones del corazón surgidas de la vehemencia de oscuros sentimientos. El entusiasmo del corazón se manifiesta espontáneamente en la voz del canto, en la danza y el movimiento rítmico del cuerpo. Desde antiguo el efecto entusiasmador del sonido invisible, que conmueve y une los corazones de los hombres, se percibía como un enigma. Los soberanos aprovechaban esta propensión natural a la música. La elevaban y ponían orden en ella. La música se tenía por algo serio, sagrado, que debía purificar los sentimientos de los hombres. Debía cantar loas a las virtudes de los héroes y tender así el puente hacia el mundo invisible. En el templo se acercaba uno a Dios con música y pantomimas (sobre cuya base se desarrolló más tarde el teatro). Los sentimientos religiosos frente al creador del mundo se unían a los más sagrados sentimientos humanos, los sentimientos de veneración a los antepasados. Éstos eran invitados, con motivo de tales servicios religiosos, como huéspedes del Señor del Cielo y representantes de la humanidad en aquellas altas regiones. Al enlazarse así, en solemnes momentos de entusiasmo religioso, el pasado propio con la divinidad, se celebraba la alianza entre la divinidad y la humanidad. El soberano, que en sus antepasados veneraba a la divinidad, se constituía con ello en Hijo del Cielo, en el cual se tocaban místicamente el mundo celestial y el mundo terrenal. Tales pensamientos constituyen la última y más alta síntesis de la cultura china. El propio maestro Kung (Confucio) decía, refiriéndose al gran sacrificio durante el cual se cumplían estos ritos: "Quien comprendiera por completo este sacrificio, podría gobernar el mundo como si girara en su propia mano".

Predicciones para la Serpiente y su energía

SERPIENTE DE MADERA (1905-1965)

Comenzará el tiempo simio con conmociones múltiples que serán parte del proceso existencial.

Advertirá que los cimientos se mueven desde la base y tendrá que resguardarse en un territorio neutral.

Deseará profundamente cambiar la piel, mudarse y establecerse en un lugar donde pueda iniciar una nueva vida.

Estará alternativamente eufórica y deprimida, llena de entusiasmo que se plasmará en la necesidad de estar rodeada de gente y con planes utópicos.

Deberá enfrentar el caos familiar: separaciones, juicios o estafas que la sorprenderán y la mantendrán a la defensiva.

Sentirá ganas de retornar a la adolescencia y tendrá síntomas similares.

Un golpe de azar la convertirá en el rey Midas.

Tendrá que distribuir su tiempo entre el ocio creativo, el harén y la familia. Un llamado de amor indio la encenderá y la llevará por las rutas mayas, incas o mapuches descubriendo señales para su crisis.

Estará inquieta, desprotegida y muy receptiva a las demostraciones de afecto que aparecerán en situaciones de Almodóvar, Woody Allen y Spielberg.

SERPIENTE DE FUEGO (1917-1977)

Durante este tiempo renovará desde el ADN hasta los electrodomésticos.

Estará abierta a un cambio existencial haciendo una poda a su vida. Será capaz de dar un giro en su profesión u oficio para intentar nuevos rumbos.

Su seducción será irresistible: desde niños a ancianos sucumbirán a sus encantos y le ofrecerán tesoros de la Atlántida.

Sentirá fuertes deseos de viajar y dejar atrás la rutina.

Será llamada por un pariente para iniciar una labor relacionada con el arte y el agro.

Deseará traer monitos al planeta. Si no es su intención, tome los recaudos necesarios.

DEBERÁ ELEGIR ENTRE DOS OPCIONES DE VIDA: NÓMADE O SEDENTARIA.

SERPIENTE DE TIERRA (1929-1989)

Empezará el ciclo con fuertes conmociones que alterarán el rumbo de su vida desde lo anímico, emocional y afectivo hasta los estudios y la profesión.

Sentirá deseos profundos de rebelión. No soportará órdenes, retos ni juicios. Estará a la defensiva y buscará situaciones para enfrentarse con superiores y personas de poder.

Se sentirá estimulada por gente del mundo del arte, que la invitarán a participar de eventos culturales y comunitarios.

Su tercer ojo y su sexto sentido estarán agudizados: detectará el peligro, las trampas y los dobles mensajes. Tome recaudos antes de lanzarse sin red en proyectos maquiavélicos.

El amor la sacudirá como un trueno y le enseñará más de lo que se imagina.

Despierte el KUNDALINI y fluya con *EL TAO DEL AMOR Y DEL SEXO*.

Preserve a su pareja, amigos y familia de terceros en discordia.

UN TIEMPO DE COSECHA Y APRENDIZAJE.

SERPIENTE DE METAL (1941-2001)

Tiempo de metamorfosis y resurrección para la gran serpiente.

Sobrevivirá al gran temblor y transmutará su dolor en alegría.

El retorno de un gran amor, la convivencia y viajar nuevamente despertarán sus sentidos, buen humor y creatividad.

Tocará fondo en temas anímicos y emocionales que alterarán su salud. Deberá encauzar con un tratamiento holístico su tránsito planetario para prevenir enfermedades.

Su profesión dará un vuelco muy interesante aportándole nuevos rumbos y destino.

En la familia habrá reencuentros, nacimientos y casamientos que la halagarán.

Tendrá que convivir con la magia, el esoterismo y el arte al compartir la vida con una pareja que viene de las Pléyades.

Invertirá en bienes raíces, obras de arte y en emprendimientos artísticos.

Crecerá espiritualmente al desprenderse de una relación sadomasoquista.

TIEMPO DE RECOLECCIÓN DE VALORES DISEMINADOS POR EL MUNDO. DESDE LO HUMANO HASTA LO VIRTUAL.

SERPIENTE DE AGUA (1953)

Iniciará el tiempo simio con planes de cambios interiores que se sincronizarán con el exterior.

Dejará atrás el pasado y lo que la paralizó tanto tiempo.

Despertará de un largo sueño y tomará decisiones drásticas con su vida afectiva y familiar.

Buscará ordenar su patrimonio y salir en busca de aventuras, emociones y viajes que la despabilarán. Tendrá nuevas ofertas laborales que despertarán entusiasmo y buen humor.

Estará rodeada de gente joven, creativa, imaginativa y tendrá romances con fecha de vencimiento.

Rejuvenecerá a través de experiencias místicas y chamánicas dejando la piel vieja y descubriendo su caudal esotérico que le permitirá iniciarse en este camino.

Saldará deudas kármicas y encontrará una relación macromambo para columpiarse en las lianas de la selva.

Mujer que intento ser
Y apenas consigo entender
De qué molécula es mi ADN
Inconstante e incompatible
Con el de la mayoría
Pueden tirar agua
Sobre mi ventana
Que no me inmuto.
Pueden dejarme
Abandonada
Cuando el amor se instala
Después de una larga campaña
En un cenote vacío
Saqueada de tesoros
De piratas disfrazados de corderos.
Pueden inventarme en cada beso
Y no dejarme marcas.
Pueden acercarse al manantial
Antes de secarse
Y beber la última gota de misterio.
Pueden enviarme estrellas en sueños
Como corresponsal del cielo.
Pueden borrar ahora
Mi vida
Y dejarme entrar en lo nuevo
Que no reclamaré nada
En la pulseada de lo eterno.

L. S. D.

Escribe tu propia predicción

Predicciones
preventivas para el Caballo basadas en el I-Ching

Sacarse el antifaz para tener pista en el hipódromo

Tener cosmovisión interior y encontrar el jockey para ganar la carrera.

Conozco, quiero y padezco al caballo. Desde lo familiar hasta amores que he cabalgado desde chica, joven y katunera.

Noto, a través del NAJT (tiempo-espacio), lo difícil que es aconsejarlo, a pesar de su necesidad, su demanda de oreja amiga para relinchar sus insatisfacciones, amores desfasados, problemas que no son tales, rollitos que para él son el fin del mundo y que tendrían salida si "se aquietara, calmara la ansiedad, y aceptara su AQUÍ Y AHORA pasando un cepillo a sus crines para limpiar el pasado y dejar su curso al presente, sin anticiparse ni reclamar nada.

No interferir en su karma es el mejor consejo de una experta en la cría y doma del equino, pues hará lo que se le antoje, aunque esté asesorado por Osho, Chopra y Krishnamurti.

No le entran las balas. Su *egotrip* dejará que se inviertan horas sagradas en ser oreja pero su instinto e impulsividad lo dominarán a la hora de LA VERDAD INTERIOR.

Este hexagrama desnuda el alma e invita al caballo a una cita a solas para enfrentar fantasmas, espejismos y a la tropilla a la que ama y teme, pues no se quiere parecer a nadie y sin embargo le cuesta dar el paso o el salto hacia otra dimensión, apoyándose en la tierra con integridad, firmeza y confianza.

El mono estimula, protege y ama al caballo con quien siente una afinidad en los valores y principios éticos, a pesar de que el equino desconfía del simio y no se entrega totalmente sintiendo que es mejor dosificar el afecto antes que entregarlo *cash*.

LA VERDAD INTERIOR es la recompensa de una vida de temor, prejuicios, inseguridad, falta de confianza en sí mismo y autoestima que se recicla y solidifica como las piedras milenarias de la Pampa de Achala, dejando cimientos sólidos para el resto de su vida.

NADA SE PIERDE, TODO SE TRANSFORMA. Desaparece lo superfluo y queda lo esencial.

El caballo recibe el maná para alimentarse y vivir con conciencia y plenitud.

El desconcierto del tiempo simio, de cambio de planes en un segundo, falsas alarmas, trampas ocultas, lo tendrá agitado, nervioso, desbalanceado, por eso es recomendable que practique meditacion, tai-chi, yoga, chi-kung y su deporte favorito: hacer el amor.

Es fundamental que equilibre su energía, no se deje tentar por las morisquetas del mono y busque autodisciplinarse para conseguir sus objetivos.

Su vida afectiva estará llena de sorpresas gratas; desde la consolidación de su pareja y la planificación de un nuevo lugar para radicarse, hasta un avance profesional con recompensas y gratificaciones humanas y económicas.

El caballo lucirá con las crines brillantes, un andar elegante e irresistible despertando admiración y pasiones a su paso y, por fin, tomará conciencia de sus reacciones.

La ley de causa y efecto podría tener más sorpresas de las habituales en cuanto a los estímulos que aparecen debido a su gran caudal energético.

Es un año para apostar a grandes sueños y utopías. SALIR DEL CÍRCULO DE BABA DEL SAPO y empezar un viaje interior que le remueva las articulaciones y lo coloque entre los mejores de su barrio.

Durante el año tendrá que resolver temas familiares: herencias, papeles, roles que mutarán por exceso de responsabilidades y sistema de organización familiar.

Estará dedicado al trabajo personal: terapia, cursos, seminarios, encuentros con especialistas le abrirán la percepción y lo convertirán en un eslabón clave para trabajar en equipo.

Saldrá a la luz una relación de allá lejos y hace tiempo, purificándose.

Con dolor descubrirá su posición y la transmutará sabiamente.

Estará más preparado para el cambio, lo imprevisto y saldrá airoso de situaciones imprevisibles.

Viajará por trabajo y amor a nuevos y exóticos lugares que le aportarán un nuevo paradigma.

Al finalizar el reinado simio sentirá que está exhausto, pues el desgaste energético será enorme.

Llegará el tiempo de LA MERMA y de la introspección.

Su vida cambiará desde la dermis a la epidermis: amigos, profesión, *look*, prioridades.

Sentirá ganas de jugarse por su gran amor como el príncipe de Gales por Wallis Simpson.

Y, COMO DICE CAETANO: "LLEGÓ LA HORA, LLEGÓ LLEGÓ".

El I-Ching te aconseja

Hexagrama principal
61. Chung Fu/La Verdad Interior

EL DICTAMEN

Verdad interior. Cerdos y peces. ¡Ventura!
Es propicio cruzar las grandes aguas.
Es propicia la perseverancia.

Los cerdos y los peces son animales menos espirituales y por lo tanto más difíciles de ser influidos. Es preciso que el poder de la verdad interior haya alcanzado un alto grado antes de que su influjo alcance también a semejantes seres. Cuando uno se halla frente a personas tan indómitas y tan difíciles de ser influidas, todo el secreto del éxito consiste en encontrar el camino adecuado para dar con el acceso a su ánimo. En primer lugar, interiormente hay que liberarse por completo de los propios prejuicios. Se debe permitir, por así decirlo, que la psiquis del otro actúe sobre uno con toda naturalidad; entonces uno se le acercará íntimamente, lo comprenderá y adquirirá poder sobre él, de modo que la fuerza de la propia personalidad llegará a cobrar influencia sobre el otro a través de esa pequeña puerta abierta. Cuando luego ya no haya obstáculos insuperables de ninguna clase, podrán emprenderse aun las cosas más riesgosas –como la travesía del agua grande– y se obtendrá éxito. Pero es importante comprender en qué se funda la fuerza de la verdad interior. Ésta no se identifica con una simple intimidad o con una solidaridad clandestina. Vínculos íntimos también pueden darse entre bandidos. También en este caso significa, por cierto, una fuerza. Pero no es una fuerza venturosa puesto que no es invencible. Toda asociación basada en intereses comunes sólo puede llegar hasta un punto determinado. Donde cesa la comunidad de intereses, también termina la solidaridad, y la amistad más íntima se transforma a menudo en odio. Tan sólo allí donde lo recto, la constancia, constituye el fundamento, la unión seguirá siendo tan sólida que triunfará de todo.

LA IMAGEN

Por sobre el lago está el viento:
la imagen de la verdad interior.
Así el noble discute los asuntos penales,
con el fin de detener las ejecuciones.

El viento mueve el agua porque es capaz de penetrar en sus intersticios. Así el noble, cuando debe juzgar faltas cometidas por los hombres, trata de penetrar en su fuero interno con gran comprensión para formarse un concepto caritativo de las circunstancias. Toda la antigua jurisprudencia de los chinos tenía por guía esa idea. La más elevada comprensión, que sabe perdonar, se consideraba como la más alta justicia. Semejante procedimiento judicial no carecía de éxito; pues se procuraba que la impresión moral fuese tan fuerte como para no dar motivos de temer abusos como consecuencia de tal lenidad. Pues ésta no era fruto de la flaqueza, sino de una claridad superior.

LAS DIFERENTES LÍNEAS

NUEVE EN EL QUINTO PUESTO SIGNIFICA:
Él posee la verdad que une con cadenas.
No hay falla.

Se alude aquí al soberano que, en virtud de la fuerza de su naturaleza, lo mantiene todo unido. Únicamente cuando su fortaleza de carácter es tan abarcadora que puede ejercer su influjo en todos los que forman parte de su dominio, él será tal como debe ser. Del soberano debe emanar una fuerza de sugestión. Ésta anudará y unirá firmemente a todos los suyos. Sin esta fuerza central toda unificación exterior es tan sólo una falacia que se derrumbará en el momento decisivo.

Hexagrama complementario
41. Sun/La Merma

EL DICTAMEN

La merma unida a la veracidad
obra elevada ventura sin tacha.
Puede perseverarse en ello.
Es propicio emprender algo.
¿Cómo se pone esto en práctica?
Dos escudillas pequeñas pueden usarse para el sacrificio.

Merma no significa necesariamente y en todos los casos algo malo. El Aumento y la Merma llegan cada cual a su tiempo. Es cuestión de adaptarse entonces al momento, sin pretender encubrir la pobreza mediante una huera apariencia. Cuando, en virtud de un tiempo de cosas menores llega a manifestarse una verdad interior, no es lícito avergonzarse de la sencillez. En tales momentos la sencillez es precisamente lo indicado, lo que confiere fuerza interior gracias a la cual podrá uno volver a emprender algo. No deben abrigarse escrúpulos ni siquiera cuando la belleza exterior de lo cultural, más aún, la conformación de las relaciones religiosas, se ven obligadas a sufrir desmedro a causa de la sencillez. Es necesario recurrir a la fortaleza de la actitud interior para compensar la indigente apariencia externa. Entonces la fuerza del contenido ayudará a sobreponerse a la modestia de la forma. Ante Dios no hace falta ninguna falsa apariencia. Aun con medios escasos puede uno manifestar los sentimientos de su corazón.

LA IMAGEN

Abajo junto a la montaña está el lago:
la imagen de la Merma.
Así el noble reprime su cólera y refrena sus impulsos.

El lago, situado abajo, al pie de la montaña, se evapora. Por ello se ve mermado a favor de la montaña, enriquecida gracias a su humedad. La montaña da la imagen de una fuerza testaruda que puede acumularse y condensarse hasta caer en la iracundia; el lago da la imagen de un incontrolado regocijo que puede desarrollarse hasta formar impulsos pasionales, cuando ese desarrollo se realiza a costa de las energías vitales. Entonces es preciso mermar: la ira debe disminuirse mediante el aquietamiento, los impulsos deben frenarse mediante la restricción. En virtud de esta merma de las fuerzas anímicas inferiores se enriquecen los aspectos superiores del alma.

Predicciones para el Caballo y su energía

CABALLO DE MADERA (1954)

Durante el tiempo simio hará limpieza general de su vida, empezando por lo esencial y llegando hasta lo superfluo.

Estará hiperactivo, con laborterapia que le despertará una nueva vocación y ganas de desarrollar un trabajo comunitario.

Sentirá deseos de dialogar, enfrentar fantasmas y darle rienda suelta a su imaginación.

Un tiempo de cambios en su agenda, vida cotidiana, oficio y relaciones afectivas.

Será líder de un movimiento artístico, cultural y comunitario con beneficios palpables.

Tendrá que enfrentar chequeos de salud. No deje pasar de largo las recetas de la abuela.

Iniciará una nueva vida en un lugar cerca de la naturaleza. Tendrá amigos creativos que lo ayudarán a iniciar una empresa o sociedad artesanal.

SE DIVERTIRÁ, REIRÁ Y BAILARÁ COMO EL MONO RELOJERO.

CABALLO DE FUEGO (1906-1966)

Durante este tiempo sentirá ganas de tocar fondo y, como un volcán, resurgir desde las cenizas.

Estará abierto a nuevas ideas.

Formalizará una relación con una persona que le dará I-SHO-KU-JU (techo, vestimenta y comida).

Sentirá ganas de independizarse de relaciones absorbentes e iniciar una nueva era afectiva.

Viajará por trabajo, conocerá gente nueva y creativa que lo adoptará como socio y jefe de la empresa.

En la familia habrá cambio de roles. Por separación, herencia o integración de nuevas personas que lo ayudarán a aceptar sus limitaciones y virtudes.

Estará dispuesto a trabajar *full time* en la realización de un sueño o ideal y compartir los frutos con sus seres queridos.

Estudiará, se especializará en una carrera u oficio que le abrirá puertas internacionales.

Es aconsejable que sepa dosificar entre el aumento y LA MERMA para no caer mal parado.

CABALLO DE TIERRA (1918-1978)

El envión del tiempo caprino lo llevará a una crisis profunda que lo fortalecerá como un roble.

Sentirá deseos de relinchar, expresarse, salir del establo y cabalgar un abanico de nuevas oportunidades que le ofrece la vida.

Aparecerán amores pero llegará el ansiado encuentro que transformará su vida.

Estará dispuesto a formar una familia, radicarse cerca de lugares con naturaleza y traer monitos al planeta.

Tendrá oportunidades laborales que lo mantendrán ocupado y lleno de entusiasmo. Se desprenderá de relaciones sadomasoquistas y renacerá la autoestima.

Es aconsejable que estudie seriamente las propuestas antes de firmar contratos.

Es un tiempo para concretar los sueños de la infancia y compartirlos con los seres queridos.

CABALLO DE METAL (1930-1990)

Durante este tiempo encontrará estímulos que lo ayudarán a encauzar su creatividad con éxito.

Estará lleno de CHI, será el centro en reuniones, eventos sociales y deportivos.

Su capacidad laboral será fecunda. Abrirá nuevos caminos para trotar y llegar a sus objetivos.

Estará muy asediado por amigos, parejas y nuevos amores que se disputarán un lugar en su corazón.

Sentirá deseos de libertad, romperá con tabúes y protocolo bailando como un caballo de circo.

En la familia habrá sorpresas: despedidas y la llegada de un monito desde el cosmos.

Estará rodeado de amor, alegría, magia y entusiasmo.

Necesitará cuidar su salud para no desbocarse en las salidas del establo.

UN TIEMPO DE ALTA MAGIA Y APRENDIZAJE.

CABALLO **DE AGUA** (1942-2002)

Volcará su talento en obras públicas que serán reconocidas a nivel internacional.

Sentirá deseos de una nueva vida: desde un cambio de lugar hasta un nuevo amor que reavive su pasión.

Estará dispuesto a tomar las riendas familiares para ayudar a la familia a enfrentar fuertes temporales y cambios de roles.

Reactivará una relación de amor con sustancias mágicas que lo alentará en el giro en el cual está inmerso.

Recuperará el buen humor, *sex appeal, glamour* y será el centro de lugares cósmico telúricos.

Sentirá fuerza parar iniciar un balance profesional que lo mantendrá activo, ocupado y muy entusiasmado en transmitir sus enseñanzas.

Un premio o beca le abrirá un nuevo mundo. Aparecerán mecenas y nuevos estímulos que alimentarán su cosmovisión.

UN TIEMPO DE RECOLECCIÓN Y ABUNDANCIA PARA PONER EN EL CURRÍCULUM.

Sabía que estarías
Callado y paciente
Esperando convertir
Mi dolor en alegría.
Con la rueda del tiempo
En tus balsámicas manos
Convertidas en milagro.
Entregué mi vida sin pensarlo
Confiando en tus dones chamánicos.
Serías el encargado de cuidar mi jardín
Salvaje, estéril y olvidado.

L. S. D.

Escribe tu propia predicción

Predicciones
preventivas para la Cabra
basadas en el I-Ching

La conmoción interior fortalece la cosmovisión de la vida

Sobrevivientes de su año, héroes y heroínas:

Cruzar el Ganges purificado después de las pruebas del propio año es siempre la gran oportunidad que da la vida, para afianzarse en el camino y tener otra visión de la existencia, más sabia, adulta y madura.

Desde el caos afectivo hasta el profesional y vocacional, durante el tiempo simio recuperará el oxígeno para ordenar sus prioridades y darse permiso para nuevas experiencias y aventuras.

El mono sobreprotege a la cabra, pero sabe que a la larga no es conveniente, pues se deja estar, no intenta nada por sí misma y se adormece.

Es por eso que la cabra estará conmocionada recibiendo un aluvión de noticias inesperadas que la mantendrán en estado de alerta, tensión e inquietud, porque la energía del año será desconcertante y muy imprevisible para su sensibilidad.

Es aconsejable que se sienta una equilibrista, acróbata, surfista en la selva para no perder la mesura y la armonía que la caracterizan.

Su intuición la llevará por el buen camino a la hora de tomar decisiones.

Convocará a sus seres queridos, a quienes siempre escucha, para que la asesoren en el área financiera o de inversiones en bienes raíces y finalmente cambiará su domicilio e intentará vivir en un pueblo o ciudad donde esté en contacto con la naturaleza, iniciando labores agropecuarias y artesanales.

En la pareja habrá conmociones que deberá atender con paciencia china. El crecimiento de cada uno y las prioridades no coincidirán; deberán aceptar esos espacios sin ofenderse ni invadir el jardín del otro.

En el aire flotarán múltiples propuestas laborales y profesionales que tendrá que estudiar seriamente, pues la tendencia del año se orientará a sacarle el jugo, hacer que trabaje gratis, por trueque o *ad honorem*.

Sentirá incertidumbre en la organización de sus metas y necesitará un respaldo o seguridad económica para emprender nuevas tareas que le procuren I-SHO-KU-JU (techo, vestimenta y comida).

En la familia habrá choques que tendrá que evaluar para no involucrarse y quedar descuartizada como Tupac Amaru.

Su sensibilidad estará exaltada, oscilará entre estados *up* y *down* y tendrá que buscar apoyo terapéutico si siente que se desborda emocionalmente.

Es un año para tener cautela, no arriesgar más de lo que se puede y recibir los permisos extra que el mono le brinda.

Necesitará viajar, conocer nuevos países y culturas y sumergirse en experiencias tántricas.

Su curiosidad por participar en eventos sociales estará acentuada y compartirá pan, vino y serenatas con personas de distintos estratos sociales que la invitarán a trabajar en su especialidad pudiendo transmitir sus enseñanzas con claridad y entusiasmo.

Su buen humor estará acentuado: conocerá mecenas, gente del arte y del *show business* que la adoptarán inmediatamente y le darán recursos necesarios para que siga al resguardo de sus necesidades básicas.

Volcará su libido en proyectos artísticos que estarán muy cotizados, pues tendrá una buena estrella en la casa del trabajo que le facilitará la llegada a los medios donde se publicarán sus obras.

Reencontrará el diálogo con amigos y parientes; estará muy entusiasmada con ser mensajera de buenas noticias, produciendo reconciliaciones y disfrutando de una tregua en la trinchera.

El año del mono le producirá ganas de intentar nuevas empresas, afianzar su patrimonio, invertir en el arte y las relaciones humanas abriendo un abanico de posibilidades en su nueva cosmovisión.

Estará muy interesada en las ciencias ocultas: cábala, numerología, astrología y quiromancia.

Será autodidacta y buscará nuevas formas de comunicación por Internet con personas del mundo.

SERÁ UNA ALIADA CLAVE PARA LA TRANSMUTACIÓN PLANETARIA.

El I-Ching te aconseja

Hexagrama principal
51. Chen/Lo Suscitativo (La Conmoción, El Trueno)

EL DICTAMEN

La Conmoción trae éxito.
Llega la conmoción: ¡Ju, ju!

Palabras rientes: ¡Ja, ja!
La conmoción aterra a cien millas,
y él no deja caer el cucharón sacrificial, ni el cáliz.

La conmoción que se levanta desde el interior de la tierra a causa de la manifestación de Dios, hace que el hombre sienta temor, pero este temor ante Dios es algo bueno, pues su efecto es que luego puedan surgir el regocijo y la alegría. Si uno ha aprendido interiormente qué es el temor y el temblor, se siente seguro frente al espanto causado por influjos externos. Aun cuando el trueno se enfurece al punto de aterrar a través de cien millas a la redonda, permanece uno interiormente tan sereno y devoto que no incurre en una interrupción del acto del sacrificio. Tan honda seriedad interior, que hace que todos los terrores externos reboten impotentes sobre ella, es la disposición espiritual que deben tener los conductores de los hombres y los gobernantes.

LA IMAGEN

Trueno continuado: la imagen de la conmoción.
Así el noble, bajo temor y temblor,
rectifica su vida
y se explora a sí mismo.

Con sus sacudidas el trueno continuo ocasiona temor y temblor. Así el noble permanece siempre en actitud de veneración ante la aparición de Dios, pone en orden su vida y escruta su corazón, indagando si acaso, secretamente, hay algo en él que esté en contradicción con la voluntad de Dios. De tal modo, el temor devoto es el fundamento de la verdadera cultura de la vida.

LAS DIFERENTES LÍNEAS

SEIS EN EL SEGUNDO PUESTO SIGNIFICA:
La conmoción llega con peligro.
De cien mil maneras pierdes tus tesoros
y has de subir a las nueve colinas.
No corras ávidamente tras ellos.
Al cabo de siete días los recuperarás.

Se describe aquí una situación en la cual, a raíz de una conmoción, se afronta un peligro y se sufren grandes pérdidas. Las circunstancias son tales que una resistencia sería contraria a la orientación de la marcha del tiempo, y por lo tanto no tendría éxito. Por eso, simplemente hay que retirarse hacia regiones altas inaccesibles a los peligros que amenazan. Las pérdidas de propiedades deben tomarse como parte del precio que se paga y no hay que preocuparse excesivamente por ellas. Sin que uno corra tras de su posesión, la recuperará por sí sólo una vez que pase el lapso cuyas conmociones se la hicieron perder.

SEIS EN EL TERCER PUESTO SIGNIFICA:
Llega la conmoción y causa desconcierto.
Si uno actúa a consecuencia de la conmoción,
quedará libre de desgracia.

Existen tres formas de conmoción: la conmoción del cielo, que es el trueno; luego la conmoción del destino, y finalmente la conmoción del corazón.

En este caso se trata menos de una conmoción interior que de una sacudida del destino. En tales tiempos de conmoción pierde uno muy fácilmente la serenidad, al punto de ignorar toda posibilidad de actuación y dejar curso libre al destino, sin decir palabra. Si a raíz de la conmoción del destino se moviliza uno interiormente, podrá superar sin mayores esfuerzos los golpes del destino que llegan de afuera.

Hexagrama complementario.
34. Ta Chuang/El Poder de lo Grande

EL DICTAMEN

El Poder de lo Grande.
Es propicia la perseverancia.

El signo señala un *tiempo* en el cual ascienden formidablemente y llegan al poder valores interiores. Pero la fuerza ya ha sobrepasado el centro. Por eso corresponde pensar en el peligro que implica el confiar en el propio poder, sin preocuparse en todo momento por lo recto; en el peligro de embarcarse en el movimiento sin aguardar el tiempo adecuado. Por este motivo se añade la sentencia: es propicia la perseverancia. Pues un poder realmente grande es aquel que no degenera en mera fuerza prepotente, sino que antes bien permanece íntimamente ligado a los principios de derecho y justicia. Si se comprende este punto, o sea que la grandeza y justicia han de presentarse inseparablemente unidas, se comprenderá el verdadero sentido de todo acontecer universal, en el cielo y sobre la tierra.

LA IMAGEN

El trueno se halla en lo alto del cielo:
la imagen del Poder de lo Grande.
Así el noble no pisa los caminos
que no correspondan al orden.

El trueno, la fuerza eléctrica, asciende en primavera hacia lo alto. Este movimiento guarda armonía con la dirección del movimiento del Cielo. Es, pues, un movimiento coincidente con el Cielo, lo cual origina un gran poder.

Pero la verdadera grandeza se funda en el estar en armonía con lo que es recto. Por eso el noble, en tiempos de gran poder, se cuida de hacer algo que no esté en concordancia con lo que corresponde al orden.

Predicciones para la Cabra y su energía

CABRA DE MADERA (1955)

Vivirá un tiempo de transición de una era hacia otra.

Estará receptiva a ideas nuevas sobre su vida personal, afectiva, familiar y profesional.

Tendrá que decidir entre dos lugares para radicarse, buscar otras posibilidades laborales que ayuden a su etapa actual y no la desequilibren emocionalmente.

Viajará al exterior por trabajo; conocerá gente con quien compartirá charlas filosóficas, trabajo en equipo y mucha afinidad.

Su pareja le dará un ultimátum: juntos o cada cual en su pradera.

Conocerá a una persona que la sacudirá con la conmoción del trueno y le revertirá los planes. Dependerá de su situación emocional la decisión afectiva que decida. Pero es bueno que sepa que no podrá volver al pasado.

CABRA DE FUEGO (1907-1967)

Durante este tiempo juntará sus partes como una holografía y sentará las bases de su nueva vida. Estará con ideas revolucionarias en su profesión que tendrán *feed-back* y despertarán entusiasmo entre amigos, colegas y socios.

Sentirá deseos profundos de independencia y sin aviso hará valijas para cambiar de aire.

Encontrará un medio de vida que será afín a sus características, esencia y naturaleza.

Desarrollará su vocación infantil y tendrá que organizar su agenda para cumplir con sus obligaciones.

Un ascenso profesional rodeado de intrigas le abrirá nuevos caminos, conocerá gente macromambo que la llevará a lugares sagrados donde su espiritualidad despertará.

Tendrá que complementar su nueva vida con la familia, los hijos y los padres que le reclamarán más tiempo y responsabilidades.

Una herencia o demanda judicial por remate o sucesión la convertirán en una experta.

El aprendizaje del tiempo será adaptarse con flexibilidad a los cambios, sin morir en el intento.

CABRA DE TIERRA (1919-1979)

Durante este tiempo simio cosechará su siembra. Sentará las bases de su vida desde lo afectivo, familiar y profesional.

Tendrá que debatirse entre dos mundos: el interior, que florecerá con su vocación, y el de la sobrevivencia, que la tendrá trabajando intensamente, sin respiro.

Conocerá gente fascinante, artistas, maestros, guías, que la ayudarán a despegar del corral.

Entablará una relación con su pareja holística: compartirá amor, trabajo y conocimiento.

Estudiará una carrera, idiomas y será reclamada por profesionales para participar de ferias y eventos. Desde distintos lugares de la Tierra llegarán monitos a visitarla.

En la familia habrá nuevos roles que tendrá que asumir con entereza y buen humor.

CABRA DE METAL (1931-1991)

Tiempo de recuperación física, psíquica y emocional.

Tendrá que debatirse entre lo posible y lo imposible, lo real y lo virtual, encauzando su creatividad.

Estará rodeada de amor, amigos, tendrá una fuerza sobrenatural que la guiará en momentos críticos.

Buscará un lugar para instalarse, sembrar y agradecer a la Pachamama tanta abundancia.

En la familia habrá movimientos: mudanzas, arribos y despedidas. Tal vez la llegada de un nieto o sobrino que la entretenga con sus monerías.

Será candidata a trabajos para la comunidad, obras de bienestar social y artísticas.

Estará rodeada de gente joven que la buscará para pedirle consejos y para que les transmita sus balidos de sabiduría.

CABRA DE AGUA (1943-2003)

Después de entrar en el nuevo ciclo vital iniciará una etapa de gran evolución.

Se encontrará dispuesta a revisar su vida y a saldar deudas kármicas, haciéndolas florecer.

Estará muy ocupada con la laborterapia, con su pareja e hijos.

Sentirá un gran deseo de balar nuevas canciones, seguir investigando, estudiando ciencias ocultas y de comunicación que le abran la percepción.

En el campo profesional obtendrá ascensos, premios y condecoraciones. Viajará al exterior y recibirá demostraciones de admiración y afecto de colegas.

Se enamorará perdidamente como la primera vez... Se columpiará en nuevas lianas, reverdeciendo como Chita en la selva.

Semana Santa
Te espero
Para decirte todo lo que acumulo
Como un camello.
Para darte la bienvenida
Al otoño que nos regala
Este rincón sutil del Universo
Que deja en carne viva
Lo incómodo de la vida
Sin tregua ni escape a otros reinos.
Te espero
Para volcar mis miedos
Descongelarlos juntos en el fuego
Dejando cenizas tibias
Que abonen la tierra.

L. S. D.

Escribe tu propia predicción

Predicciones
preventivas para el Mono
basadas en el I-Ching

Rey o mendigo del año

A partir del 22/01/04 hasta el 8/02/05 el mono regirá el año del almanaque agrícola lunar. Esto tiene varias lecturas o interpretaciones: la esencial es saber que, para los chinos, el propio año es de crisis, cambios y oportunidades.

Lejos de ser un año estable, con resultados tangibles y palpables, es un ciclo donde la vida se detiene, hace una pausa (sin aviso) y cambia el rumbo.

Columpiarse con destreza, intuición e inteligencia es el consejo de la mona que los guía hace tiempo y que sabe que en su año hay que poner en práctica la filosofía zen y la experiencia de los katunes en el día a día sin esperar milagros.

El I-CHING aconseja "cocinar el alimento de toda la vida" a fuego lento, graduándolo con mesura y tacto, sin saltearse ningún ritual.

Para los monos inexpertos o que crean que "al fin llegó mi año", el camino será arduo y lleno de trampas y pruebas para pulverizar el ego.

Las tentaciones, ilusiones, dádivas aparecerán en bandeja de oro y tendrán que demostrar su desapego hacia el vil metal para no caer en tentaciones que les pueden costar carísimas.

Para el mono su año será como un bazar turco: llenos de ofertas, pichinchas, negocios fáciles y productivos; le lloverán llamados y ofrecimientos que deberá estudiar con calma y cautela, para no caer en el XIBALBAY (inframundo) o infierno tan temido.

Su sentido común deberá ser el principal conductor del tiempo simio. PONERTE EN EL LUGAR DEL OTRO, NO HACER A LOS DEMÁS LO QUE NO TE GUSTARÍA QUE TE HICIERAN A TI, *IN LAKECH* (yo soy otro tú).

Retomar el hilo de plata invisible del gran telar y enhebrar con inspiración cada hebra plasmando creatividad, originalidad y talento.

El envión caprino le dio al mono seguridad y confianza y tomó "viento en la camiseta". Por eso aterrizará en parapente, alas delta o en *jumbo* al comenzar su año entusiasmado por el empujón y la abundancia obtenidos.

El caldero habla de la transformación o metamorfosis que ocurre en el propio año y lo importante que es para su evolución.

El mono que tenga conciencia de sus límites atravesará las pruebas con diez felicitado, los más jóvenes e inexpertos quedarán atrapados en espejismos y fuegos artificiales.

El mono tendrá que poner en orden en todos los frentes. Un chequeo a fondo con análisis de todo tipo será un buen inicio para no creer que es omnipotente y tiene salud de hierro. A partir de esos estudios podrá planificar el año profesional, artístico y familiar.

Sentirá deseos de libertad; saldrá de la jaula a la selva sin reloj y sin marcar tarjeta.

Su búsqueda será interior; tendrá sed de aventuras místicas, chamánicas, irá al encuentro de maestros y experiencias trascendentales.

No soportará que lo condicionen con amenazas, planes burocráticos ni proyectos inconsistentes; luchará por concretar su viaje interior con su propio *timing*.

Estará impaciente, irritable y a la defensiva. Su autoexigencia crecerá y, si no toma recaudos, puede desestabilizarse emocionalmente.

Sentirá ganas de aparecer y desaparecer como por arte de magia de lugares y situaciones que le producen claustrofobia. Tendrá que aceptar invitaciones a lugares donde la jaula esté abierta y con gente solidaria a sus *moods*.

El mono tití, chimpancé o gorila deseará abrazar y ser abrazado por su gran amor recuperado o recientemente descubierto y alejarse, como Zarathustra a la montaña, a pasar un año sabático.

Necesitará indexar horas, siglos de TAO DEL AMOR Y DEL SEXO con *feed back* físico, psíquico y espiritual, sintiendo que le llegó la hora de EL INFLUJO, del encuentro tan merecido a tanta soledad y renuncias.

Aparecerán amores del pasado que quedaron *stand by* proponiéndole una vida compartida y la posibilidad de la procreación o adopción.

En este período, para el simio es clave la estabilidad afectiva pues, si la alcanza, lo respaldará para los otros temas de la vida.

Tendrá la gran oportunidad de elegir y saber cuáles son sus prioridades: una relación equilibrada, estimulante y madura, con interdependencia y libertad que lo mantenga fascinado.

Descartar este vínculo y sumergirse en el *rush* del año tratando de sacar tajada de lo que lo rodea es un error, pues en este tiempo aparecerán fantasmas, piratas, duendes y aluxes que lo pondrán a prueba y sacudirán existencialmente.

Es un año de grandes oportunidades desde lo interior hacia el espacio sideral.

El mono que esté equilibrado provocará envidia y admiración entre sus socios y amigos. Será un equilibrista; obtendrá el jugo de cada fruto saboreándolo mientras se saca los piojos.

Compartirá las ganancias con la tribu cósmica y encontrará *sponsors* y mecenas que lo apoyarán en sus utopías.

Estará inspirado, radiante, encendido, lleno de *glamour* y *sex appeal* y será el rey del *circo beat*.

A pesar de las múltiples invitaciones sentirá deseos de quedarse en su casa resguardado del mundanal ruido.

Apreciará las pequeñas cosas: un buen paseo a la mañana, una comida con su amante con aromas exóticos y luz de vela, un picnic en el lago con luna llena, un paseo en bicicleta, un masaje afrodisíaco, una danza en un equinoccio en Tikal.

Año de apertura en lo humano, afectivo y vocacional.

TIEMPO *INSIDE*.

CAMBIO Y FUERA.

El I-Ching te aconseja

Hexagrama principal
50. Ting/El Caldero

EL DICTAMEN
El caldero. Elevada ventura. Éxito.

Mientras que el pozo trata del fundamento de lo social, que es como el agua que sirve de alimento a la madera, en este caso se alude a la superestructura cultural de la sociedad. Aquí es la madera la que sirve de alimento a la llama, a lo espiritual. Todo lo visible debe intensificarse y continuarse hasta penetrar en lo invisible. Así obtiene la debida consagración y la debida claridad, y arraiga firmemente en la trama de los nexos universales.

De este modo se exhibe aquí la cultura, tal como alcanza su culminación en la religión. El caldero sirve para los sacrificios ofrecidos a Dios. Lo más elevado de lo terrenal ha de ser sacrificado a lo divino. Pero lo verdaderamente divino no se presenta como separado de lo humano. La más alta revelación de Dios se encuentra en los profetas y los santos. La devoción que se brinda a éstos es la verdadera devoción hacia Dios. La voluntad de Dios, que se manifiesta por intermedio de ellos, debe ser acatada humildemente, y entonces surgirá la iluminación interior y la verdadera comprensión del mundo que conduce a una gran ventura y al éxito.

LA IMAGEN
Sobre la madera hay fuego: la imagen del caldero.
Así el noble, rectificando su posición, afirma el destino.

El leño es el destino del fuego; mientras subsiste abajo, el fuego arderá arriba. Esto es lo que ocurre con la vida humana. También en el hombre hay un destino que presta fuerzas a su vida. Cuando se logra asignar a la vida y al destino el sitio correcto, se fortifica el destino, pues así la vida entra en armonía inmediata con el destino. Se encuentran en estas palabras alusiones al cultivo de la vida tal como la transmite por tradición oral la doctrina secreta de la práctica del yoga chino.

LAS DIFERENTES LÍNEAS
NUEVE EN EL SEGUNDO PUESTO SIGNIFICA:
En el caldero hay alimento.
Mis compañeros sienten envidia,
pero nada pueden contra mí.
¡Ventura!

En épocas de elevada cultura todo depende de que realmente uno realice algo. Si uno no confía sino en realizaciones reales, acaso llegue a tropezar con la envidia y el disfavor, pero esto no es peligroso. Cuanto más se limite uno a sus propias realizaciones positivas, tanto menos podrán afectarlo los envidiosos.

SEIS EN EL QUINTO PUESTO SIGNIFICA:
El caldero tiene asas amarillas, argollas áureas.
Es propicia la perseverancia.

Hay un hombre en posición gobernante, accesible y modesto en su modo de ser. Gracias a esta actitud interior logra encontrar ayudantes fuertes y capaces que lo complementan y le ayudan en la ejecución de su obra. Es importante que en esta actitud, que requiere una constante abnegación interior, no se deje uno desviar de su rumbo, sino que permanezca firmemente en él.

AL TOPE UN NUEVE SIGNIFICA:
El caldero tiene argollas de jade. ¡Gran ventura!
Nada que no sea propicio.

En el texto del trazo anterior se designa a las asas portadoras como áureas, con el fin de caracterizar su solidez. Aquí se designan como de jade. El jade se destaca por unir a la dureza con un suave brillo. Desde el punto de vista del hombre accesible a los consejos, éste es un consejo que actúa como un fuerte estímulo. Se hace referencia a este consejo desde el punto de vista del sabio que lo dispensa. Aparecerá suave y purificado como el noble jade. De esta manera la obra encuentra beneplácito a los ojos de la divinidad dispensadora de gran ventura, y se torna grata a los hombres, por lo cual todo marchará bien.

Hexagrama complementario
31. Hsien/El Influjo (El Cortejo)

EL DICTAMEN

El Influjo. Logro.
Es propicia la perseverancia.
Tomar una muchacha trae ventura.

Lo débil se halla arriba, lo fuerte abajo; de este modo sus fuerzas se atraen hasta unirse. Esto procura el logro, el éxito. Pues todo logro se basa en una acción de atracción mutua. La quietud interior, junto a la alegría exterior, consigue que la alegría no se exceda, que más bien permanezca dentro de los límites de lo recto. He ahí el sentido de la advertencia agregada: es propicio perseverar. Pues es así como se distingue de la seducción el cortejo, en el cual el hombre fuerte se coloca, por debajo de la débil muchacha, mostrándole consideración. Esta atracción por lo electivamente afín constituye una ley general de la naturaleza. El Cielo y la Tierra se atraen recíprocamente y así se engendran todos los seres. Mediante una atracción de esta índole influye el sabio sobre los corazones de los hombres y el mundo logra la paz. Por las atracciones que ejerce algo puede reconocerse la naturaleza de todos los seres que hay en el cielo y sobre la tierra.

LA IMAGEN

Sobre la montaña hay un lago: la imagen del influjo.
Así el noble, en virtud de su disposición receptiva
deja que los hombres se acerquen a él.

Una montaña, que tiene encima un lago, obtiene un estímulo gracias a la humedad de éste. Tal ventaja le es dada por el hecho de que su cumbre no sobresale, que es una cumbre ahuecada. El símbolo da el consejo de que uno se mantenga interiormente bajo, vale decir humilde, y libre, permaneciendo de este modo receptivo frente a los buenos consejos. Al que pretende saberlo todo mejor, los hombres pronto dejan de aconsejarlo.

Predicciones para el Mono y su energía

MONO DE MADERA (1944-2004)

Feliz nacimiento a los monos del 44 que cumplen su primer año de vida. Dicen los chinos que un hombre sabe lo que quiere en la vida al cumplir 60 años, cuando Júpiter retorna después de un ciclo de 12 años por quinta vez, atravesando todas las energías.

Es por eso que la conciencia del cambio beneficiará a estos *homo sapiens*.

Consolidación afectiva con proyectos compartidos y abundancia en las ganancias. Viajes inesperados por becas, premios, seminarios, y placer.

Aumento en el patrimonio, inversión en tierra, inmuebles y bonos.

Hará un trueque muy particular con amigos que lo mantendrá en excelente estado físico y de muy buen humor.

Tendrá horas para la lectura, el arte y la introspección. Participará de encuentros espirituales, chamánicos, que le despertarán su vocación mística, codirigiendo talleres de educación y tecnología con alto rendimiento.

BAILARÁ, REIRÁ Y CELEBRARÁ LA VIDA AL ESTILO OSHO.

MONO DE FUEGO (1956)

Es el tiempo de cocinar a fuego lento los planes y sueños condimentándolos con una salsa agridulce.

Estará atento a las señales para no desviarse del TAO.

Le lloverán propuestas laborales que deberá estudiar atentamente y hacer un *inside* para diferenciar entre lo esencial y lo superfluo en su evolución.

Se radicará en otro lugar temporalmente, creciendo en su profesión.

El amor se instalará en su selva interior y le creará una interdependencia que lo mantendrá dinámico, estimulado y muy feliz.

Tendrá que solucionar incendios en la familia. saldrá disfrazado de bombero y aconsejará al zoo.

Volverá *on stage*; dará lo mejor de sí y convocará un equipo laboral muy creativo con el que compartirá gran parte de su vida.

Mejorará su relación con el prójimo, estará más abierto y comprensivo y podrá recuperar un amor que creía perdido.

Jugará, apostará alto y ganará los frutos de una vida de trabajo e inspiración.

MONO DE TIERRA (1908-1968)

Cocinará en EL CALDERO su pasado, dejando la esencia para transformar su vida.

Estará activo, inspirado, lleno de energía para plasmar proyectos de allá lejos y hace tiempo.

Tendrá que decidir entre dos amores, caminos que se bifurcan. Con sabiduría y templanza eligirá un amor macrocósmico y holístico.

Viajará mucho, por amor, trabajo y búsqueda interior.

Encontrará respuestas en gente que conocerá causalmente y lo llevará de cacería por la jungla.

Estará dispuesto a tener diálogo con padres e hijos ordenando rencores y pasiones.

Un golpe de suerte lo transformará en los tres monos de Oriente, que no ven, oyen ni hablan.

El giro del tiempo simio lo colocará en alineación y balanceo cósmico telúrico.

MONO DE METAL (1920-1980)

El metal controla a la madera, por eso los simios metálicos transformarán en oro todo lo que toquen.

Estarán llenos de CHI (energía) estímulo y podrán plasmar creativamente sus sueños y acrecentar su patrimonio.

El amor tendrá variantes *new age*. Conocerán nuevos *personajes en busca de autor* con los que se columpiarán en la selva. Muchos primates darán el paso hacia el altar, consolidando una familia.

Estarán abiertos a nuevas ideas para mantenerse. El trueque a través del arte será un gran recurso.

En la familia habrá cambio de roles. Deberán ocuparse de sus padres y abuelos y ayudarlos anímica y económicamente.

Sentirán deseos de viajar a un lugar remoto donde se puedan conectar con culturas milenarias que les abran la percepción.

UN TIEMPO DE COSECHA DE FRUTOS VALIOSOS Y APERTURA DE DESTINO.

MONO DE AGUA (1932-1992)

Durante su reinado se dedicará a pasarla lo mejor posible.

Estará dispuesto a dejar el pasado, aceptar el presente con los cambios y decisiones que surjan naturalmente y a deshojar la margarita.

Finalizará un ciclo de estudios y comenzará una crisis que deberá atender con sabiduría y buen humor.

Tendrá viajes cortos muy divertidos, conocerá amigos y creará nuevos lazos de amistad.

En la familia habrá que enfrentar sobresaltos económicos y de herencias.

Estará dispuesto a perder parte de su fortuna por amor al prójimo. Fundará una comisión de solidaridad reuniendo personas de diferentes lugares, ideas y religiones que lo enriquecerán y le brindarán apoyo, consejo y oportunidades.

Despertará al mundo erótico y sentirá nuevas fragancias. Un tiempo de entusiasmo, pasión y reconciliación con la vida.

CONCLUIRÁ ESTUDIOS Y SERÁ RECONOCIDO PROFESIONALMENTE.

¿Sos ese amor
Que planea sobre mi vida
Y no me deja dormir?
¿O es la Luna llena
Que ilumina mi oscuridad?

L. S. D.

Escribe tu propia predicción

Predicciones
preventivas para el Gallo
basadas en el I-Ching

Nuevo rumbo entre el influjo y la solidaridad

El gallo siempre admiró el espíritu vital y de adaptación del mono, y es por eso que durante este año tratará de contagiarse del simio, salir del gallinero y romper con sus esquemas y mandatos para compartir cada etapa de su vida con plenitud y sabiduría.

Seguirá el latido de su corazón arriesgando su prestigio, comodidad y seguridad. Nuevas relaciones o vínculos afectivos que surgirán como la "dama de noche" lo mantendrán en un estado de apertura dimensional.

Estará dispuesto a empezar de cero y el gran motor será su corazón que latirá con fuerza y pasión por una persona que cambiará su visión holística.

El año tendrá sorpresas y acontecimientos que lo inspiararán y producirán nuevas ideas para su profesión y cosmovisión.

El gallo presiente que será desplumado emocionalmente y se prepara para la gran aventura; entrega su bastón de mando a su pareja o amante y decide fluir sin reclamos ni cacareos.

El vértigo del año lo mantiene hiperactivo, creativo, capaz de trabajar horas extras sin sentir cansancio pues el entusiasmo por indagar nuevas experiencias es prioridad en su vida.

Durante el tiempo simio atravesará huracanes, sismos, maremotos que le cambiarán el sentido a su existencia.

El gallo sabrá que la solidaridad es el camino para evolucionar, intercambiar y ser más flexible en las decisiones que deberá tomar, empezando por su familia, que no lo reconocerá pues estará ocupado en su propia metamorfosis.

En su profesión habrá un giro de 180 grados. Por una temporada dejará su puesto de trabajo para embarcarse en tareas solidarias, que abarcarán desde lo familiar hasta lo comunitario y nacional.

Las relaciones públicas y el intercambio cultural lo tentarán para ser su R.R.P.P.

El gallo se humanizará y aprenderá un nuevo lenguaje, disciplina y método para implementar en sus originales innovaciones.

Sentirá deseos profundos de libertad y tendrá listo su bolso *super sport* para partir de viaje con cualquier inocente excusa.

Gracias a reencuentros claves con gente del pasado, un amigo del alma que retorna al país, una ex pareja con la que necesitaba cacarear a *viva voce* asignaturas pendientes, se mantendrá en un buen estado físico y psíquico que despertará pasiones a su alrededor.

Descubrirá sus mil facetas, personalidades y zonas ocultas y las ventilará dejando que entren influencias de distintos sectores que le permitirán estar actualizado y con *glamour*.

La prioridad del año será ser ecológico con sus relaciones. Participará de grupos de trabajo en sitios de ayuda al prójimo en el club del trueque y en hospitales y comedores infantiles.

Será un pilar fundamental para asesorar a gente, ser asistente de maestros y organizar encuentros de intercambio de disciplinas de autoayuda.

Esta nueva etapa que inicia será muy próspera y contará con el apoyo de gente de diversos ámbitos sociales y culturales.

Su pareja le reclamará que retorne al gallinero a cuidar a sus pollos; y usted decidirá entregar al zoo su experiencia de transmutación vital para compartir en el gallinero.

El planeta lo reclamará desde lo mundano hasta lo trascendental.

La solidaridad y el matenerse unido es la misión que deberá llevar a cabo durante este ciclo donde la compasión, comprensión y sentido común le brindarán un sofisticado equilibrio entre el cielo y la tierra.

El I-Ching te aconseja

Hexagrama principal
31. Hsien/El Influjo (El Cortejo)

EL DICTAMEN

El Influjo. Logro.
Es propicia la perseverancia.
Tomar una muchacha trae ventura.

Lo débil se halla arriba, lo fuerte abajo; de este modo sus fuerzas se atraen hasta unirse. Esto procura el logro, el éxito. Pues todo logro se basa en una acción de atracción mutua. La quietud interior, junto a la alegría exterior, consigue que la alegría no se exceda, que más bien permanezca dentro de los límites de lo recto. He ahí el sentido de la advertencia agregada: es propicio perseverar. Pues es así como se distingue de la seducción el cortejo, en el cual el hombre fuerte se coloca por debajo de la débil muchacha, mostrándole consideración. Esta atracción por lo electivamente afín constituye una ley general de la naturaleza. El Cielo y la Tierra se atraen recíprocamente y así se engendran todos los seres. Mediante una atracción de esta índole influye el sabio sobre los corazones de los hombres y el mundo logra la paz. Por las atracciones que ejerce algo puede reconocerse la naturaleza de todos los seres que hay en el cielo y sobre la tierra.

LA IMAGEN

Sobre la montaña hay un lago: la imagen del influjo.
Así el noble, en virtud de su disposición receptiva
deja que los hombres se acerquen a él.

Una montaña, que tiene encima un lago, obtiene un estímulo gracias a la humedad de éste. Tal ventaja le es dada por el hecho de que su cumbre no sobresale, que es una cumbre ahuecada. El símbolo da el consejo de que uno se mantenga interiormente bajo, vale decir humilde, y libre, permaneciendo de este modo receptivo frente a los buenos consejos. Al que pretende saberlo todo mejor, los hombres pronto dejan de aconsejarlo.

LAS DIFERENTES LÍNEAS

NUEVE EN EL TERCER PUESTO SIGNIFICA:
El Influjo se manifiesta en los muslos.
Se atiene a lo que le sigue.
Proseguir es humillante.

Todo sentimiento del corazón induce a un movimiento. Los muslos corren sin reflexionar hacia aquello a que aspira el corazón; adhieren al corazón al cual siguen. Sin embargo, trasladado a la vida humana, este modo de movilizarse, inmediatamente, en seguimiento del influjo de cualquier capricho, no es lo correcto y si uno actúa constantemente así lleva a la humillación. Surge de ello un pensamiento triple: no se debe correr sin mayor motivo tras toda persona sobre la cual quisiera uno ejercer influencia; en ciertas condiciones debe uno saber contenerse. Asimismo, no debe uno acceder a todos los caprichos de aquellos a cuyo servicio está. Y finalmente, no debe desdeñar nunca la posibilidad de refrenar los humores de su propio corazón: una posibilidad en la cual se basa la libertad humana.

NUEVE EN EL CUARTO PUESTO SIGNIFICA:
La perseverancia trae ventura.
Se desvanece el arrepentimiento.
Cuando el pensamiento de uno se agita en inquieto vaivén,
sólo le seguirán aquellos amigos
hacia quienes dirija pensamientos conscientes.

Se ha alcanzado aquí el sitio del corazón. La incitación, el estímulo que parte de este punto es el más importante. Ha de cuidarse sobre todo que el influjo sea permanente y bueno, pues así, a pesar del peligro que surge de la gran movilidad del corazón humano, ya no será necesario el arrepentimiento. Allí donde actúa la propia fuerza tranquila de la naturaleza de uno, los efectos son normales. Todos los hombres sensibles a las vibraciones de un espíritu semejante recibirán su influjo. Este influjo sobre los demás no ha de manifestarse como una acción deliberada y consciente ejercida sobre ellos, pues semejante agitación consciente, con su perpetuo vaivén, excita y desgasta. Por otra parte, en ese caso los efectos se limitarán a aquellos hombres hacia los cuales dirige uno conscientemente sus pensamientos.

Hexagrama complementario
8. Pi/La Solidaridad (El mantenerse unido)

EL DICTAMEN

La solidaridad trae ventura.
Indaga el oráculo una vez más,
ve si tienes elevación, duración y perseverancia;
si es así no habrá defecto.
Los inseguros se allegan poco a poco.
El que llega tarde tiene desventura.

Es cuestión de unirse unos a otros a fin de complementarse y de estimularse mutuamente mediante una solidaria adhesión. Para semejante solidaridad, es preciso que exista un centro en torno al cual puedan congregarse los demás. El llegar a ser centro de la solidaridad de los hombres, es asunto grave que implica gran responsabilidad. Requiere, en el fuero interno, grandeza, consecuencia y vigor. Examínese, pues, a sí mismo, quien desee reunir en su torno a otros, con el fin de cerciorarse si se halla a la altura de la situación; pues quien pretenda reunir a otros sin estar munido del sello que da una verdadera vocación, ocasionará una confusión mayor que si no hubiera tenido lugar unión alguna.

Pero donde existe un verdadero foco de unión, allí los inseguros, aquellos que al comienzo vacilan, van acercándose, paulatinamente, por sí mismos. Quienes llegan tarde sufrirán los perjuicios que ellos mismos se causan. También en el caso de la solidaridad se trata de caer en la cuenta de cuál es el buen momento, el tiempo justo. Los vínculos se establecen y se fortalecen de acuerdo con determinadas leyes internas. Los consolidan experiencias vividas en común, y el que llega tarde y ya no puede participar de esas fundamentales experiencias conjuntas, tendrá que sufrir, en su condición de rezagado, las consecuencias de encontrar la puerta cerrada.

Ahora bien, quien ha reconocido la necesidad de la cohesión y no siente dentro de sí la fuerza suficiente para actuar él como centro de la solidaridad, tiene el deber de unirse a otra comunidad organizada.

LA IMAGEN

**Sobre la tierra hay agua: la imagen de la solidaridad.
Así los reyes de tiempos antiguos otorgaban en feudo
los diferentes Estados y mantenían trato amistoso
con los príncipes vasallos.**

El agua sobre la tierra rellena todas las cavidades y se adhiere firmemente. La organización social de la antigüedad se fundaba en este principio de solidaridad entre los dependientes y los soberanos.

Las aguas confluyen por sí solas, porque las mismas leyes rigen el agua en todas sus partes. Así también la sociedad humana ha de mantenerse unida gracias a una comunidad de intereses por la cual cada uno puede sentirse miembro de un todo. El poder central de un organismo social debe procurar que cada miembro encuentre su real interés en la solidaridad, como era el caso de la relación paternalista entre el Gran Rey y los príncipes vasallos de la antigüedad china.

Predicciones para el Gallo y su energía

GALLO DE MADERA (1945-2005)

Sentirá que está en una etapa de gran despegue en su vida afectiva y emocional.

Tendrá deseos de evaluar cada fase de su vida: desde lo afectivo, familiar, profesional, hasta descubrir a través de un amigo o experiencia mística que renace su vocación juvenil y se anima a dar los primeros pasos.

En su casa sentirá agobio y ganas de volar por la ventana con cualquier excusa.

El amor que nació a fuego lento será una hoguera donde pasará importantes momentos que le cambiarán el rumbo de su vida.

Estará eufórico, lleno de nuevos proyectos, estudios, viajes e ideas de vanguardia que serán muy cotizadas internacionalmente.

Sus hijos le exigirán más tiempo y dinero. Tendrá que replantearse los roles en esta etapa llena de cambios internos que lo mantendrán en un estado de meditación y lucidez contagiosos.

GALLO DE FUEGO (1957)

El tiempo simio le contagiará la euforia, curiosidad y ganas de experimentar nuevos rumbos.

Sus ideas se concretarán causalmente; podrá ver y compartir los frutos con su animal favorito.

Estará dispuesto a formalizar una relación macromambo con ceremonias celestiales o terrenales.

Su vocación se bifurcará en otros caminos que tendrán como destino la solidaridad.

En su profesión se enfrentará con situaciones difíciles: peleas, disputas, choques que deberán ser encauzados creativamente.

Se sentirá dispuesto a invertir en bienes raíces, tierra o en una casa cerca del mar donde estará inspirado y dispuesto a ser el jefe de la comisión barrial.

Su creatividad encontrará eco en personas jóvenes que serán los socios de su nuevo equipo.

Saldrá del gallinero y no se perderá ningún evento desde los más frívolos hasta los culturales y esotéricos.

Sembrará nuevos ideales en la gente que lo respeta y sigue incondicionalmente.

GALLO DE TIERRA (1909-1969)

El tiempo simio lo sorprenderá con ganancias afectivas y personales y pérdidas de amigos y gente que merecía su confianza.

Su mayor objetivo será regar el jardín de sus sueños, utopías y apuestas infinitas.

Tendrá propuestas para dirigir grupos de trabajo, cursos y seminarios de la nueva era y conocerá gente que lo guiará en su nueva etapa despertando el amor y la solidaridad.

Estará listo para tomar un avión, tren o barco por cualquier razón que lo despeje de la rutina y la familia. Encontrará su alma gemela: deberá atravesar esa experiencia antes de decidir si es su pareja o un eslabón para unir su holograma.

Será muy cotizado nacional e internacionalmente.

Sentirá deseos de iniciar una carrera, un oficio o trabajo donde pueda plasmar todas las facetas de su vida.

Durante su safari en la selva deberá escuchar sus propios latidos para seguir en el camino...

GALLO DE METAL (1921-1981)

Sentirá deseos de rebelarse.

Empezará por su familia sanguínea y seguirá hasta la que formó en el gallinero.

No soportará críticas ni exigencias que repriman su libertad e independencia.

Estará resuelto a preparar la valija y salir a contarle al mundo sus penas y amores.

Encontrará seres que se convertirán en los maestros, guías y amores de la etapa de cortejo, en que necesitará renovar las plumas, la cresta y lo que hay debajo.

Tendrá disputas en su trabajo por rebeldía o incumplimiento.

Iniciará una etapa de investigación, estudio y experiencias místicas que le despertarán interés por culturas antiguas, viajes chamánicos y seminarios de autoayuda.

Estará con ideas propias que encontrarán eco en personas que se le cruzarán en la selva.

Deberá cuidar su imagen, *look* y concentrarse en un objetivo que le dé inspiración.

GALLO DE AGUA (1933-1993)

Este año descubrirá los secretos de la vida y estará dispuesto a saborearlos uno a uno, disfutando de cada etapa con sus amores posibles e imposibles.

Estará abierto a nuevas ideas, tomará contacto con gente joven que lo iniciará en experiencias artísticas y espirituales de gran magnitud.

Sentirá deseos de confesarse, sacar afuera sus dudas existenciales y sus rencores.

Volcará su talento, creatividad y originalidad en trabajos solidarios.

Con su equipo de trabajo atravesará duras experiencias, pues habrá rebeliones, reclamos y juicios.

Estará rodeado de afecto con sus hijos, nietos y hermanos. Su pareja necesitará más atención y cuidados.

Viajará a un lugar que le despertará el tercer ojo, el KUNDALINI y la conciencia.

Será el motor de un grupo de investigación científica o esotérica que aportará riqueza a la humanidad.

Un tiempo de sobresaltos en el gallinero por la llegada de amigos de allá lejos y hace tiempo y rebeliones en la granja.

Su labor será reconocida y tendrá gratas recompensas que brillarán como el canto suyo al amanecer.

Sigo en la búsqueda
Sigo navegando
Sigo volando
Sigo buceando
Sigo apostando
Sin red
Sin seguro mental
Sin ti.

L. S. D.

Escribe tu propia predicción

Predicciones
preventivas para el Perro
basadas en el I-Ching

Tiempo de receptividad y creatividad

Llegó el tiempo de abrir el cerrojo y dejar entrar un aire nuevo en todos los poros, chakras y en la cucha.

Despues de tantos incidentes, pruebas, e incertidumbre el can sale al mundo ligero de equipaje, con su talento y experiencia a recibir nuevos estímulos.

Inspirado por su amigo el mono, que adora viajar, dejará de lado la rutina y saldrá a la aventura.

Sentirá deseos de libertad, independencia y emancipación de la familia y el entorno profesional.

Sus metas serán a largo plazo y disfrutará de cada etapa del camino. Su radar para captar los buenos amigos, maestros y consejeros lo ayudará a evolucionar y sentar cimientos sólidos en su vida.

Estará más atento a las señales cósmico telúricas; no descuidará el microclima que lo rodea y tendrá viento a favor para grandes emprendimientos.

El I-CHING aconseja ser como la tierra cuando recibe la energía de quienes la riegan y cultivan, sabiendo que dará frutos sabrosos y nutritivos.

Sus planes profesionales se cumplirán, y aunque no vea logros económicos tendrá reconocimiento, prestigio, y buena prensa.

Hará trabajos por trueque y amor al arte, y saldrá beneficiado pues será el promotor de grandes ideas que se concretarán con el apoyo de la mayoría.

Tendrá ganas de iniciar una nueva vida alejado del pasado y de relaciones que lo paralizaron durante un tiempo.

Retomará un estudio, cátedra u oficio y entablará nuevas amistades con las que compartirá trabajo, amor y conocimiento.

Tendrá que enfrentar pruebas familiares muy duras: despedidas, reencuentros o separaciones que pesarán en su ánimo y lo mantendrán alejado de sus actividades cotidianas.

Su inspiración será constante. Transformará cada momento del día en alguna laborterapia y ayudará a los demás a concentrarse en un trabajo comunitario.

Sentirá ganas de probar los juegos eróticos del *Kamasutra* y perderse en un universo desconocido. Tendrá otra visión de la pareja: universal, compartida, al estilo Anaïs Nin o Brigitte Bardot.

Estará en el candelero. Su espíritu de vanguardia, tercer ojo y sensibilidad estarán acentuadas; despertará pasiones en cada encuentro y estará abierto a concretar una relación tercer milenio "los míos, los tuyos y los nuestros".

Deseará investigar sobre nuevas culturas, viajará a países remotos y descubrirá una nueva forma de vida.

En la familia habrá alegrías con la llegada de un monito. Lo mimará y le dará su CHI (energía) con entusiasmo y buen humor.

Su espíritu, curiosidad y alegría serán captados por un alma gemela; compartirán sueños y aventuras hasta el confín de la Tierra.

Tendrá ganas de instalarse en la tierra y cultivarla.

Forjará un proyecto de comunidad y compartirá el FENG-SHUI con sus vecinos.

Será un tiempo de renovación en su *look,* costumbres y relaciones afectivas.

Se le cruzará un amor que lo desviará del TAO (camino) y lo invitará a viajar

y experimentar otras variantes que lo ayudarán a despegar de una relación muy absorbente y competitiva.

El tiempo creativo consolidará su profesión y le dará un vuelco internacional.

Es bueno que haga yoga, tai-chi, meditación, para sobrellevar con sentido del humor y paciencia china los imprevistos, trampas y morisquetas del simio.

El I-Ching te aconseja

☷

Hexagrama principal
2 . K´un/Lo Receptivo

EL DICTAMEN

Lo receptivo obra elevado éxito,

propiciante por la perseverancia de una yegua. **Cuando el noble ha de emprender algo y quiere avanzar,**
se extravía; mas si va en seguimiento encuentra conducción.
Es propicio encontrar amigos al Oeste y al Sur,
evitar los amigos al Este y al Norte.
Una tranquila perseverancia trae ventura.

Las cuatro direcciones fundamentales de lo Creativo: "Elevado éxito propiciante para la perseverancia", se encuentran también como calificación de lo Receptivo. Sólo que la perseverancia se define aquí con mayor precisión como perseverancia de una yegua. Lo Receptivo designa la realidad espacial frente a la posibilidad espiritual de lo creativo. Lo posible se vuelve real y lo espiritual espacial merced a un designio individual. Esto queda indicado en el uso de la expresión "perseverancia" y "una yegua". El caballo le corresponde a la tierra, como el dragón al cielo: su infatigable movimiento a través de la planicie simboliza la vasta espacialidad de la tierra. Al usar el término "yegua" se combinan la fuerza y la velocidad con la suavidad y la docilidad.

La naturaleza puede realizar aquello a lo que lo Creativo la incita gracias a su riqueza (alimentar a todos los seres) y a su grandeza (otorgar belleza y magnificencia a las cosas): da así origen a la prosperidad de todo lo viviente. Mientras que lo Creativo engendra las cosas, éstas son paridas por lo Receptivo. Traducido a circunstancias humanas, se trata de conducirse de acuerdo con la situación dada. No se trata de conducir, sino de dejarse conducir: en eso consiste la tarea. Adoptando frente al destino una actitud de entrega se encuentra la conducción. El noble se deja guiar, deduce qué es lo que se espera de él y obedece su destino.

El Sur y el Oeste significan el sitio en que se juntan fuerzas para realizar las labores, como el verano y el otoño para la naturaleza; es bueno contar con amistades y ayuda. El Este y el Norte son los sitios de recibir órdenes y rendir cuentas: es necesario permanecer solo para ser objetivo y que no se enturbie la pureza.

LA IMAGEN
El estado de la Tierra es la receptiva entrega.
Así el noble, de naturaleza amplia, sostiene al mundo externo.

Así como existe un solo Cielo, también existe una sola Tierra. Pero mientras que en el caso del cielo la duplicación del signo significa duración temporal, en el caso de la tierra equivale a extensión espacial y a la firmeza con que ésta sostiene y mantiene todo lo que vive y actúa. Sin exclusiones, la tierra en su ferviente entrega, sostiene el bien y el mal. Así el noble cultiva su carácter haciéndolo amplio, sólido y capaz de dar sostén de modo que pueda portar y soportar a los hombres y las cosas.

LAS DIFERENTES LÍNEAS
CUANDO APARECEN SÓLO SEIS SIGNIFICA:
Es propicia una constante perseverancia.

Cuando se presentan sólo seis, el signo de lo Receptivo se transforma en el signo de lo Creativo. Adquiere así la fuerza de la duración en el mantenimiento de lo recto. Si bien no hay ningún progreso en ello, tampoco hay retroceso alguno.

Hexagrama complementario
1. Ch'ien/Lo Creativo

EL DICTAMEN
Lo Creativo obra elevado logro
propiciando por la perseverancia

De acuerdo con su sentido primitivo, los atributos aparecen agrupados por pares. Para el que obtiene este oráculo, ello significa que el logro será otorgado desde las profundidades primordiales del acontecer universal, y que todo dependerá de que sólo mediante la perseverancia en lo recto busque su propia dicha y la de los demás.

El comienzo de todas las cosas reside todavía, por así decirlo, en el más allá, en forma de ideas que aún deben llegar a realizarse. Pero en lo creativo reside también la fuerza destinada a dar forma a estas imágenes primarias de las ideas. Transferidas al terreno humano, estas cualidades muestran al grande hombre en camino hacia el gran éxito. Como camino hacia el logro aparece aquí el reconocimiento y la realización del sentido del universo que, en cuanto ley perenne, y a través de fines y comienzos, origina todos los fenómenos condicionados por el tiempo. De este modo toda etapa alcanzada se convierte a la vez en preparatoria para la siguiente, y así el tiempo ya no constituye un obstáculo, sino el medio para la realización de lo posible. El gran hombre, mediante su actividad ordenadora, trae al mundo paz y seguridad.

LA IMAGEN
Pleno de fuerza es el movimiento del Cielo.
Así el noble se hace fuerte e infatigable.

La duplicación del signo Ch'ien, cuya imagen es el cielo, indica, puesto que existe un solo cielo, el movimiento del cielo. Un movimiento circular completo del cielo es un día. La duplicación del signo implica que a cada día sigue otro día, lo cual engendra la representación del tiempo y, simultáneamente, puesto que se trata del mismo cielo que se mueve con fuerza, en el tiempo y más allá del tiempo, de un movimiento que jamás se detiene ni se paraliza, así como los días se siguen unos a otros con perpetuidad. Esta duración en el tiempo da la imagen de la fuerza tal como le es propicia a lo Creativo.

El sabio extrae de ello el modelo según el cual deberá evolucionar hacia una acción duradera. Ha de hacerse íntegramente fuerte, eliminando a conciencia todo lo degradante, todo lo vulgar. Así adquiere la infatigabilidad que se basa en ciclos completos de actividad.

Predicciones para el Perro y su energía

PERRO DE MADERA (1934-1994)

Durante el tiempo simio dejará atrás convenciones, costumbres, y tomará una nueva actitud frente a la vida, desde hábitos, horarios, hasta un giro en sus actividades, que serán más livianas y divertidas.

Sentirá que es tierra fértil para ideas, proyectos y nuevos rumbos.

Entablará vínculos afectivos más intensos y mantendrá un diálogo con su pareja macromambo.

Será consultado y valorizado en su profesión abriendo nuevos rumbos.

Estará visitado por parientes lejanos, amigos y gente joven que lo actualizarán y adoptarán como ejemplo.

Estará cotizado profesionalmente y muy inspirado para transmitir sus enseñanzas.

Llegarán a la cucha nuevos monitos que alegrarán su vida.

PERRO DE FUEGO (1946-2006)

Un gran viaje lo espera para transmutar su vida. Dejará el pasado y abrirá sus chakras, tercer ojo y KUNDALINI en busca de nuevas experiencias.

Estará *sexy*, radiante, lleno de CHI (energía).

Cumplirá con los deberes familiares y se lanzará en busca de nuevas experiencias místicas y chamánicas que lo inspirarán y le abrirán un nuevo portal galáctico.

Estará receptivo a mensajes, consejos de gente sabia y deshojará la margarita decidiendo entre dos amores que lo visitarán en forma imprevista.

Su salud deberá ser atendida pues oscilará entre estados *up and down* y desbordará emocionalmente,

PERRO DE TIERRA (1958)

Comenzará el año celebrando su intuición y olfato y dando rienda suelta a su imaginación.

狗

Predicciones para el Perro

Estará lleno de ideas renovadoras, fértiles y muy positivas para sumar a su carrera artística y profesional.

Recibirá un manantial de sorpresas: premios, becas, viajes por trabajo a distintos parajes de la Tierra, que lo mantendrán alerta.

Despertará de un letargo y reactivará su profesión influenciado por distintas culturas.

Sentirá ganas de vivir una pasión con fecha de vencimiento y gozará de una etapa de gran sensualidad.

Estará radiante, *sexy*, con millas para gastar y viajar hasta apagar la ultima luz.

En la familia habrá reclamos: tendrá que repartir su tiempo entre el arte, los amigos y el amor, que lo visitará para instalarse en su "cuchamóvil".

PERRO DE METAL (1910-1970)

Estará radiante, feliz, lleno de CHI y optimismo.

Tendrá que decidir temas claves de su vida: un lugar para vivir, mudanza y cambios en la organización de la estructura familiar.

Aparecerán ofertas laborales largamente soñadas, tendrá que encauzar su tiempo para hacer bien los deberes y tener momentos para el ocio creativo.

Su humor estará muy estimulado por gente joven, amigos que volverán, y su pareja, que entrará en una etapa de evolución; sentirá que renace espiritual y afectivamente.

Tendrá que hacer *zapping* entre dos amores que lo mantendrán en alineación y balanceo.

Estará rodeado de amor, inspiración y creatividad.

CONSOLIDARÁ UNA UNIÓN ANTE LAS LEYES TERRENALES Y CELESTIALES.

PERRO DE AGUA (1922-1982)

Durante el tiempo simio aprenderá un nuevo lenguaje para vivir.

Tendrá planes profesionales que se darán paso a paso, despertando su vocación.

Retomará el entusiasmo por vivir y se enamorará de un amigo o jefe que le brindará protección y seguridad.

En la familia habrá reencuentros, despedidas y planes para compartir.

Recibirá nuevos desafíos en su profesión que lo ayudarán a evolucionar.

Sentirá ganas de viajar a un lugar donde encontrará maestros, guías y tendrá experiencias místicas que despertarán su curiosidad y espiritualidad.

Renacerá una vocación o un oficio que le brindará un sustento para vivir dignamente.

El ascensor

Late despacio
Invirtió su juventud
En subidas aceleradas
Y bajadas despiadadas.
Ahora trae sólo
Lo esencial
Y cuando no puede
Con su biorritmo
Nos deja atrapados
Sin tiempo
Para pensar
En cosas del pasado
Que extrañamos
Y que no se repetirán.

L. S. D.

Escribe tu propia predicción

Predicciones
preventivas para el Chancho
basadas en el I-Ching

Abrir los chakras, el kundalini, para reunir los frutos maduros de la selva

El chancho adora al mono y éste lo respeta. Es por eso que durante el reinado simio el chancho tendrá honores, logros importantes y reconocimiento.

Empezará desde lo esencial: su "coloque" emocional, afectivo, hasta la consolidación de su oficio, profesión y sueños prohibidos.

El chancho tiene la piel curtida y necesita un *spa* de reconstitución de tejidos físicos y anímicos que le permitan atravesar el año con confianza, liviandad, sentido del humor y convicción en sus ideas.

Plasmará su sentido común, prático, en obras de caridad, de ayuda a la comunidad y también en su profesión.

Estará inspirado, estimulado por el motor del mono que le dará alas para volar.

Desde que se levante hasta que se duerma rendido en el chiquero percibirá que todo lo que toque lo transformará en oro.

Recuperará la energía, sensualidad, sentido del humor y será un jabalí salvaje cuando llegue el momento de tomar decisiones.

Sentirá que en su interior florecen las semillas de amor que desparramó durante su vida.

Aparecerán una a una las mujeres u hombres de su vida pidiéndole una siesta abrazados en el chiquero reviviendo las mejores horas de amor y sexo de sus vidas.

Tendrá deseos de libertad e independencia. No soportará las presiones, los retos y las exigencias que alteren su equilibrio biológico.

Estará abierto a cada persona, idea, situación que aparezca y podrá disfrutarla sin pensar en el futuro. Vivirá el AQUÍ Y AHORA desplegando sus encantos.

Deseará transformar lo negativo en positivo y empezará desde su *look*, vestuario, FENG-SHUI de su casa hasta las relaciones kármicas que quedaron flotando en el aire.

Su entusiasmo será contagioso: sus ideas despertarán pasión de multitudes: convencerá a descreídos para iniciar una etapa de conciencia y cambio en la empresa, comunidad o país.

Se convertirá en líder, la coherencia en su conducta será un ejemplo para su entorno y demostrará que con iniciativa, trabajo y claridad interior todo es posible.

En su entorno laboral o de estudio sentirá fuertes impulsos eróticos dignos de su esencia. Deberá estar atento, pues puede sumergirse en relaciones muy pasionales con gente que no está preparada para estas experiencias y que le reclamará examen de ADN por posibles embarazos.

Emocionalmente estará exaltado. Enamorado de su amor eterno atravesará el año con mas sabiduría para compartir trabajo, amor y conocimiento.

Algunos chanchos sentirán que llegó la hora de formalizar y traer monitos al planeta. Otros adoptarán nuevos seres que serán amigos o pasarán a formar su familia cósmico telúrica.

Su espíritu estará abierto a nuevas experiencias: desde chamanismo hasta viajes a otras vidas, meditación dinámica de Osho, terapias alternativas y estudio de religiones.

Estará inquieto, movedizo, curioso, vital, lleno de energía.

Sentirá ganas de romper con el pasado, mandatos familiares, deudas kármicas y deslizarse con parapente o alas delta por la vida.

Sueños en *technicolor* y holográficos lo inspirarán para revertir su vida y entrar en una frecuencia digna de un SANNYASIN (buscador espiritual) integrando lo que ocurre sin prisa ni pausa, con sabiduría, madurez y optimismo.

Viajará intermitentemente. Nuevos compromisos afectivos lo tendrán arriba de un *bus*, tren, barco o avión con las valijas a medio hacer y sin pasaje de retorno, pues estará expuesto al azar. La energía del tiempo lo mantendrá alerta, joven, atlético y convertido en *sex symbol*.

Podrá recorrer junto al rey mono el viaje del chanchito de la India y recibirá premios y recompensas milenarias.

CHUIK.

El I-Ching te aconseja

Hexagrama principal
2. K'un/Lo Receptivo

EL DICTAMEN

Lo receptivo obra elevado éxito,

propiciante por la perseverancia de una yegua.
Cuando el noble ha de emprender algo y quiere avanzar,
se extravía; mas si va en seguimiento encuentra conducción.
Es propicio encontrar amigos al Oeste y al Sur,
evitar los amigos al Este y al Norte.
Una tranquila perseverancia trae ventura.

Las cuatro direcciones fundamentales de lo Creativo: "Elevado éxito propiciante por la perseverancia", se encuentran también como calificación de lo Receptivo. Sólo que la perseverancia se define aquí con mayor precisión como perseverancia de una yegua. Lo Receptivo designa la realidad espacial frente a la posibilidad espiritual de lo creativo. Lo posible se vuelve real y lo espiritual espacial merced a un designio individual restrictivo. Esto queda indicado en el uso de la expresión "perseverancia" y "una yegua". El caballo le corresponde a la tierra, como el dragón al cielo: su infatigable movimiento a través de la planicie simboliza la vasta espacialidad de la tierra. Al usar el término "yegua" se combinan la fuerza y la velocidad con la suavidad y la docilidad.

La naturaleza puede realizar aquello a lo que lo Creativo la incita gracias a su riqueza (alimentar a todos los seres) y a su grandeza (otorgar belleza y magnificencia a las cosas): da así origen a la prosperidad de todo lo viviente. Mientras que lo Creativo engendra las cosas, éstas son paridas por lo Receptivo. Traducido a circunstancias humanas, se trata de conducirse de acuerdo con la situación dada. No se trata de conducir, sino de dejarse conducir: en eso consiste la tarea. Adoptando frente al destino una actitud de entrega se encuentra la conducción. El noble se deja guiar, deduce qué es lo que se espera de él y obedece su destino.

El Sur y el Oeste significan el sitio en que se juntan fuerzas para realizar las labores, como el verano y el otoño para la naturaleza; es bueno contar con amistades y ayuda. El Este y el Norte son los sitios de recibir órdenes y rendir cuentas: es necesario permanecer solo para ser objetivo y que no se enturbie la pureza.

LA IMAGEN
El estado de la Tierra es la receptiva entrega.
Así el noble, de naturaleza amplia, sostiene al mundo externo.

Así como existe un solo Cielo, también existe una sola Tierra. Pero mientras que en el caso del cielo la duplicación del signo significa duración temporal, en el caso de la tierra equivale a extensión espacial y a la firmeza con que ésta sostiene y mantiene todo lo que vive y actúa. Sin exclusiones, la tierra en su ferviente entrega, sostiene el bien y el mal. Así el noble cultiva su carácter haciéndolo amplio, sólido y capaz de dar sostén de modo que pueda portar y soportar a los hombres y las cosas.

LAS DIFERENTES LÍNEAS

SEIS EN EL CUARTO PUESTO SIGNIFICA:
Bolsa atada. Ninguna tacha; ningún elogio.

Lo sombrío se abre al moverse y se cierra cuando reposa. Aquí se señala la más rigurosa reserva. La época es peligrosa: toda ostentación conduciría o bien a la hostilidad de adversarios sumamente poderosos si uno se propusiera luchar contra ellos, o bien un reconocimiento mal entendido si uno se mostrara negligente. Así pues es cuestión de enclaustrarse, ya sea en la soledad, ya sea en el torbellino mundanal; porque también allí puede uno ocultarse perfectamente de modo que nadie lo reconozca.

SEIS EN EL QUINTO PUESTO SIGNIFICA:
Ropa interior amarilla trae elevada ventura.

El amarillo es el color de la tierra y del centro, el símbolo de lo confiable y de lo auténtico. La ropa interior tiene adornos que no llaman la atención: un símbolo de distinguida reserva. Cuando alguien está llamado a actuar en una posición destacada mas no independiente, el éxito verdadero dependerá de una máxima discreción. La autenticidad y la finura no deben destacarse directamente, sino manifestarse tan sólo mediatamente como efecto que surge desde adentro.

Hexagrama complementario
45. Ts´ui/La Reunión (La Recolección)

EL DICTAMEN

La Reunión. Éxito.
El rey se acerca a su templo.
Es propicio ver al gran hombre.
Esto trae éxito. Es propicia la perseverancia.
Ofrendar grandes sacrificios engendra ventura.
Es propicio emprender algo.

La reunión que forman los hombres en sociedades mayores es ora natural, como sucede en el seno de la familia, ora artificial, como ocurre en el Estado. La familia se reúne en torno del padre como jefe. La continuidad de esta reunión tiene efecto en razón de las ofrendas a los antepasados, celebraciones durante las cuales se reúne todo el clan. En virtud de un acto de piadoso recogimiento los antepasados se concentran en el espíritu de los deudos, para no dispersarse y disolverse.

Donde es cuestión de reunir a los hombres, se requieren las fuerzas religiosas. Pero también ha de existir una cabeza humana como centro de la reunión. Para poder reunir a otros, ese centro de la reunión debe primero concentrarse en sí mismo. Sólo mediante una concentrada fuerza moral es posible unificar al mundo. En tal caso, grandes épocas de unificación como ésta dejarán también el legado de grandes obras. Es éste el sentido de los grandes sacrificios ofrendados. Por cierto también en el terreno mundano las épocas de reunión exigen grandes obras.

LA IMAGEN

El lago está por sobre la tierra:
la imagen de la reunión.
Así el noble renueva sus armas
para afrontar lo imprevisto.

Cuando el agua se reúne en el lago elevándose por sobre la tierra, existe la amenaza de un desbordamiento. Hay que tomar medidas de precaución contra ello. Así también donde se juntan hombres en gran número surgen fácilmente querellas; donde se juntan bienes se produce fácilmente un robo. Por eso es preciso en épocas de reunión, armarse a tiempo, con el fin de defenderse de lo inesperado. La aflicción terrenal se presenta en la mayoría de los casos a causa de acontecimientos inesperados para los que uno no está preparado. Si uno se halla preparado y en guardia, la aflicción puede evitarse.

Predicciones para el Chancho y su energía

CHANCHO DE MADERA (1935-1995)

Seguirá la buena racha del año caprino conjugado con una exaltación en su vida afectiva.

Nuevos rumbos en la pareja: integración de terceros, separaciones o un reencuentro lleno de pasión lo mantendrán en estado alerta rojo.

Despertará de un ensueño. Socios o amigos le reclamarán una parte de dinero o de bienes gananciales.

Tendrá que asesorarse legalmente pues estará presionado en su familia y negocios.

Sentirá ganas de viajar a lugares remotos, cortar con la rutina y establecerse un tiempo en otro lugar.

Aprenderá nuevos idiomas, estudiará arte o alguna técnica relacionada con el agro o el FENG-SHUI.

Sumará amigos, en reuniones conocerá gente VIP que le ofrecerá trabajos muy bien cotizados.

La salud psicofísica dependerá de su equilibrio.

AÑO DE CAMBIO EXISTENCIAL.

CHANCHO DE FUEGO (1947)

Sentirá que todo es posible. El "sí" será su lema y se arriesgará en nuevos terrenos, con éxito.

Consolidará su posición profesional recibiendo premios, honores y estímulos.

Estará radiante, *sexy*, lleno de CHI (energía) para compartir y derrochar.

Conocerá a una persona que lo sacará de la tierra y lo llevará una temporada a la estratósfera. Se casará, embarcará y procreará.

Sentirá deseos de empezar una nueva vida en la naturaleza rodeado de gente que lo ayude espiritualmente.

Matizará su vida con viajes de placer y negocios. Sentirá aires nuevos que lo inspirarán para enseñar, aprender y columpiarse por las lianas de la selva gozando los frutos maduros.

CHANCHO DE TIERRA (1959)

El amor es la gran recompensa para el chancho en tiempo simio.

Deseará compartir el *banana split* con su pareja y aceptar un nuevo rumbo.

Estará abierto, receptivo e imaginativo. Sentirá que es tiempo para concretar metas: establecerse en un lugar, formar un hogar, tener diálogo a calzón quitado con su pareja y restaurar el pasado con arte y FENG-SHUI.

Una oferta profesional le abrirá nuevas compuertas para desarrollar sus planes, estudio y vocación.

Será líder en su empresa, escuela o en la comunidad. Tendrá más responsabilidades y buscará asesores que compartan su visión del mundo.

Traerá monitos al mundo o recuperará a los que dejó en el camino.

El arte será su aliado: relaciones con gente de la cultura o mecenas le facilitarán la concreción de proyectos largamente soñados.

UN TIEMPO DE VIAJES INTERIORES Y EXTERIORES MUY AUSPICIOSOS.

CHANCHO DE METAL (1911-1971)

Llegará con creces la recompensa del trabajo interior y podrá romper el chanchito ¡¡¡al fin lleno de monedas de oro!!!.

Sentirá deseos de iniciar una etapa artística con convocatoria internacional.

Estará rodeado de gente que le abrirá puertas maravillosas para su conexión y evolución y tendrá deseos de integrar una comunidad donde compartirá proyectos telúricos: sembrar y cosechar; espirituales, mágicos y esotéricos.

En la familia tendrá que enfrentar situaciones legales: herencias, ventas o compras que lo mantendrán ocupado.

Conocerá a una persona que lo fascinará y perderá el rumbo por un tiempo.

Esta situación traerá cambios drásticos en su cosmovisión y le aportará un conocimiento espiritual que marcará un inicio en su vida.

Un año de sobresaltos con final feliz. Deberá practicar técnicas orientales y nacionales para adaptarse sin alterar su equilibrio emocional.

CHANCHO DE AGUA (1923-1983)

Durante este tiempo aprenderá a poner límites en su vida.

Estará ocupado en su crecimiento, aprendizaje y desarrollo.

Ambos sexos lo asediarán y tendrá que estar muy lúcido en el momento de aceptar una propuesta.

Sentirá ganas de explorar el mundo y salir de la rutina. Enfrentará a su familia cuando le reclame el cumplimiento de sus deberes y obligaciones.

Un gran amor lo visitará y le enseñará el *Kamasutra*, *La novena revelación* y *El alquimista* en una temporada de alto voltaje.

TENDRÁ QUE ATRAVESAR EL GANGES PARA LLEGAR A LA OTRA ORILLA...

Me gusta tu pasión sofisticada de vivir

Agradeciendo ser quien

Te tocó en la rumba de la vida.

Me gusta

Que te guste el otoño

Y lo grites en silencio

O en algún permiso

Que te das para no morir.

Me gusta estar

Donde estás

En un día soñado como hoy

Y que imagines e imagine

Qué hacés

Cuando el sol se pone entre los dos.

L. S. D.

Escribe tu propia predicción

.

Bibliografía

• Kushi, Michio, *Astrología oriental*,
Industria gráfica del libro, Buenos Aires, 1983.

• Wilhem, Richard, *I-CHING*,
Editorial Sudamericana, Buenos Aires, 1991.

• Miki Shima, *I-CHING médico*.
Oráculo de la salud, Blue Poppy Press,
5441 Western Ave, suite2 , Boulder Co. New York, 2001

• Squirru, Ludovica, *HORÓSCOPO CHINO*,
Editorial Atlántida, l999, 2000, 2001.

• Calvera Leonor, *Historia de la gran serpiente*,
Editorial Vinciguerra, Buenos Aires, Octubre 2000.